W0388937

Alfred Komarek

WEINVIERTEL

Tauchgänge im grünen Meer

K&S

www.kremayr-scheriau.at

ISBN 978-3-218-00641-5
Copyright © 1998 by Verlag Kremayr & Scheriau KG, Wien
Alle Rechte vorbehalten
Schutzumschlaggestaltung: Kurt Rendl
unter Verwendung eines Fotos von Dr. Peter Kenyeres
Lektorat: Ilse Walter
Satz und Repro: Zehetner Ges.m.b.H., A-2105 Oberrohrbach
Druck und Bindung: Druckerei Theiss GmbH, St. Stefan i. Lavanttal

INHALTSVERZEICHNIS

EINER VON DIESEN WUNSCHLOS VERTRÄUMTEN TAGEN ...

In einem winzigen Kaufhaus im Pulkautal, dicht an der Grenze zu Tschechien, finde ich „Liton Federweiß“: wirksam gegen Reiben, Kreischen und Kleben, ideal zum Einstäuben von Schuhen und Handschuhen, geradezu unentbehrlich für das Entfetten der Haare, die Reinigung von Billardstöcken und das Bestreuen von Tanzböden. Ein paar Schilling, mein Freund, und du bist für das Leben gewappnet.

Man stöbert indes weiter im Geviert: eine genießerisch im Duft von Schokobananen und Waschpulver sich kräuselnde Neugiernase. Ich könnte ja Kellerkerzen kaufen, zwecks unterirdischer Erleuchtung, scharfe, fette Sardinen – schimmernde Wehr wider den Dämon Alkohol – oder ein blaues Schulheft, liniiert, sollte eine der reizend runden heimischen Musen den Mund zum Kusse spitzen.

Aber nein, wozu sich mit irdischen Gütern beladen, an einem Tag, der nur sich selbst gehören soll, beiläufig begonnen, leichthin gelebt, mit verschwenderischer Geste in die Nacht geträumt. Der weiße Terminkalenderich und der gelbe Neidsporn gedeihen nicht zwischen Reben und Rüben.

Also gut: Auf die Straße treten, gelassen den beiden Häuserzeilen in die Fensteraugen schauen und wissen, daß geschlossene Tore und trotzige Fassaden nur vordergründig abwehren, was allzu laut ist oder allzu fremd.

Zum Wirtshaus sind's nur ein paar Schritte, am Kriegerdenkmal vorbei, dessen steinerner Löwe so dreinschaut, als habe er gestern mehr als ein Glas zuviel getrunken. Ja, und dann ein vorsichtiger Schritt ins rauchige Halbdunkel, ein Blick in die Runde, die Runde blickt zurück, ruhig, interessiert, mit leisem Nicken grüßend.
Wie legt man sie an, die Rolle des Fremdlings? Anbiedernd schlicht? Städtisch deplaziert? Hochnäsig barsch? Versuchen wir's ohne Theater, wie die anderen auch. Da bin ich, grüßgott, und ich hätte gern ein kleines Bier. Kaffee habe ich schon getrunken, in der Küche der sanften Bäuerin N., neben dem Kachelherd auf der Holzkiste sitzend.
Beiläufig erfahre ich die Neuigkeiten. Der Fußballclub, jawohl, mit c, braucht einen neuen Obmann, am Stammtisch öffnet der Kassier des Sparvereins unter den wachsamen Blicken seiner Stellvertreter die Bücher, und in der Küche schiebt die Wirtin einen ungeheuren Schweinsbraten ins Rohr, da freut sich der Phäake, zahlt und geht und beschließt wiederzukommen, um die Mittagszeit.
Seltsames Licht, so früh am Vormittag: tastend und weiß, ein tiefer, watteweicher Himmel streichelt Baumkronen und Ziegeldächer, Stille wird greifbar. Unvermutet läuft einem jenes schüchterne Flüßchen über den Weg, das dem Tal seinen Namen gibt. Die Pulkau hat ihre Quelle im Waldviertel, in der Gegend um Horn. Im Weinviertel fließt sie träge und verloren durch den flachen Talboden, ein ärmliches Gerinne, noch dazu begradigt, in einen Kerker aus Beton gezwungen, von Amts wegen. Man lernt es hierzulande eben auch als Gewässer früh, sich ins Mögliche zu fügen. Aber vielleicht kommt ja doch eines Tages alles anders und man gönnt der Pulkau ein Flußbett, das sie wieder aufleben läßt. Sie würde sich bestimmt dafür

Haugsdorf: Die geräumige Weite des Pulkautales hat viel Platz für bäuerliches Leben und sanfte Hänge für Weingärten und Kellergassen.

erkenntlich zeigen: mit anmutigen Krümmungen und schönen Ufern, und der erschreckend abgesunkene Grundwasserspiegel könnte wieder steigen.
Wenig weiter schauen die Dörfer des Tales in ihre heiteren Spiegelbilder. Die Kellergassen, preßhausgesäumt, münden fast alle sanft ansteigend in den Himmel, oben, im welligen Hügelland. Hier wohnt der Wein, hier tun ihm die Bauern alle Ehre an, und Gäste sind meist willkommen. Doch man müßte die spaltbreit geöffnete Tür schon aufmachen, eintreten, guten Tag sagen und warten, bis der Mann mit dem blauen Kellerschurz Zeit findet, zu fragen, ob man nicht zufällig den Wunsch verspüre, etwas zu trinken. Liliom steht nicht vor Preßhaustüren.
Mir ist nicht nach Wein, noch nicht. Es ist ohnehin ein wenig davon in der Luft, mehr zu ahnen als zu spüren, aber die Gedanken bekommen kleine blattgrüne Flügel, und die Schritte werden leiser und leichter. Irgendwann

ist die Höhe erreicht, die langen Reihen weißer Häuser bleiben zurück, der Himmel ist mit einemmal nicht mehr bescheiden. In weichen, ruhigen Wellen dehnt sich die Einsamkeit. Grüne, braune, schwarze Flächen schmiegen sich aneinander, die Wege dazwischen sind nur geduldet, und der Mensch halte gefälligst den Mund.
Irgendwo, mittendurch, teilt die Staatsgrenze die Landschaft. Die Rebenhänge auf beiden Seiten berühren einander beinahe. Die Grenze ist nicht mehr tot, wie es viele Jahrzehnte lang war. Sie ist sogar ein wenig zu lebendig geworden, und weil ja sonst jeder kommen könnte, sind Amtspersonen mit Amtshunden unterwegs. Ein Fasan flüchtet mit komischer Grandezza zu Fuß, als habe die Hand der Vorsehung sein inneres Federwerk mit einem großen Schlüssel aufgezogen, Familie Rebhuhn, ohnedies schon rar geworden, sieht sich gestört und verschwindet mit behäbiger Hast, ein Hase hoppelt mit leuchtender Blume dem Horizont und der Grenze entgegen: Er darf, und auch drüben freuen sich die Jäger.
Unten, im Tal, läuft ein Schienenstrang die Pulkau entlang. Oft bleibt er wochenlang unbenutzt, aber dann kommt ja doch ein Güterzug elegisch einhergedieselt. Früher gab es einen fahrplanmäßigen Personenverkehr. Gegen vier Uhr nachmittag rollte mit mattem Gepfeife ein Zug, den man den „Tröster“ oder auch „Jausenzug“ nannte, einher und zwei Stunden später folgte der „Erlöser“, weil um sechs ja auch ein fleißiger Mensch ans Aufhören denken durfte. Müde Pendler saßen drin, gelangweilte Schüler und dann noch welche, ganz wenige, die einfach zu ihrem Vergnügen unterwegs waren. Wer Lust auf eine solche Reise hatte, machte sich erst einmal auf die Suche nach dem Bahnhof, meist weitab vom Dorf, als wollte man den Schienenstrang in seiner geradlinigen Modernität nicht allzunahe ans alte Gemäuer lassen. Aber was

heißt da geradlinig? Das stählerne Band krümmt sich anmutig zwischen grünen Buckeln und umfährt auch einmal betulich einen Baum, als wolle es sich Tag für Tag seiner stämmigen Existenz aufs neue vergewissern. Auf einer solchen Reise irgendwo zwischen Siegmundsherberg und Laa an der Thaya zog kein wild gewordener Regisseur in rasender Folge Landschaften am Fenster vorbei, sondern die Bilder wechselten langsam und manchmal klemmte auch eines. Alle paar Kilometer lud ein Bahnhof zum Verweilen ein: kaiserlich gelbe darunter, mit mühsamer Würde gewesene Bedeutung bewahrend, kleinere, aus Holz gebaute, mit zwei Amtsgebäuden daneben, weil so manches Geschäft eben nach Geschlechtern getrennt verrichtet werden sollte. Manchmal reichte es nur für eine Tafel mit dem Namen des Dorfes, eine krummhalsige Laterne und ein Wartehäuschen. Die Waggons hatten die Vision einer klassenlosen Gesellschaft längst banal und bieder vorweggenommen: Jeder saß, wie er konnte und wollte. So viele waren es nicht. Die Federn ächzten wie ein liebevoll benutztes Bett, die Zeit verlor sich zwischen Bahndamm, Feld und Himmel, und irgendwann mündete diese beiläufige Reise in ihren Beginn.

Neuerdings tut sich wieder etwas am Schienenstrang: Schwellen werden ausgewechselt und Bahnübergänge neu beschildert. Mit einer alten Dampflokomotive soll die kleine Bahnlinie nostalgisch gestimmte Gäste gemächlich durchs Tal transportieren. Das ist schon gut so: Lange genug war das Land an der Grenze in einem traumlosen Dornröschenschlaf gefangen. Jetzt, da sich Prinz Fremdenverkehr gespitzten Kußmundes nähert, darf man hoffen, daß er weiß, was sich gehört, und nicht zuviel Lärm macht.

Hier treibt es die Welt nämlich nicht bunt wie anderswo,

hier trägt sie Pastell, und auch im Gelächter klingen die Schatten mit. Aber die Stille macht Musik, und es tut gut, ganz einfach Gast zu sein, mitzuleben, mitzureden, mitzuschweigen – im Preßhaus, zum Beispiel. Ein paar Stufen tieferwärts tut sich dann ein unheiliger Himmel auf: Die Keller, hunderte davon hat jedes Dorf, bergen die dicken Fässer und hüllen sie sorgsam in kühles Dunkel und behutsame Stille. Zu laute und zu grelle Gäste stören nur hier unten. Jene, die respektvoll und frohgemut in die kerzenflackernde Tiefe tauchen, mögen bleiben. Kellerfrisch ist der Wein hier unten. Kein Kühlschrank bringt das zuwege. Später dann sind Worte nicht mehr ganz so wichtig, die Gedanken setzen Segel und nehmen Kurs auf ungeahnte Gestade, und die Zeit tritt über die Ufer der Uhren. Irgendwann hilft einem die Kellerstiege auf dem Weg ins Licht, und durch die offene Preßhaustür drängt ohne Hast der Abend.

Die Sonnenuntergänge im Pulkautal malen verhaltene Bilder: Erst beginnen vielleicht die Spitzen eines Baumes zu glühen, weit hinten am Horizont, dann leuchtet es warm und rot aus den Weingärten und der Himmel gibt Antwort, bis die Sonne nur noch für ein paar Minuten wie ein müdes Spiegelei auf der Hügelkuppe liegt. Die Nacht kommt schnell und ist sehr dicht: Die kleinen Lichter der Dörfer lassen dem Himmel seine Sterne. Fasane suchen auf einem Nußbaum ihre Schlafplätze und irgendwo schreit ein Rebhuhn: Das klingt wie eine rostige Türangel. Zeit, das Glas noch einmal zu heben, auf diesen Tag ohne Ecken und Kanten. Man sollte noch ein wenig mit dem Wirt reden, wenn er Zeit hat, und nicht gerade in des Teufels Gebetbuch liest. Man könnte auch in der Lokalzeitung blättern, um nachzulesen, wie es um verdiente Jubilare, streitbare Gemeinderäte oder umtriebige Dorferneuerer steht. Man könnte aber auch einfach ins Bett

Im Preßhaus und im Keller ist die Beziehung zwischen Mensch und Wein distanzlos, sinnlich und unverkrampft. Kompliziert wird sie erst mit den Etiketten.

gehen, viel früher als sonst, und von hoppelnden Hasen träumen oder vom Grünen Veltliner.
Kaum eine Ewigkeit entfernt, hinter den sieben Bergen, soll es große Städte geben, die nie schlafen, mit Menschen, die sich vor der Stille fürchten. Aber das ist vermutlich nur ein Gerücht.

AUGENBLICKE

Das Weinviertel gibt es nicht. Es gibt unendlich viele Weinviertel. Ein Lebensraum, der auf vordergründige Effekte leichthin verzichtet und statt harter Kontraste fließende Übergänge anbietet, übt die Kunst der Variation unauffällig, aber nachhaltig, leise, aber intensiv. Wer erst einmal damit angefangen hat, den vielen Facetten dieser stets aufs neue erstaunlichen und berührenden Vielfalt nachzuspüren, steht am Beginn einer großen Reise mit kleinen Distanzen. Hier führen nicht die Autobahnen ans Ziel, sondern die krummen Wege. Drängende Ungeduld verliert sich hilflos in verwirrender Weite, doch geduldiger Neugier öffnen sich unverhofft die Türen, und vordergründige Bilder fangen damit an, hintergründige Geschichten zu erzählen, Weinviertelgeschichten.

In Mitterretzbach, zum Beispiel, steht an der schmalen Straße zum kleinen Grenzübergang ein großes, fast schon herrschaftlich anmutendes Gebäude. Eine kleine Brücke führt über einen Graben zur versperrten Tür des ehemaligen Gasthauses „Zum Weinkönig". Noch vor ein paar Jahren stand die Tür offen, wenn auch nur widerwillig. Im meist menschenleeren, finsteren Schankraum standen wenig einladende Tische und Sessel nebst einem Fernsehgerät, auf dem ein ausgestopfter Fasan saß, der seine Schwanzfedern trübsinnig über den Bildschirm hängen ließ. Zu essen gab es nichts, zu trinken gab es wenig, und wer über den großen Hof hinweg zum stillen Örtchen wollte, wurde von einem ausgesprochen mißgünstigen Hund empfangen. Die seltsam schwebende, ein wenig unwirkliche Existenz dieses Wirtshauses erklärte sich ganz einfach aus der ebenso irrealen Hoffnung, daß sich die tote Grenze vor der Haustür eines Tages ja doch öffnen könnte. Als das Wunder dann tatsächlich geschah und noch dazu in bestürzender Radikalität, sperrte der „Weinkönig" zu.

Obwohl Mitterretzbach zu den wenigen Siedlungen im Weinviertel gehört, die mit großzügig unterkellerten Häusern schon von Beginn an als Weinbaudörfer gebaut wurden, gibt es eine kleine Kellergasse. Sie zielt steil ansteigend nach Westen. Den letzten Preßhäusern folgen noch ein paar Weingärten und dann ist auch schon die Grenze zum Waldviertel erreicht. So scharf sind die Konturen gezeichnet, daß man mit einem Bein im heiteren Weinland und mit dem anderen im ernsten Waldesdunkel stehen kann. Es gibt aber Besseres zu tun. Ein schmaler Weg

Ein Schalenstein aus grauer Vorzeit, daneben ein Quellheiligtum unter einer katholischen Kapelle: Woher die Kraft kommt, ist nicht so wichtig. Hauptsache, sie wirkt.

führt zu einer sonnenhellen Anhöhe der ganz besonderen Art: Hier gerieten die heidnische Götterwelt und das Christentum mächtig aneinander und letztlich, müde resignierend, auch ineinander. Ein sogenannter Schalenstein kündet von einem uralten Kultplatz, eine kleine Kapelle bewacht unter sich eine dereinst wundertätige Quelle, und grasumwucherte Mauerreste zeichnen den Grundriß der stattlich gewesenen Kirche Zu unserer Lieben Frau beim Heiligen Stein nach. Auch ein heute verschwundenes Steinkreuz war hier zu finden – in einem Plan aus dem Jahre 1710 ist es noch eingezeichnet. Niemand weiß zu sagen, ob es aus vorchristlicher Zeit stammte oder einen ersten Versuch darstellte, die Kraft des Schalensteines zu brechen. Von Schalensteinen weiß man eigentlich nur, daß ihre näpfchenartigen Vertiefungen von Menschenhand geschaffen wurden, vielleicht als Opferschalen oder um heilendes Steinmehl zu gewinnen. Es gibt Schalensteine, die auf vorgeschichtlichen Megalithgräbern liegen, und eben solche, die einen besonderen Punkt in der Landschaft markieren, einen Ort der Kraft, wenn man an etwas glauben will, das sich zwar nicht messen, wohl aber erspüren läßt. Als das Christentum ins Weinviertel kam, fand es jedenfalls einen seltsamen Stein neben einem sprudelnden Quell als archaisches Heiligtum vor, und beeilte sich, ihn neu zu interpretieren: Christus hatte darauf gekniet und die Vertiefungen hinterlassen. Als sich dann die katholische Kirche in der Gegenreformation mit aller Macht des Mysteriums gegen den lutherischen Intellekt wandte, war auch die Anziehungskraft des alten Kultplatzes willkommen, und ein schönes Gotteshaus wurde gebaut. Die Pilger kamen in Scharen, gossen wundersames Wasser in die Schalen des Steines, um den Zauber noch zu verstärken, und empfahlen ihre Seelen der Lieben Frau, damit auch alles seine

Die Richtstätte auf dem Galgenberg von Oberstinkenbrunn: Weinviertler Hügelkuppen wirken sanft und bescheiden; harmlos sind sie vielfach nicht.

christliche Ordnung hatte. Von vielen wird erzählt, die sich krumm und lahm herbeischleppten, um wenig später munter wie die Geißlein zu springen. Für Joseph II. war das mirakulöse Geschehen allerdings in keiner Weise nachvollziehbar; er ließ die für eine funktionierende christliche Infrastruktur wenig taugliche Kirche auf der grünen Wiese niederreißen. Die kleine Kapelle aus dem 17. Jahrhundert blieb aber bestehen.

Weit geht von hier aus der Blick ins Land, und späht man scharf nach Südosten, ist auf dem immerhin 346 m hohen Galgenberg von Oberstinkenbrunn jene altertümliche

Richtstätte zu erahnen, die dem Hügel ihren Namen gab. Eine mit Ziegeln aufgerichtete Säule ragt noch in den Himmel, von anderen sind Reste vorhanden. Nicht einmal der siebengescheite Dehio kennt dieses beklemmende Denkmal drastischer Rechtspflege, wohl aber ein anderes, am östlichen Rand des Weinviertels, in der Gegend von Großkrut. Eine rund fünf Meter hohe, weißgekalkte Säule mit quadratischem Grundriß schaut über das ebene Land und ignoriert geflissentlich das neuerdings wieder rege Verkehrsgeschehen auf der uralten Verbindungsstraße von Wilfersdorf nach Lundenburg, dem heutigen Břeclav in Mähren. Fast könnte man dieses Bauwerk für einen Bildstock halten, gäbe es nicht ganz oben dieses verräterische Loch, gerade groß genug, um einen tragfähigen Balken aufzunehmen, dessen anderes Ende in einer zweiten Säule steckte. Der Galgen des einstmals landesfürstlichen Marktes Böhmisch Krut steht nicht ohne Grund an exponierter Stelle, für jedermann sichtbar und auffällig: Missetäter, die dort aufgeknüpft wurden, blieben lange hängen, und ihre in dieser windigen Gegend sachte baumelnden Leiber sollten umherziehendes Gesindel abschrecken. In der Ortschronik steht von der letzten Hinrichtung zu lesen: Ein Doppelmörder namens Michael Pokorny aus Hianowitz in Mähren wurde am 8. November 1742 zum Tode verurteilt. Leicht sollte ihm das Ende nicht werden: Er kam unter das Richtrad, mußte aber noch erleben, daß er mit glühenden Zangen in die Brust gezwickt wurde, bevor am Galgen endlich alles vorbei war.

Es gibt viele Flurnamen im Weinviertel, die an solch grausiges Geschehen erinnern: Gerichtsäcker, Am Galgenberg oder Gerichtskreuz. Wenige Galgenruinen blieben erhalten, und an die Stelle anderer kamen Zeichen christlicher Sanftmut: Bildstöcke, Kreuze oder Kapellen.

In Wildendürnbach hingegen, dicht an der nördlichen Grenze des Weinviertels, erfuhr der Galgenberg eine eher sinnenfrohe Umwidmung, und die gottesfürchtige Pointe wurde eher zufällig gesetzt: In zwei Reihen umringt die Kellergasse die vormals so bedrohliche Erhöhung, und auf dem runden Gipfel steht ein Stück Kirchturm. Eine hübsche Sage wäre denkbar, von einem Teufel vielleicht, der den Wildendürnbachern die Kirche stehlen wollte, weil sie gar so fromm waren. Von flehentlichem Glockengeläute erschreckt, ließ er sie fallen, und der Turm landete zwischen Rebhängen und Preßhäusern. Die Wirklichkeit ist nicht ganz so dramatisch, doch auch recht originell: 1971 wurde die angeblich baufällige Peterskirche auf dem Dorfanger gesprengt, um Platz für ein neues Gotteshaus von übrigens eher fragwürdiger Ästhetik zu schaffen. Es krachte gewaltig, und als sich die Staubwolken verzogen hatten, stand die Kirchturmspitze gänzlich unbeschädigt da. Niemand brachte es übers Herz, dem tapferen Gemäuer mit der Spitzhacke den Garaus zu machen, und so zeigt der Kirchenrest heute eben fromm und heiter dort himmelwärts, wo durchaus nicht ohne Andacht dem Weine gehuldigt wird.
Damit führt der Weg in die nordöstlichste Ecke des Weinviertels, nach Bernhardsthal. Dort überrascht die Landschaft nämlich mit höchst ungewöhnlichen Bildern: Weite Wasserflächen zwischen schier endlosen Getreidefeldern geben dem Himmel Antwort. Aber es gibt auch Weingärten hier, die nördlichsten im Viertel unter dem Manhartsberg. Die Geschichte der großen, schon 1458 urkundlich erwähnten Teiche ist natürlich erst einmal eine herrschaftliche. 1470 kaufte Heinrich von Liechtenstein Bernhardsthal und damit auch die Teiche. Gegen Ende des 18. Jahrhunderts wurden sie offensichtlich nicht mehr genutzt, wie aus der josephinischen Landauf-

nahme im Jahr 1787 zu entnehmen ist: „Herrschaftlicher Teuch, der obere genannt, kann eingetrocknet und als Wiese verwendet werden. Herrschaftlicher Teuch, der Kesselteuch genannt, nicht mit Fischen besetzt, weil wegen des aufgehenden schwefeligen Wassers die Fische stürben, kann nicht abgelassen werden, bleibt purer Sumpf. Herrschaftlicher Teuch, der untere Teuch genannt, als Acker fatiert, sandiger Grund." In Bernhardsthal blieb die Erinnerung an schöne Wasserflächen aber lebendig. Mehr und mehr begann sich die Gemeinde für den Gedanken zu erwärmen, die Teiche zur Verschönerung der Landschaft und als Freizeitrevier wiederzubeleben. 1984 konnten die entsprechenden Flächen erworben werden und zwei Jahre später gab es die wasserrechtliche Bewilligung für einen künftigen Landschaftsteich, der 1992 geflutet wurde: Ein „herrschaftlicher Teuch" zum allgemeinem Lustgewinn. Dicht am Ufer ragt übrigens ein grasiger Mugel auf. Wer sich angesichts dieser willkürlichen Erhebung im flachen Land von heidnischen Ahnungen umweht sieht, sollte aber vorsichtig sein: Das ist der Rodelhügel.

In der uralten Landschaft des Weinviertels liegt eine verwirrende Unbeständigkeit. Im schwebenden Gleichgewicht von Schwermut und Leichtsinn ist nur Veränderung von Dauer. Die Menschen in diesem Lebensraum haben es in Jahrhunderten gelernt, mit der Willkür fremder Herren zu leben, mit Zerstörung, Not und Vertreibung, aber auch mit der Notwendigkeit, ohne viel zu fragen immer wieder aufs neue Wurzeln zu schlagen, mit zäher, ruhiger Geduld. Unzählige Wüstungen, verlassene und zerstörte Dörfer geben Zeugnis davon. Menschen, vom Wind der Geschichte wie welkes Laub durchs Land gewirbelt, hatten wenig Muße, sich der eigenen Identität zu besinnen, wenig Anlaß dafür, auf ihre Art zu leben stolz

zu sein, Tradition zu pflegen. Alte Häuser wurden und werden vielfach nicht als Baudenkmäler empfunden, sondern als Zeugen eines ärmlichen Daseins: Man entledigt sich ihrer ohne Sentimentalität oder läßt sie unbeachtet verkommen. Allerdings wachsen manchmal so einem krummen Bauerhof, einem schiefen Stadel oder einem mürben Preßhaus unvermutet Flügel, und dann landet es in einem Dorf, in dem die Vergangenheit ja doch Zukunft hat. Niedersulz heißt dieses Ziel einer wundersamen Zeitreise: ein Museumsdorf, das kein Museum ist, sondern ein lebendiges Konzentrat des alten Weinviertels. Es wird später noch mehr zu erzählen sein von dieser kleinen Welt, in der Obersteinabrunn an Wildendürnbach grenzt, Niedersulz an Großinzersdorf, und wo das Museumswirtshaus mehr Gäste hat als so manches neumodische, pflegeleichte.
Bleibt noch ein letztes Bild fürs erste: Nördlich der Leiser Berge steht am Ortsrand von Wenzersdorf die schöne spätgotische Pfarrkirche Maria Verkündigung und nicht weit davon umfängt eine mächtige Schloßruine mit großer Gebärde die Stille. Das Mauerwerk ist brüchig, die Fensterhöhlen sind leer, doch die klare Form und die stolze Dimension sind um so deutlicher zu erkennen. Schloß Wenzersdorf ist das eindrucksvolle Denkmal eines nicht minder imposanten Scheiterns. 1560 wurde mit dem Bau begonnen: Eine repräsentative, vierflügelige Anlage sollte entstehen, doch der Festungsbau wurde nie vollendet. Nur eine dreigeschoßige Front mit wuchtigen Ecktürmen wurde fertiggestellt. Das zum Hof abfallende Pultdach sollte Brandpfeile abrutschen lassen. Doch schon die beiden Seitentrakte blieben unfertig. Immerhin wurde dieser anmaßende Torso bis 1919 bewohnt, dann setzte der Verfall ein, und 1945 brannte das Gemäuer auch noch aus. Eine Jahrhundert-Bauruine mithin, nobler

Die Ruine von Schloß Wenzersdorf erzählt das letzte Kapitel einer stolzen, doch nie vollendeten Baugeschichte.

Vorgänger mancher nie fertiggestellter Rohbauten, die heutzutage das Land verunzieren.
Schloß Wenzersdorf hingegen bleibt auch im Sterben schön.

DAS GRÜNE MEER

Millionen von Jahren war das Weinviertel von Meeren überflutet.
Ein Erbe dieser ungeheuren Wassermassen sind Lagerstätten von Erdöl und Erdgas. Doch auch filigrane Schönheit hat 130 Millionen Jahre überdauert: in uralten Korallenriffen. Besonders am Abhang des Semmelberges südlich von Schloß Ernstbrunn und in den aufgelassenen Steinbrüchen von Dörfles, Klement und Klafterbrunn werden Schatzsucher mit Lupe und Geologenhammer fündig. Da gibt es versteinerte Schneckenschalen mit unglaublich kompliziertem Bajonettverschluß, Tintenschnecken, die aussehen, als hätte sie ein moderner Architekt entworfen, Ammoniten, See-Igel, Seelilien und Krebse, aber auch Zähne von Fischen. Bei Nexing gibt es sogar einen ganzen Muschelberg, wo in einem Steinbruch fossiler Muschelgrit abgebaut und gemahlen wird: In diesem Zustand kommt das versteinerte Meeresgetier dann ins Hühnerfutter. Die Meereswogen im Jura hatten übrigens Badetemperatur: 21 Grad Celsius. Auch als viel später, im Tertiär und Quartär, die heutige Landschaft des Weinviertels allmählich Gestalt annahm, ging es noch ziemlich feucht zu: Die Urdonau suchte sich vor 10 Millionen Jahren weiter nördlich als heute ihren Weg, floß aus der Gegend von Krems Richtung Hollabrunn und Mistelbach, um dann in einem breiten Delta ins Wiener Becken zu münden.
Wärmere Perioden während der Eiszeit ließen die Donau

und andere Gewässer im Weinviertel gewaltig anschwellen: Sie brachten Schottermassen und ließen sie in der Landschaft liegen oder sie trugen Material ab. Zu dieser fließenden Wechselwirkung zwischen strömender Kraft und ruhendem, doch veränderlichem Widerstand paßt auch das Werden der Landschaft im übrigen Weinviertel: in der Molassezone im Westen, aus weichen Sedimentem aus dem Vorland der Alpen modelliert, oder im Wiener Becken, erst eingesenkt und dann allmählich mit mächtigen Schichten von Sanden und Tonen aufgefüllt. Es gibt allerdings auch Denkmäler tektonischer Gewalttätigkeit in dieser sanftmütigen Landschaft. Vor 17 Millionen Jahren, als die Entstehung der Alpen ungeheure Kräfte im Erdinneren entfesselte, wurden die „Härtlinge" der Klippzone aus einer viel älteren Gesteinsschicht nach oben gepreßt: die Leiser Berge, die Staatzer Klippe, Falkenstein, der Schweinbarther Berg und die Pöllauer Berge. Doch nicht die Kräfte des Erdinneren waren es, die dem Weinviertel seine ganz besondere Eigenart verliehen. In dieser sanft bewegten Landschaft durfte eigentlich nur einem die Ehre zukommen, das Bild zu vollenden: dem Wind. Er trug Staub aus der Tundrenlandschaft südlich der Donau herbei, äolische Sedimente, heute als Löß bekannt. Löß läßt Reben gedeihen und macht es leicht, tiefe, haltbare Keller zu graben. So sorgten die leise, unstete, doch beharrliche Kraft des Windes und leichthin verwehte Materie dafür, daß zum trockenen geographischen Begriff des Viertels unter dem Manhartsberg auch noch ein süffiger Ehrentitel kam: Weinviertel.
Doch das Weinviertel ist auch ein Getreideviertel, ein Ölsaatenviertel oder ein Rübenviertel: Die Weinbaufläche beträgt kaum mehr als fünf Prozent des landwirtschaftlich genutzten Bodens. Das liegt natürlich auch daran, daß neben dem weinseligen Hügelland auch die weiten

Ebenen im Osten zum Weinviertel gezählt werden. Für viele liegt das eigentliche Weinviertel im Hügelland westlich und östlich der Klippenzone, und das Marchfeld gehört eigentlich nicht so wirklich dazu. Das führt anderseits aber zu gewissen Zwiespältigkeiten: In Prottes, zum Beispiel, sagen die Leute, daß die Kirche im Marchfeld steht und der Pfarrhof im Weinviertel. Die offiziellen Grenzen sehen das alles nicht so eng: Das Weinviertel dehnt sich vom zweigeteilten Rücken des Manhartsberges im Westen bis zur Staatsgrenze im Osten, von Tschechien im Norden bis zum Donauufer im Süden. Hollabrunn, Korneuburg, Mistelbach und Gänserndorf sind die politischen Verwaltungsbezirke. Doch eigentlich sollte man sich den Zauber dieses sachte in der Ebene verebbenden Hügelgewoges nicht durch Grenzen und Zuordnungen nehmen lassen. Das Weinviertel ist einfach überall dort, wo man es als solches empfindet, im Kopf und mit allen Sinnen.

Seit jeher, ganz konkret seit der Jungsteinzeit, ist das Weinviertel Bauernland, aber auch weithin offenes Land, nicht dafür geschaffen, schützend zu bergen oder Widerstand zu bieten. Durch Jahrhunderte war die Geschichte dieses Lebensraumes von Kriegen und räuberischen Feldzügen geprägt. Wer immer die Akteure im Spiel der Mächtigen waren, ob es um äußere oder innere Konflikte ging: Die Bauern trugen die schwerste Last. Als die Ungarn im 9. Jahrhundert das Großmährische Reich zerstörten, geriet damit auch das Weinland in ihre Gewalt. Hier dauerten die Kämpfe noch hundert Jahre nach dem Sieg Ottos des Großen auf dem Lechfeld an. In der Gegend von Staatz bauten die Magyaren auf ihrem Rückzug Grenzwächtersiedlungen, an die heute Ortsnamen wie Schoderlee, Gaubitsch, Fallbach oder Ungerndorf erinnern. Die Babenberger ließen Steinburgen und befestigte

Häuser auf von Wällen umgebenen Hausbergen errichten. Siedlungen wurden als Angerdörfer angelegt, weil sie mit geschlossenen Häuserzeilen und zwei schmalen Zugängen gut zu verteidigen waren. Nach dem Aussterben der Babenberger wurde das Weinviertel in der Auseinandersetzung zwischen Rudolf von Habsburg und König Przemysl Ottokar II. erst zur politischen Trumpfkarte, als Rudolf das Gebiet als Sicherstellung für das Heiratsgut seiner Tochter beanspruchte. Wenig später wurde nicht mehr mit Worten gekämpft, es kam an einem heißen Augusttag des Jahres 1278 zur Schlacht bei Dürnkrut und Jedenspeigen. „Santa Maria, Mutter und Magd, all unsere Not sei Dir geklagt" sang das Heer Rudolfs, als es den Haspelberg zum Kruterfeld hinunterzog. Auch die Kämpfer aus Böhmen und Mähren sangen: „Hospodine, pomiluy ny" – Herr, erbarme dich unser. Als die Reihen der schwergerüsteten Ritter gegeneinanderprallten, war der Lärm von Zerstörung und Tod bis in die umliegenden Dörfer zu hören. Am Ende war Ottokar hingemetzelt. Ein Ritter hatte ihn erstochen und verstümmelt, als er schon wehrlos auf dem Boden lag. Söldner plünderten den Leichnam, und Rudolf ließ ihn nach Wien bringen, um ihn zur Schau zu stellen. Das Ende der Geschichte: ein toter König und ein neuer Herrscher um den Preis von über zwanzigtausend Gefallenen.
Doch noch einmal, 1336, fiel ein böhmischer König, Johann, in das Grenzland im Norden ein und hielt sich beim Brandschatzen und Plündern nicht zurück. Gegen Ende des 14. Jahrhunderts war dann ein äußerer Feind nicht mehr vonnöten: innere Konflikte, Streitigkeiten zwischen Adel und Rittern, ließen Dörfer und Märkte in Flammen aufgehen. Viele Siedlungen wurden damals für immer verlassen.
Kaum zwei Jahrzehnte später fielen die Hussiten über

das Weinviertel her. In Retz erwarteten Ritter und Söldner sowie bewaffnete Bürger, Handwerker, Knechte und Bauern den drohenden Ansturm. Schon war von den Stadtbefestigungen aus nach Znaim hin der Rauch brennender Dörfer zu sehen. Dann wälzte sich der schwarze Heerhaufen heran. An die zwei Wochen wurde Retz belagert. In dieser Zeit plünderten die Soldaten die umliegenden Dörfer und zerstörten dabei dreißig Kirchen. Mauerbrecher und Wurfmaschinen konnten die Stadtbefestigung nicht zerstören. Doch dann gelang es, sie zu untergraben und auf einen der großen Weinkeller zu stoßen. Am 25. November 1425 wurde Retz gestürmt und geplündert, die Bewohner und die Verteidiger wurden erschlagen oder als Gefangene nach Prag gebracht, die stolze Handelsstadt ging in Flammen auf. Übrigens war Herzog Albrecht V. von Österreich, der spätere König Albrecht II., durchaus bereit gewesen, den Retzern zu Hilfe zu eilen. Oberösterreicher, Niederösterreicher und Wiener sollten im Bogen das bedrohte Retz umschließen und befreien. Doch die Wiener sagten erst zu und zögerten dann. Endlich machten sich beschämend wenige auf den Weg, während Wiener Kaufleute glänzende Geschäfte tätigten, indem sie den Hussiten Kupfer, Blei und Zinn lieferten. Es war im Weinviertel eben schon damals nicht sehr ratsam, sich auf wohlwollende Hilfe aus der Hauptstadt zu verlassen.

In dieser schlimmen Zeit kamen auch die Bauern zur zweifelhaften Ehre, Kriegsdienste zu leisten: Neun von ihnen mußten einen zehnten ausrüsten und dessen Felder bestellen, weil ja der Grundherr seine Erträge gesichert sehen wollte.

Auch nach den Hussitenkriegen gab es Unfrieden im Land: Ungarische und mährische Adlige machten die Grenze unsicher, es gab Kämpfe um Angern und Zisters-

dorf. Gamaret Fronauer, Grundherr in Orth, Dürnkrut und Großschweinbarth, erhob sich mit anderen Adligen und Wiener Bürgern gegen König Friedrich III. Im 16. Jahrhundert brachten dann Reformation und Gegenreformation Haß und Streit ins Land. Die Türken konnten zwar vom Weinviertel ferngehalten werden, doch die zurückflutenden Söldnerscharen erwiesen sich als verheerende Gäste. Das Weinviertel war ausgeblutet, wieder wurden Dörfer zu Wüstungen, andere waren menschenleer und wurden von Kroaten neu besiedelt.
Der nächste Feuersturm ließ nicht allzu lange auf sich warten. Zu Beginn des Dreißigjährigen Krieges verweigerten die protestantischen Landesherren Kaiser Ferdinand II. die Huldigung. Dieser ließ ihre Güter konfiszieren und stellte sie unter die Verwaltung der Kammer. Als Antwort fielen die ehemaligen Gutsherren mit Waffengewalt in die Besitzungen ein und verboten den Bauern, für den Verwalter zu arbeiten. Andererseits beeilten sich katholische Adlige, diese Güter zu erwerben. Rudolf von Teuffenbach erwies sich dabei als besonders erfolgreich und sah sein grundherrliches Reich mit einem Schlag um Angern, Stillfried, Ollersdorf, Dürnkrut, Ebenthal, Zistersdorf und Althöflein vermehrt. Keiner war in diesem Ränkespiel um Besitztum und Macht in der Wahl seiner Mittel zimperlich: Bauern waren beliebig verwendbares oder auch verzichtbares Menschenmaterial. Und wieder brannten die Dörfer: Allein in der Gegend von Zistersdorf waren es zwanzig, und der Widerschein der Flammen soll bis nach Wien sichtbar gewesen sein.
Doch es sollte noch schlimmer kommen, als das Heer des schwedischen Feldmarschalls Torstenson im Weinviertel wütete. Mitte März 1646 marschierten die Schweden in Niederösterreich ein. Die Retzer verrammelten das Nalber Tor und vermauerten die Zwingertüren. Au-

Der Burgfelsen von Falkenstein zählt zu den schroffen Ausnahmen im sanften Hügelland. Die Schweden ließen sich nicht beeindrucken und eroberten 1645 die Burg.

ßerdem hatten sie schon zuvor wieder einmal Hilfe aus Wien erbeten. Kaiserin Maria Anna schrieb einen nicht wirklich beruhigenden Brief, und ihr Gemahl, Ferdinand III., mußte sich später damit begnügen, wenigstens die Donaulinie zu halten. Retz, sich selbst überlassen, war zur kampflosen Übergabe gezwungen. Sechseinhalb Wochen blieb die Stadt von Schweden besetzt und mußte die Folgen dieser Schreckensherrschaft tragen. Dann zog das Heer weiter, verwüstete die Wachau und das nördliche Niederösterreich. Auch Eggenburg wurde damals besetzt. Nach der Belagerung von Brünn rannte der Heerhaufen die Burg Falkenstein nieder, zog plündernd in Mistelbach ein und ließ den Ort auch noch in Brand stecken. Weiter zog sich die Spur der Zerstörung gegen Stockerau. Doch inzwischen hatten der ungarische Rebell Rákóczi und der Kaiser Frieden geschlossen, und

Torstenson benügte sich damit, in Korneuburg und Krems starke Besatzungen zurückzulassen. Die Hauptmacht verließ Niederösterreich, und auf dem Weg nach Böhmen erschien der grimmige General wieder in Retz. Stadtrat und Bürger nützten nun allerdings ihre leidvoll gesammelte Erfahrung im Umgang mit Kriegsherren und betrieben, wie man es heute formulieren würde, Katastrophenmanagement. Torstenson konnte mit viel Geld nebst noch mehr Wein und Speis und guten Worten dazu bewegt werden, anzuordnen, daß „Stadt und Herrschaft Retz hinfüro ruhig, unperturbiert und ungekränkt gelassen" wurden. Die Retzer mußten sich aber dazu verpflichten, keine kaiserlichen Truppen einzulassen und natürlich weiterhin Abgaben an die Schweden zu zahlen. Als in den folgenden drei Jahren die Machtverhältnisse im Weinviertel unsicher blieben, mußte Retz die Schweden bei Laune halten, aber der Landesfürst in Wien als vermutlich künftiger Herr durfte auch nicht vergrämt werden. Das diplomatische Meisterstück gelang, doch als endlich Frieden einkehrte, war die einstmals reiche, selbstbewußte landesfürstliche Stadt erschöpft: Bürger, die keine Zahlungen mehr leisten konnten, „sagten ihr Haus der Stadt heim" und zogen fort, sogar die stolzen Patrizierhäuser waren vom Verfall bedroht, und das Schloß war beinahe unbewohnbar.
Selbst Jahrhunderte später waren die Schreckensbilder aus dieser Zeit im Weinviertel lebendig, und ganz alte Leute kennen noch heute dieses Lied: „Der Schwed wird kema, / wird d'Leut weganema, / wird d'Fenster einschlog'n, / und 's Blei davontrog'n, / wird Kug'ln draus giaß'n, / und d' Leut niederschiaß'n. / Bet's, Kinder, bet's, / denn morgen kommt der Schwed."
Weithin offenes Land, Grenzland . . . die stete Angst vor Bedrohung aus der Fremde blieb im Weinviertel durch

Steinerne Abwehr gegen drohende Kriegsgefahr: Das Franzosenkreuz bei Loosdorf hat wohl auch schon Jahrhunderte zuvor den Segen des Himmels beschworen.

Jahrhunderte lebendig. Kuruzzen beraubten Zistersdorf und äscherten Dörfer ein, die Soldaten Napoleons nahmen den Bauern Hab und Gut, nachdem schon zuvor russische Hilfstruppen Österreichs nicht eben zaghaft zugegriffen hatten. Bei Gefechten in der Gegend von Hollabrunn, bei Schöngrabern, Grund, Jetzelsdorf und Znaim hatte es zahlreiche Tote und Verwundete gegeben. In Retz wurden Spitäler eingerichtet. Viele der Verletzten starben. Ihre Gebeine wurden in einem Massengrab ne-

ben dem damaligen Stadtziegelofen bestattet. Das Franzosenkreuz in der Wallstraße erinnert heute daran.
Hatte das Weinviertel im Ersten Weltkrieg vor allem die Last gewaltiger Flüchtlingsströme aus dem Osten der sterbenden Monarchie zu tragen, wurde es 1945 zu einem Kriegsschauplatz von geradezu grotesker Verbissenheit: In Wien proklamierte man am 27. April die provisorische österreichische Staatsregierung, doch im Weinviertel gingen die Kämpfe weiter. Erst als Hitlerdeutschland am 8. Mai kapitulierte, kehrte auch im Grenzland Ruhe ein, Friedhofsruhe.
Übergangslos wurde das kaum beachtete, oft auch verachtete Bauernland für Wien und die Wiener interessant: Hier gab es nämlich zu essen. Als dann die Metropole so halbwegs satt war und sich fortschrittsgläubig dem Wirtschaftswunder hingab, sank das Land an der nunmehr toten Grenze in die Stille zurück. Viele Bauerngüter waren nur noch im Nebenerwerb zu halten, andere wurden aufgegeben, die Handwerker verließen die Dörfer, Geschäfte und Wirtshäuser sperrten zu. Maschinen und das kalte Diktat der Marktwirtschaft veränderten auch das Gesicht der Landschaft. Schnurgerade Grenzen und weite Flächen lösten detailreiche, bewegte Vielfalt ab.
Dramatisches Aufbegehren gegen widrige Umstände gehört nicht zum Wesen des Weinviertels, wohl aber gehören unverdrossene Zähigkeit und einiges Geschick dazu, irgendwie ja doch durchzukommen.
Mächtige Bäume fallen im Sturm. Schwankende Halme biegen sich, ohne zu brechen.

HEIDEN UND CHRISTEN

Die verhaltene, doch machtvolle Melodie der Weinviertler Landschaft hat seltsame Auswirkungen aufs Gemüt: Oft wiegt sie einen in heiterer Gelassenheit, oder man erleidet Schiffbruch im grünen Meer. Dann dröhnt die Stille in den Ohren und die Weite macht Angst. Im gleichförmigen, doch auch unendlich vielgestaltigen Spiel von Farbe, Form und Licht klingt ein merkwürdig vertrauter, dunkler Grundton mit: Hier geht nichts von dem verloren, das einmal war. So stehen bis heute die uralten Grabhügel schwer und ernst im Land; unbeteiligt an unserer Zeit behaupten sie ihren Platz.

Der mächtigste Grabhügel aus der Hallstattzeit ragt bei Großmugl auf: Schier unvorstellbare Erdmassen schafften die Untertanen eines toten Stammesfürsten herbei, um ihm und ihrem Volk ein Denkmal zu setzen. Gut sechzehn Meter ist das Grabmal hoch, obwohl Wind und Regen beinahe drei Jahrtausende Zeit hatten, Material abzutragen. Als die Kirche ins Weinviertel kam, setzte sie vorsichtshalber ein Kreuz auf die Hügelkuppe: irgendwie kriegerisch ragt es in den Himmel, ein Symbol christlicher Landnahme. Ein anderes Hügelgrab, in der Nähe von Pillichsdorf, bekam sogar eine neue Bestimmung als Kalvarienberg, die allerdings 1809 Kaiser Franz I. nicht daran hinderte, ihn als Feldherrenhügel zu verwenden.

Auch im nordöstlichen Grenzland des Weinviertels sind Tumuli zu finden: Gleich drei nebeneinander stehen klein und flach, doch unübersehbar an der Straße von Rabens-

burg nach Bernhardsthal, wo drei weitere grasige Erhebungen jenseits der Bahnlinie in der Einsamkeit zwischen weiten Feldern träumen. Auf einem der Hügel steht eine halb verfallene Kapelle, welche die Inschrift „ Der Verehrung Gottes und dem Andenken an die Vorzeit" trägt. „Gott" ist kaum noch leserlich, „Vorzeit" sehr wohl. Bei Ausgrabungen hat man Harz gefunden, einen Schleifstein und viele Tongefäße, darunter auch ein besonders schönes in der Form eines Stieres.
Ein schönes Beispiel für den sensiblen Umgang mit Relikten aus prähistorischer Zeit bietet übrigens eine Fremdenverkehrsbroschüre, die den Grabhügel vom Großmugl als „besonderes Schmankerl" beschreibt. Möglicherweise ist darin aber auch eine feinsinnige Anregung verborgen, der Mozartkugel vielleicht süße Hügelgrabhäufchen hinzuzufügen, gefüllt mit Marzipan-Gebein, Nougat-Asche und Tonscherben-Krokant.
Wer sich auf die Suche nach Rätseln begibt, die wohl für immer ungelöst bleiben werden, kann im Weinviertel auf vielfache Weise fündig werden, auch unter der Erde. Von den Weinkellern ist hier nicht die Rede, obwohl auch sie ihre Geheimnisse zu bewahren wissen. Vielmehr geht es um Erdställe – „Stall" steht für „Raum". Solche Labyrinthe aus engen und kaum schliefbaren Gängen mit winzigen Räumen oder Nischen wurden fast überall in Europa gefunden. Im Weinviertel gehörten sie lange zum bäuerlichen Alltag. Doch keiner redete viel darüber, jeder behielt sein Wissen über gut getarnte Eingänge bei sich. Erdställe wurden in Kriegszeiten nämlich als versteckte Zufluchtsorte benutzt, darum nannte man sie auch „Hussitenlöcher", „Schwedenhöhlen", „Franzosenhöhlen" oder „Kriegslöcher". Andererseits sind diese Anlagen als Verstecke eigentlich denkbar ungeeignet: Manche Gänge sind so eng, daß auch erfahrene Höhlenforscher ins

Der Grabhügel von Niederhollabrunn: Ein riesenhaftes Monument heidnischen Totenkults, dem auch das Kreuz nichts von seiner urtümlichen Wucht nimmt.

Schwitzen kommen, und die Räume bieten nur ganz wenigen Menschen Platz. Trotz ihrer Beengtheit, die überdies rasch den Sauerstoff knapp werden läßt, bilden Erdställe oft weitläufige und kompliziert verästelte Anlagen: Der größte bekannte Erdstall Österreichs in Maustrenk bei Zistersdorf hat eine Ganglänge von 220 Metern. Erdställe finden sich unter den Dörfern und Städten des Weinviertels oder auch unter alten Befestigungsanlagen, den „Hausbergen"; doch mehr und mehr sinkt diese seltsame Höhlenwelt in sich zusammen. Zugänge werden verschüttet, die unbefestigten Gänge stürzen ein. Niemand weiß wirklich, wann diese Anlagen gebaut wurden. Die älteste eingravierte Jahreszahl – 1440 – wurde im Erdstall von Ernstbrunn gefunden. Manche Forscher vertreten die Ansicht, man hätte es mit symbolischen Leergräbern eines mittelalterlichen Totenkults zu tun. Oder waren die Erdställe ja doch nur dunkle Abbilder angsterfüllter Wünsche, sich vor den Schrecken der Oberwelt im Schoß der Erde verkriechen zu können, in einem Labyrinth, das kein Fremder durchschauen konnte?

Rätselhaft, obwohl im hellen Tageslicht, bleiben auch andere geheimnisvolle Botschaften aus der Vergangenheit: die Steinkreuze. Als Sühnekreuze errichtet, um abgegoltenes Unrecht zu bezeugen, als Grenzzeichen, als vorchristliche oder christliche Kultmale sind sie meist wenig beachtete Findlinge aus der Vergangenheit. Umrankt von Legenden und vagen Erinnerungen ist ihre wahre Botschaft oft nur zu erahnen. Manche erzählen ein wenig mehr von sich wie jenes schöne Kreuz, das an einem Feldrain in der Nähe des Leeberges bei Großmugl steht: Es trägt die Jahreszahl 1502, und in gotischen Buchstaben ist der Name „Hans Schretter" zu erkennen – und eine Familie Schretter lebt noch heute im Dorf. Es gibt nur noch sehr wenige alte Steinkreuze im Weinviertel. Eines davon, dessen Ursprung in germanischer Zeit vermutet wird, ist im Hochleitenwald neben dem Weg von Pillichsdorf zur Bindereiche zu finden. Ein weiteres, urtümlich anmutendes Steinkreuz, plump behauen und ohne erkennbaren Hinweis auf seine Bestimmung, steht bei Roseldorf, allerdings gut versteckt, weit außerhalb des Ortes, an einer Böschung. Wer es findet, teilt sich mit ihm die Stille, stellt keine neugierigen Fragen, sondern tastet mit den Fingerspitzen nach den beredten Buckeln und Gruben des alten Steines und läßt sich behaglich in die Tiefe der Zeit sinken.

Andere steinerne Markierungen im Weinland sind freilich mitteilsamer. Grenzsteine, oder Zehent- und Robotsteine, die ein Gebiet kennzeichneten, das frei von Abgabepflichten war. Bildstöcke wurden weithin sichtbar an besonde-

Der „Wamperte“ bei Hörersdorf. Einst stand dieser merkwürdige gedrungene Bildstock am Straßenrand. Er könnte Anfang des 15. Jahrhunderts, zur Zeit der Hussitenkriege, entstanden sein.

ren Punkten in der Landschaft aufgestellt: Sie weisen auf heidnische Kultstätten oder auf uralte, längst von Gras überwachsene Wege und Kreuzungen. Einer dieser Bildstöcke steht bei Kronberg, wo der Künstler Prof. Hermann Bauch über sein unterirdisches Kellerreich herrscht. Dieser Bildstock im „Crombergerburgfrieden bei Hochleiten“ hat eine besondere Geschichte zu erzählen: „ Oh ihr Mörder und Räuber, was habt ihr gedacht, als ihr den unschuldigen Philipp Mader erhascht und ihm sein frisches, gutes Leben mit einem Schus und Hib den Rest habt geben. Glaub wohl, das er anjetzt beu Gott anklagen wird seine große Noth, in dem er euch gar harm schalt und ihr war grimmig Mörder al. Er bat um seine Huth, allein kundt doch von euch nit ewiglich seyn. Ihr nambt alles hinweg, sogar sein Blut, welches Weib und Kind hardt schmerzen thut. Kommt ihr Mörder groß und klein: Sonst wird Gott bald seyn gerechtes Schwert ergreifen und legen euch zur Erd. Ich fürcht, es mecht noch übler seyn, dann Gott wird strafen mit ewiger Pein. Den VII. Augusti 1704."

Der Volksmund sagt dem „unschuldigen Philipp Mader" allerdings Übles nach: Er soll als Fleischhauergeselle seinen Meister erschlagen haben, um frohen Sinnes die Meisterin zu heiraten. Als er sich mit unbedachten Äußerungen verriet, wurde er angezeigt und hingerichtet. Bleibt zu fragen, wer da in aller Öffentlichkeit in heiligem Zorn für ihn eintrat. Doch nicht die Meisterin?

Auch einige wenige Bilderbäume sind im Weinviertel noch zu finden. Die Kirche war mit diesen naiven Andachtstätten in der freien Natur nie sehr glücklich, weil sie ja doch nur die Fortsetzung des heidnischen Baumkultes mit christlicher Verbrämung darstellten. Im Hochleitenwald steht noch der Rest einer Eiche, überdacht, mit einem Korsett aus Eisen geschützt, und mit Bildern behangen. Aber auch heidnische Quellheiligtümer wurden geflissentlich dem Christengott unterstellt, um sich ihrer guten Gewissens weiter erfreuen zu können. Das Pulkaubründl ist ein schönes Beispiel dafür. Schon als die Pest die Pulkauer aus ihrem Ort vertrieb, flüchteten sie zur Quelle, die bereits im 15. Jahrhundert als „heyling prun" erwähnt wird. Angeblich linderte das Wasser das ärgste Übel, und 1699, zur Zeit der Gegenreformation, fand sich dann auch ein Schulmeister, der mit aller Glaubwürdigkeit seines Lehramtes ein Wunder beschrieb. Die arme Witwe Katharina Appel aus Rafing hatte einen wahrlich bemitleidenswerten Sohn: nicht nur „am ganzen Körper krumm und lahmend", sondern auch noch „zu einem Ballen zusammengezogen". Kein Bader konnte helfen, also tauchte die Mutter das Kind unter flehentlichem Gebet zur Mutter Gottes ins Bründl. Die Wirkung war erstaunlich: Schon nach wenigen Tagen konnte das Kind wieder aufrecht gehen. Der Schulmeister, natürlich Augenzeuge dieses Geschehens, teilte die frohe Kunde dem Pfarrer Götz von Pulkau mit und dieser erlangte in Wien die Erlaubnis zur Errichtung eine Kapelle. In ihr konnten dann auch die Bilder der umliegenden Baumheiligtümer untergebracht werden: Eine allerliebste Andachtsstätte unter mächtigen Linden war entstanden. Später kamen eine gemauerte Kapelle und eine Lourdesgrotte über dem Bründl dazu. Es ist ein seltsamer Ort, auch heute: Alle guten Waldgeister scheinen hier noch putzmunter zu sein, in allen christlichen Ehren, versteht sich, und sogar der Verkehrslärm von der nahen, doch unsichtbaren Straße klingt irgendwie fromm.

SCHLÖSSER, FABRIKEN UND DAS SCHWARZE GOLD

Manchmal genügen für eine schöne Reise durch das Weinviertel ein frisches Hemd und ein ordentlicher Wasserscheitel, damit man was gleichschaut, und, nicht zu vergessen, ein wenig Bargeld, weil man sich ja auch was leisten will, im Wirtshaus. Ein andermal tut man gut daran, sich für eine noble Zeitreise auszustatten, mit einem Buch als kundigem Reisebegleiter und jener Sorte zartbitterer Melancholie, die so verführerisch süß schmekken kann. Denn diesmal geht es darum, unterwegs von Schloß zu Schloß, zierlich mäandrierend und beharrlich stöbernd der feudalen Geographie des Weinlandes nachzuspüren. Es gibt unzählige solcher Reisen, und viele davon werden in Wien beginnen – das Weinviertel grenzt ja dicht an die Metropole. Man könnte zum Beispiel erst einmal die Donauuferautobahn verächtlich links liegenlassen und Schloß Bisamberg kurz guten Tag sagen. Im 12. Jahrhundert saßen die Grundherren von Bisamberg noch auf der nahen Burg Kreuzenstein, die dann im Dreißigjährigen Krieg von den Schweden zerstört wurde – wie übrigens auch Staatz und Falkenstein. Doch heutzutage ist die Burg Kreuzenstein so gut wie neu, wie wir wissen, wiedererstanden als Riesenspielzeug eines gewissen Johann Nepomuk Graf von Wilczek.

Die alte Wasserburg Bisamberg hingegen wurde von Hussiten zerstört. Die protestantischen Eitzinger, eine der einflußreichsten Familien im Weinviertel, mußten den

Besitz in der Zeit der Gegenreformation an den katholischen Schwaben Johann Baptist Weber abtreten, der das Schloß in seiner heutigen Gestalt erbauen ließ. Ein paar Kilometer weiter, in Stockerau, hat sich die Stadtgemeinde im feudalen Erbe eingenistet: Im freundlichen Lustschlößchen Belvedere residieren ein Kulturzentrum und das Stadtmuseum, während das prächtige Puchheimsche Haus vom Herrschaftssitz zum Rathaus mutierte. Schon 1716 erwarb der Markt das repräsentative Gebäude von der Familie Schönborn, und heute tagen die Stadträte im Festsaal unter einer kostbaren Stuckdecke und huldigen angesichts der Bildnisse von Franz I. und Maria Theresia angewandter Demokratie. Jedenfalls bleiben die Namen Puchheim und Schönborn aktuell: Zwischen Stockerau und Göllersdorf (wo es schon wieder ein Schloß zu sehen gäbe, allerdings nur von außen, weil es als Strafanstalt genutzt wird) steht, von einem weitläufigen englischen Park umgeben, eines der schönsten Barockschlösser Österreichs. Reichsvizekanzler Carl Graf Schönborn ließ es Anfang des 18. Jahrhunderts nach Plänen Johann Lukas von Hildebrandts an der Stelle des alten Schlosses Mühlburg, das Hans von Puchheim gehörte, errichten. Auch der heutige Schloßherr trägt in ungebrochener Tradition den Namen Schönborn, zieht es aber vor, das Gärtnerhaus zu bewohnen – ganz einfach, weil es gemütlicher ist. Das große Löwentor an der Westseite ist angesichts einer allzu eilfertigen Schnellstraße zugemauert, doch an der Gartenfront öffnet sich das Schloß seinen Gästen, von denen seit einigen Jahren viele zu einem Golfclub gehören. So kommt es, daß der hl. Johann Nepomuk in seiner Kapelle am Ende der schönen Pappelallee leicht befremdet inmitten elitären Sportgeschehens steht. Doch weil dies alles letztlich dazu beiträgt, wertvolles Kulturgut zu erhalten, ist es schon recht so.

Zeit, vom geraden Wege abzukommen und der schmalen Straße nach Untergrub zu folgen, die dann sehr energisch in Richtung Ringendorf ansteigt. Von dort geht es weiter nach Großmugl und nach Steinabrunn. Wie ein Märchenschloß aus den Bilderbuch steht dieses Gemäuer mit seinen vier mächtigen Trakten und den großen Türmen im Tal. Als es 1630 gebaut wurde, gab es noch eine mittelalterliche Burg im Hof, ein „armes, elendes, zerrissenes Häusl“, das später abgerissen wurde, nur ein Renaissancekapitell blieb erhalten. St.Nepomuk ist übrigens auch hier zugegen, 1730 von Bischof Otto Johann von Volkra, einem der Schloßherren, gestiftet. Golfbälle hat er keine zu befürchten. Rund um die Kreuzung bei Porrau beweist dann die Straße, daß sie es im Weinviertler Hügelland durchaus zuwege bringt, der Streckenführung einer Hochschaubahn verteufelt nahezukommen. Am Tiefpunkt angelangt, empfiehlt es sich dringlich, den Nachrang zu beachten und nach rechts abzubiegen, weil sich in Porrau – erraten – ein kleines Landschloß verbirgt. Es gehört zu jenen Herrschaftssitzen, die nie von großer Bedeutung waren, nie besonders prächtig, doch immer nobel und nützlich. Das Schlößchen dient heute als Forstverwaltung und wird auch, soweit es notwendig ist, instand gehalten. Doch der Verputz bröckelt, die Farben sind müde, mit ohnedies bescheidener Eleganz ist es wohl für immer vorbei. Doch solche Bauten werden mit Stil und Würde alt. Das muß die neuere Architektur erst lernen.

Das nächste Dorf trägt den edlen Namen Weyerburg, und es ist auch gleich ersichtlich, warum. Freundlich und stolz thront Schloß Weyerburg auf einer Anhöhe: zwei ineinander gebaute Vierecke mit runden Ecktürmen und einer variantenreichen Dachlandschaft mit Zwiebeldächern, Kegeldächern, Zeltdächern und vielen Rauchfän-

Ein aufstrebender Markt, auf dem Hügel das noble Schloß Weyerburg mit Wassergraben und Zugbrücke: Die stolzen Bilder aus der Vergangenheit sind dunkel geworden.

gen. Schloß und Dorf haben schon bessere Zeiten gesehen, die Prangersäule deutet darauf hin. In der Tat wurde Weyerburg im 15. Jahrhundert unter der poetisch anmutenden Herrschaft der Ritter von Rosenharz zum Markt erhoben, der aber im Laufe der Zeit dann doch wieder zum Dorf schrumpfte. Aber die kleine barocke Kirche mit der großen Turmuhr entstand immerhin nach Plänen des Lukas von Hildebrandt.

Noch ein Dorf und noch ein Schloß: In Enzerdorf im Thale ist der Rest jenes prächtigen Herrschaftssitzes zu sehen, der unter den vielen bemerkenswerten Schlössern der Sinzinger als das Schönste galt. Heute sind nur noch das Schloßtor und ein Seitenflügel erhalten.

Höchste Zeit demnach für ein komplettes, intaktes, lebendiges Schloß, eines, wie es schwer und feierlich über den Dächern von Mailberg thront, durch Jahrhunderte unbewegter Ruhepol in den Stürmen der Zeit. Seit dem 12. Jahrhundert ist hier der Malteser Ritterorden zu Hause, und er wird diese so beständige Adresse wohl noch lange behalten. Der Orden präsentiert sich mit einem Museum und es gibt sogar die Möglichkeit, im Schloß zu wohnen, inmitten nobler Platzverschwendung und umgeben von kontemplativer Stille.

Damit ist die Staatsgrenze auch schon fast erreicht. Schloß Hardegg schmückt über dem Doppeldorf Seefeld-Kadolz den Horizont. Der Schloßherr, adligen Geblüts, betreibt Landwirtschaft, so klug, perfekt und zukunftsorientiert, daß man nicht weiß, ob man sich freuen oder fürchten soll. Ein paar Kilometer noch, nach Haugsdorf, und dort ist erst einmal Schluß: Hier gibt es nämlich ein Schloß, das sich nicht zu gut dafür ist, ein respektables Gasthaus zu sein und ein Hotel auch noch.

Und die Reise zurück nach Wien? Schrattenthal vielleicht, die winzige Stadt mit dem riesigen Schloß, Dein-

zendorf, der bescheidene Rest einstiger Pracht, Maissau, seit Jahrhunderten Sitz der Familie Abensberg-Traun, das zum Pfarrhof gewordene Landschlößchen Ravelsbach, Kleinwetzdorf, der steingewordene Traum eines Heereslieferanten, das finstere Schloß Oberrußbach, und dann noch Wolfpassing, ein Barockschloß als Gutshof. Doch auch wer sich eher nach Osten wendet, wird fündig werden: Burg Laa an der Thaya mit süffigem Biermuseum, Staatz, die pittoreske Ruine, Hagenberg, das Märchenschloß der Sinzinger, Wenzersdorf, Schloß Michelstetten, die gewaltige Ruine einer Renaissanceburg, gut versteckt unterhalb der Wehrkirche, Asparn an der Zaya mit dem Museum für Urgeschichte, Niederleis, bewohnt, liebevoll erhalten und manchmal zu besichtigen, das barocke Großrußbach, das wehrhafte Schloß Karnabrunn und Seebarn, heute ein Gutshof mit Reitschule.
Über achtzig Schlösser und Burgen stehen im Viertel unter dem Manhartsberg. Ihre Anfänge waren karg, die Blütezeit war opulent und das Ende ist oft genug elegisch. Doch auch das Gegenteil ist möglich, wie Schloß Prinzendorf zeigt, wo der Maler Hermann Nitsch in seinem „Orgien-Mysterien-Theater" Tanz, Musik und blutige Schlachtungsrituale zu Gesamtkunstwerken werden läßt, die nicht unbedingt in die Gute Stube passen.
Lange vor den Schlössern entstanden die Burgen. Sie wurden im Weinviertel gebaut, um gefährdete Grenzen abzusichern, Siedlungen zu schützen und der Bevölkerung Zuflucht zu gewähren. Die besitzlosen Bauern mußten dafür entsprechende Dienste leisten. Burgen waren also in erster Linie militärische Einrichtungen, in denen die Herrschaftsleute ein mehr als spartanisches Leben führten. Doch das Parkinsonsche Prinzip des selbstgenügsamen Wachstums bürokratischer Institutionen galt offenbar auch schon im Mittelalter: Der Burgherr umgab

sich mit einer zunehmenden Zahl von Vogten, Pflegern, Amtsmännern und Gerichtsorganen, die mit erstaunlicher Findigkeit neue Titel für steigende Geldleistungen, Naturalabgaben und Dienste erfanden. Respekt verschafften sie sich mit drastischen Strafen: Vermögensentziehung, Auspeitschung, das Abhacken von Gliedern oder die Todesstrafe mit bekanntermaßen phantasiereichem Vorspiel. Zwei recht gegensätzliche Umstände brachten die festgefügte Welt der Burgherrschaften ins Wanken: die Entwicklung schwerer Geschütze und das Vergnügen an feinen, höfischen Lebensformen. Behagliche Schlösser wurden errichtet, und als mit der Gegenreformation barocker Überschwang auch im Landadel zum guten Ton gehörte, entstanden heitere, repräsentative Bauten in weitläufigen Parks. Die Mitglieder des Kaiserhauses und ebenbürtige Lichtgestalten wie Prinz Eugen lebten in ihren Landschlössern vor, wie man glanzvolle Feste feierte, vornehm zur Jagd ging und den schönen Künsten huldigte.
Der Landadel im Weinviertel gab sich alle Mühe, dem Zeitgeist gerecht zu werden, wenn auch manchmal mit vergleichsweise bescheidenen Mitteln. Joseph von Eichendorff, der das Weinviertel gut kannte, schrieb darüber in seinen Tagebüchern: „Das größte, schnell ausgeräumte Wohnzimmer mit oft bedrohlich elastischem Fußboden stellte den Saal dar, der Schulmeister mit seiner Bande das Orchester, wenige Lichter in den verschiedenartigsten Leuchtern warfen eine ungewisse Dämmerung in die entfernten Winkel umher und über die Gruppe von Verwalter- und Jägerfrauen, die in der offenen Nebentüre Kopf an Kopf dem Tanze der Herrschaften ehrerbietig zusahen."
Von höfischen Vergnügungen aller Güteklassen abgesehen hatten die Schlösser des Landadels natürlich auch

ihre Verwaltungsaufgaben zu erfüllen und trugen militärische Verantwortung im Kaiserreich. Im Jahr 1848 verlor der Landadel zwar seine Untertanen und Herrschaftsbefugnisse, doch als Großgrundbesitzer ließ es sich auch ganz gut leben. Das böse Ende kam mit dem Jahr 1918, als die ehemalige Donaumonarchie zu einem beklagenswerten Torso geworden war, in dem Wirtschaft und Landwirtschaft nicht mehr im großen Stil funktionierten, sondern nur noch irgendwie versuchten, zurechtzukommen. Seitdem sind die Schlösser des Weinviertels auf der Suche nach neuen Inhalten. Erstaunlich viele – fast dreißig Prozent – werden immer noch von ihren angestammten Familien bewirtschaftet und erhalten, andere sind zu Museen geworden, zu Wohnsitzen bürgerlicher Träumer oder zu Ruinen.
Schon als im 19. Jahrhundert die industrielle Revolution auch im stockkonservativen Kaiserreich das Leben mit verblüffender Radikalität und in schwindelerregendem Tempo veränderte, hatten die Schlösser als große landschaftsprägende Bauten mit wirtschaftlicher und gesellschaftlicher Bedeutung Konkurrenz bekommen: die Fabriken. Sie wurden in alten Mühlen eingerichtet, weil es dort Wasserkraft gab, besetzten Klöster, weil viele nach dem Reformwerk Josephs II. leer standen, oder auch Schlösser. Einige historische Industrieunternehmen, wie zum Beispiel die Retzer Salpetersiederei oder die Schießpulverfabrikation und Perlmutterverarbeitung in Hardegg wurden damals aufgelassen. Die ersten Fabriksneubauten orientierten sich an feudaler Architektur, und die Fabriksherren – manchmal sogar von Adel – hatten natürlich ihre Herrenhäuser neben den Produktionsstätten. Seitdem Napoleon I. zu Beginn des 19. Jahrhunderts durch die Verhängung der Kontinentalsperre den Anbau von Zuckerrüben in Österreich erzwungen hatte, entwik-

kelte sich die Zuckerindustrie zu einem der bedeutendsten Wirtschaftszweige der Donaumonarchie: Im Jahr 1848 gab es in Österreich und den Kronländern 84 entsprechende Fabriken. Doch noch immer mußte Rohrzukker, den man damals Kolonialzucker nannte, eingeführt werden. Im Viertel unter dem Manhartsberg hatte demnach das erfolgreiche Zusammenwirken adliger Grundherrschaft mit aufstrebenden Industriellen beste Chancen. Die Fürstlich Liechtensteinsche Verwaltung hatte schon Rüben für die Salmsche Zuckerfabrik in Niederabsdorf angebaut, die allerdings 1883 stillgelegt wurde. Der Plan der Brüder Strakosch, in Hohenau an der March Zucker zu erzeugen, kam also beiden Partnern entgegen. Auch der geplante Standort war günstig: Die Kaiser-Ferdinands-Nordbahn bot sich für das Heranschaffen von Kohle und die Auslieferung des Zuckers an, und mit der March war auch der gewaltige Wasserbedarf einer solchen Fabrik gedeckt. Schon 1868 konnte die erste Kampagne eröffnet werden, und der Pfarrer von Hohenau protestierte heftig dagegen, daß an Sonntagen und Feiertagen durchgearbeitet wurde. Die Macht des Kapitals siegte, und bald waren die ersten süßen Produkte unterwegs zu den Konsumenten: „Brote“, also sauber in Papier verpackte Zuckerhüte für den österreichischen Markt sowie Stückzucker und Sandzucker für den Export. Das Herrenhaus der Brüder Strakosch wurde 1945 von sowjetischen Soldaten niedergebrannt, doch die Zuckerfabrik Hohenau raucht und dampft und stinkt bis heute, daß Gott erbarm’, aber sie sichert Arbeitsplätze in einer Region, die solches bitter nötig hat, und auch das Haus Liechtenstein beweist als Rübenlieferant Kontinuität.
Jene Ziegelwerke, die an vielen Orten des Weinviertels Ende des 19. Jahrhunderts Material für die gründerzeitliche Bauwut lieferten, sind indes zu leblosen Denkmälern

einer vergangenen Industriekultur geworden. Viele dieser charakteristischen Rundöfen mit dem hohen Schlot endeten als Objekte für Sprengübungen, andere werden, zerbröckelnd und grasüberwuchert, allmählich wieder zur Landschaft.

Der Ziegelofen hinter dem Friedhof von Untermarkersdorf erzählt eine andere Geschichte: In den siebziger Jahren mußte der Betrieb zusperren. Es war ein schäbiges, kraftloses Ende, auch lächerlich kleine Rechnungsbeträge blieben offen, Arbeiterlöhne wurden nicht mehr bezahlt. Weil das Objekt damals kaum zu verwerten war, erlaubte der neue Eigentümer einem Arbeiterehepaar, bis ans Lebensende zu bleiben. So regierten die zwei alten Leute mit sanfter Hand über ein paar Hühner und eine Ziege, pflegten Obstbäume und hielten sogar die Betriebsgebäude so halbwegs in Ordnung. In den Büroschränken standen noch die Ordner der Buchhaltung und den Schreibtisch gab es auch noch, an dem der Herr Direktor gesessen hatte, allmächtiger Herr und jämmerlicher Bankrotteur. Fast zwei Jahrzehnte ging das so, dann starb der alte Arbeiter, seine Frau zog zu ihrer Tochter nach Obritz, ging aber immer noch täglich zum Ziegelofen, um den Garten zu pflegen und mit den alten Bildern ihrer Erinnerung zu leben. Heute ist das Gemäuer zu neuem Leben erwacht. Ein Komponist wohnt im Verwaltungsgebäude, arbeitet künstlerisch in der ehemaligen Kapelle und züchtet Pferde.

Von den großen Ziegelwerken im Viertel unter dem Manhartsberg sind nur Ruinen übriggeblieben: bei Niederkreuzstetten zum Beispiel und bei Zistersdorf.

Frättingsdorf, an der Staatzer Bundesstraße gelegen, ist noch heute ein imposanter Komplex. Im Zentrum steht der mächtige Ringofen mit dem 34 Meter hohen, schön strukturierten Kamin, dazu kommen ein Klinkerofen, Be-

triebsgebäude und Stapelplätze sowie Arbeiterwohnhäuser. Frättingsdorf steht auch für das Schicksal einer Familie, die im 19. und 20. Jahrhundert zu den bedeutendsten Großindustriellen Österreichs zählte. Schon Anfang des 18. Jahrhunderts war der Name Steingassner mit der Herstellung von Ziegeln verbunden. Fast hundert Jahre lang wuchs das Unternehmen stetig. 1868 ließ Martin Steingassner das Ziegelwerk Frättingsdorf bauen und erweiterte es in den folgenden Jahren um einen zweiten Ringofen, einen Klinkerofen, automatische Ziegelpressen und Arbeiterwohnhäuser. Die erste Krise des Unternehmens kam mit dem Zusammenbruch der Monarchie und dem Tod des Firmengründers. Nach und nach mußten Betriebe verkauft oder stillgelegt werden. Doch in Frättingsdorf ging die Arbeit weiter. Sogar nach dem Zweiten Weltkrieg gelang ein Neubeginn. Doch dann wurde die Konkurrenz übermächtig. Die komplizierten Eigentumsverhältnisse innerhalb der weitverzweigten Familie Steingassner erschwerten energische Entschlüsse und konsequente Strategien. 1973 erlosch das Feuer in den Öfen.
Auch das stillgelegte Ziegelwerk wirkt immer noch wie ein selbstbewußtes, kompaktes Ganzes, ein Dorf neben dem Dorf. Anfang der sechziger Jahre, als der Schlot von Frättingsdorf noch rauchte, merkte das Mistelbacher Heimatbuch an: „Der Ort Frättingsdorf gliedert sich in zwei Teile: Dorf – Ziegelwerk. Diese Zweiteilung wirkt sich in soziologischer und kultureller Hinsicht aus. Das ‚Dorf', 1 km von der Reichsstraße Mistelbach – Laa bzw. von der Eisenbahn, am oberen Teil der Mistel, die knapp außerhalb des Ortes entspringt, gelegen, wird in der Hauptsache von Bauern und Taglöhnern bewohnt. Der andere, kleinere Teil, der als Siedlung anzusprechen ist, das sogenannte ‚Werk', liegt an der Reichsstraße, bzw. an der Bahnstation und umfaßt zirka ein Viertel der Haus-

Auch der stillgelegte Rundofen von Neubau-Kreuzstetten in der Gegend von Wolkersdorf gehörte zum Ziegelimperium der Familie Steingassner.

nummern und ein Drittel der Einwohnerschaft. Berufsmäßig gliedert sich dieser Teil in Arbeiter, Angestellte und Rentner der Firma Steingassner; hiezu kommen noch die Eisenbahnangestellten. Diese räumliche Trennung bewirkt auch ein großes Maß an Eigenleben zum Nachteil der Dorfgemeinschaft. Ein Zehntel der Einwohnerschaft sind zugewanderte Volksdeutsche und deren Angehörige, meist Südmährer."

Es muß wirklich ein seltsam widersprüchliches Nebeneinander gewesen sein: Ein Dorf, vorsichtig abgerückt von Eisenbahn und Reichsstraße und ein Stück fast schon urbaner Tüchtigkeit, eine Fabrik, deren Umsätze das Gemeindebudget beschämten, Leute, die anders lebten, anders arbeiteten, redeten und dachten. Nicht zuletzt der Unternehmer mit dem Adelstitel der neuen Zeit: Großindustrieller.

Trotz aller Vorbehalte war das Ziegelwerk Martin Steingassner KG damals noch ein Herzeigebetrieb der Region, über den im Heimatbuch einige Seiten später stolz berichtet wird: „Damals wie heute sind Steingassner Ziegel im Bezirk Mistelbach, in Niederösterreich und Wien beliebt und begehrt. Viele Kirchen und Schulen, Amtsgebäude, Bauern- und Gutshöfe, Wohnhäuser, Siedlungen und Großwohnanlagen in Wien sind mit Steingassner Ziegeln erbaut oder eingedeckt. Drainagerohre – eine Spezialerzeugung des Werkes – werden in ganz Niederösterreich verwendet, ja auch nach Kärnten, Steiermark und Tirol versandt."

Das stolze Ziegelwerk ist tot. Das bescheidene Dorf daneben lebt noch immer und weiß nicht recht, was es mit seinem sehr groß geratenen Industriedenkmal anfangen soll und mit einem Bahnhof, der dazu gebaut wurde, gewaltige Gütermengen auf den Weg zu schicken. So wirkt Frättingsdorf wie eine Momentaufnahme aus jener hektischen Zeit, in der es fast denkbar war, daß aus dem Weinviertel ein Industrieviertel werden könnte.

Das Zeitalter der Industrie ließ Fabriken jedenfalls schon sehr früh wichtiger als Schlösser werden, sieht man von Kultur und Ästhetik einmal ab, doch derlei Zeitvertreib war ohnedies unter die Räder der Dampfmaschinen gekommen. So gesehen war das Viertel unter dem Manhartsberg um die Jahrhundertwende eigentlich zu bedau-

Ölrausch im Weinviertel: Als die Österreicher Anfang der dreißiger Jahre so richtig fündig wurden, war der Ölschock der achtziger Jahre noch unvorstellbar weit entfernt.

ern: Überall in der Donaumonarchie rauchten die stolzen Schlote, doch hierzulande entwickelte sich, von den Zukkerfabriken und den Ziegelöfen abgesehen, kaum Industrie. Dem matt gewordenen Goldschimmer höfischer Eleganz folgte nicht, wie anderswo, wenigstens der harte Glanz des Geldes. Erst in den zwanziger Jahren unseres Jahrhunderts wurde man im Viertel unter dem Manhartsberg fündig. Das Gold war allerdings schwarz. Es handelte sich um eine Substanz, von der Wissenschaftler des russischen Zaren 1809 nach gründlicher Analyse sagten: „Erdöl ist eine nutzlose Absonderung der Erde. Es ist der Natur nach eine schmutzige, übelriechende, klebrige Flüssigkeit, die in keiner Weise verwendet werden kann." Lange bevor es österreichisches Erdöl gab, bestand übrigens im Weinviertel ein erdölverarbeitender Betrieb, der

dann auch prompt zusperrte, als endlich das schwarze Gold im Lande gefunden wurde: Die „Petroleumraffinerie Drösing“ wurde bereits 1898 errichtet. Das Rohöl kam mit der Kaiser-Ferdinands-Nordbahn aus Galizien. Nach dem Zerfall der Monarchie wurde es für die Raffinerie immer komplizierter und teurer, Rohöl zu beschaffen. Trotzdem konnte der Betrieb mit kurzen Unterbrechungen aufrechterhalten werden. Doch 1937, als das österreichische Erdöl endlich so richtig sprudelte, mußte die Raffinerie in Drösing schließen: Im Kräftespiel internationaler Interessen wurde dieser Standort geopfert.
Seit dem Ersten Weltkrieg waren in Österreich Probebohrungen durchgeführt worden. 1930 berichtete die deutsche Zeitung „Reichspost“ mit begehrlichem Unterton von Erdölfunden bei Zistersdorf und Neusiedl an der Zaya – das van-Sickle-Feld. Drei Jahre später urteilten Fachleute frohlockend, daß damit der gesamte Bedarf Österreichs an Erdölprodukten gedeckt sei. Doch leider füllte in den folgenden Jahrzehnten das schwarze Gold fremde Taschen. Für die Rüstungsindustrie des Deutschen Reiches war es hochwillkommen und die sowjetische Besatzungsmacht transportierte erst einmal Maschinen und Bohrgeräte im Wert von 25 Millionen Dollar ab, um dann ohne kleinliche Zurückhaltung mit der Förderung zu beginnen. Unglückseligerweise fällt auch die Entdeckung des größten Erdölfeldes in Mitteleuropa in der Gegend zwischen Matzen und Prottes in diese Zeit. Hier konnte auch Erdgas in beträchtlichen Mengen gefördert werden. Mit dem Staatsvertag wurde dann Österreich verpflichtet, zehn Jahre hindurch eine Million Tonnen Erdöl an die Sowjetunion zu liefern.
Der Alptraum ist vorbei, der Traum von der Selbstversorgung aber auch: Noch 1958 konnten wir unseren Erdölbedarf im Lande decken, 1992 stammten nur noch zwölf

Prozent aus eigenen Vorkommen. Doch noch immer fließt Öl und strömt Erdgas, und in Prottes, exakt dort, wo das rebenbedeckte Hügelland in die Ebene ausfließt, gibt es neuerdings einen wunderlichen Wanderweg zwischen Natur und Technik: den Erdöllehrpfad. Ein beschaulicher Spaziergang durch Parks und Kellerviertel, durch Laubwälder und an Weingärten entlang, wird so nebenbei zur durchaus vergnüglichen Lehrveranstaltung mit den Themen Erdöl und Erdgas. Auch technische Gegenwart gehört ins Bild: Bedächtig nickend, wie ernste, große Vögel, stehen die Pumpen zwischen den Reben, als wären sie schon immer hiergewesen. Schöne Harmonie der Widersprüche ...

MÜHLEN UND WINDRÄDER

Über das Jahr hin ist das Weinviertel die wärmste Gegend Österreichs und gleichzeitig jene mit den geringsten Niederschlägen. Jene Landschaft, die einmal Meeresboden war, hat heute zum Wasser eine recht distanzierte Beziehung. Von den unzähligen Fischteichen, die es im Weinviertel gab, sind die meisten längst trockengelegt und auch eine andere Wasserfläche ist verschwunden: der Retzer See. Schon 1628 wurde sein Ostufer abgegraben, um Kulturboden zu gewinnen. Hundert Jahre später ließ ein mit Weiden bepflanzter Graben das restliche Wasser abfließen, und inzwischen sorgen Dränagen auch bei starken Regenfällen für trockenes Land. Noch vor wenigen Jahrzehnten wurde das kostbare Naß im Weinviertel wie ein unerwünschter Eindringling behandelt. Feuchte Böden, die es speicherten, wurden trockengelegt, Bäche und kleine Flüsse begradigt und mit Beton dazu gezwungen, ihr Wasser auf schnellstem Wege aus dem Land zu schaffen. Heute genieren wir uns immerhin dafür, die einen mehr, die anderen weniger, doch so einfach läßt sich die Natur nicht zurückholen. So gesehen mutet es geradezu grotesk an, daß es im Weinviertel künstliche Wasserwege gibt, die jenes wild wuchernde Naßbiotop bewahren, das den natürlichen Bächen verwehrt wird: Die alten Mühlgräben und Mühlbäche, wie sie zum Beispiel an der Schmida erhalten geblieben sind, haben ihre ursprüngliche Funktion längst verloren, doch mit ihren vielgestaltigen Ufern, den alten Bäumen, dem

Reichtum an Gräsern, Kräutern, Insekten und Kleintieren gehören sie zu den wenigen Bereichen, die noch nicht unter dem Diktat einer unerbittlich selektierenden Intensivlandwirtschaft stehen.
Was ist das Gegenteil von Vielfalt? Einfalt. Die Mühlbäche erzählen jedenfalls von einer versunkenen Arbeitswelt, die durch Jahrhunderte zum Wesen des Weinviertels gehörte, das ja auch immer ein Getreideviertel war. Schon im 11. Jahrhundert, kaum war die Grenze an Thaya und March so halbwegs gesichert, wurden Mühlen gebaut. Das Mühlenrecht ging vom König auf die Grundherren über, und die Grundherren vermehrten damit ihre Macht und ihre Einkünfte, mit Bann und Zwang, wie das so ihre Art war. Der Mühlenbann schützte sie vor dem Bau weiterer Mühlen im Einzugsbereich, und der Mahlzwang verpflichtete den Bauern, sein Korn nur in der Mühle des Grundherrn mahlen zu lassen. Vom Dorf zur Mühle gab es Mühlwege, die von den Bauern erhalten werden mußten, die sie aber dennoch nur gegen Maut benutzen durften. Das Verhältnis zwischen Dorf und Mühle war also von Anfang an nicht eben ungetrübt. Außerdem waren die halbfreien Müller besser dran als das gemeine Volk: Sie mußten zwar Frondienste verrichten und Abgaben leisten, doch sie konnten Vermögen erwerben und waren wirtschaftlich selbständig. Diese kleine Freiheit war natürlich vom Wohlwollen des Grundherrn abhängig, und nur er konnte zusätzliche Einnahmsquellen erschließen, indem er zum Beispiel die „Kruggerechtigkeit“ verlieh: Dann konnte der beneidenswerte Müller auch Handel mit Wein, Bier und Lebensmitteln treiben. Im 16. Jahrhundert waren die Weinviertler Müller dann schon so selbstbewußt, daß es zur Gründung von Zünften kam, mit genauen Ausbildungsvorschriften, sittlichen und gesellschaftlichen Regeln und sozialen Funktionen. In der

Zunftlade wurden Gelder, Urkunden und andere Schriftstücke aufbewahrt. Wer Mühljunge werden wollte, hatte eine ganze Reihe von Voraussetzungen zu erfüllen: katholisch mußte er natürlich sein, unbescholten und ehrlich. Diese „Ehrlichkeit" bezog sich auch auf die Vorfahren: waren Scharfrichter, Abdecker, Gerichtsdiener oder sonstige zwielichtige Existenzen darunter, war der Traum von der Müllerlaufbahn auch schon wieder vorbei. Nach der Lehrzeit hatte auf der Walz das Wandern des Müllers Lust zu sein, und er tat gut daran, die geheimen Losungsworte und Zeichen zu kennen, die ihm die Tür der Herberge öffneten. Im Wirtshaus mußte sich ein wandernder Müllergesell bei sonstiger Strafandrohung als wahrer Musterknabe erweisen: Würfeln oder Kartenspielen waren ihm untersagt, grobe Worte und Beleidigungen natürlich auch und sogar freies Umhergehen in der Gaststube.

So rechtschaffen und sittenstreng sich die Müllerzünfte auch gebärdeten, so wenig trauten die Bauern den Müllern über den Weg. Es war einfach schwer vorstellbar, daß ein Mensch in seiner Mühle, einem verdächtig wohlhabend aussehenden Gebäude weitab vom Dorf, unbeobachtet und mit Hilfe einer ächzenden, knirschenden und polternden Maschine einen ehrlichen Beruf ausübte. Außerdem nahm sich so ein mehlbestäubter Mensch seinen Lohn vom abgelieferten Mahlgut, ohne fragen zu müssen. Da konnte es schon vorkommen, daß er das sprichwörtliche Maß zu voll, oder auch einmal das falsche Maß nahm. Noch ein Umstand machte den Müller nicht eben sympathisch: Er sorgte auf seinem Grund und Boden mit recht drastischen Mitteln für Ordnung. Wurde zum Beispiel im nördlichen Weinviertel ein Dieb auf frischer Tat ertappt, kam er, für jedermann in seiner Schande sichtbar, an den sogenannten Haargalgen: Mit eingeklemmtem

Die alte Wassermühle von Walterskirchen wäre längst verschwunden, hätte sie nicht eine Reise ins Museumsdorf Niedersulz angetreten.

Haar hing er so hoch, daß nur die Zehenspitzen den Boden berührten.

1859, als die Gewerbeordnung eingeführt wurde, war es mit zünftischer Geheimniskrämerei und selbstherrlicher Gerechtigkeit vorbei. An ihre Stelle trat dann eben die Macht des Arbeitgebers über jene, die dringend Arbeit brauchten. Den Mühlen im Weinviertel ging es damals gar nicht gut: Die ungarische Konkurrenz verdarb die Preise, und Mißernten drückten die Erträge. Die Dampfmaschinen machten den Wassermühlen das Leben schwer, an die Stelle vieler kleiner Betriebe kamen wenige große Mehlfabriken. An den Bächen und Flüssen setzte das Mühlensterben ein. Viele der alten Mühlen sind immerhin als Gebäude erhalten geblieben und Teil der

Kulturlandschaft. Ganz wenige haben den Weg in die Gegenwart bewältigt, wie etwa die Müllermühle in Wildendürnbach, zwei Mühlen in Pulkau, die Riekl-Mühle in Groß-Schweinbarth oder die Hagermühle in Pillichsdorf, die es schon seit Jahrhunderten gibt: 1661 scheint sie bereits im Besitz des Grafen Herberstein auf, und die Familie Hager betreibt sie seit dem späten 18. Jahrhundert. Bis zum Zweiten Weltkrieg trieb, vom Rußbach ausgehend, ein Mühlbach das Wasserrad an. Alle zwei, drei Jahre wurde das Wasser abgelassen, und Leute aus dem Dorf, die Geld gut brauchen konnten, befreiten mit Spitzschaufeln das Bachbett vom fauligen, weichen Boden. Außerdem kamen dabei jede Menge ausgesprochen wohlschmeckender Krebse ans Licht. Später machte der nicht mehr benötigte Mühlbach nur noch Ärger: Es gab wiederholt Überschwemmungen, die Anlage wurde desolat, und 1972, als Pillichsdorf ein Kanalnetz bekam, wurde auch der Mühlbach unter die Erde verbannt; die Mühle verlor ihr Gerinne. Heute steht sie in einer freundlichen Gartenlandschaft, die Kanäle, dicht überwachsen, sind kaum zu erahnen, und von einem ehemaligen Fischteich, der auch zur Eisgewinnung diente, ist nur noch ein wenig Schlamm geblieben. Die Mühle selbst hingegen umschließt mit dem Wohnhaus, mit Ställen und Schuppen noch immer in behäbiger Würde den rechteckigen Hof. Innerhalb der Mühle mischt sich Altes mit Neuem: Ein Elektromotor treibt das Mühlwerk an, doch auch der Dieselmotor aus den zwanziger Jahren täte noch heute seinen Dienst. Auf dem Walzenboden arbeitet noch immer eine hölzerne Bürst- und Schälmaschine, und für die Walzenstühle war ein Geeintes Europa schon vor vielen Jahren Realität: einer kommt aus Itzehoe, ein anderer aus Nürnberg, der dritte aus Breslau und der vierte aus Krems. Rund 25 Tonnen Roggen verarbeitet

die Hagermühle Monat für Monat zu Mehl und Futtermitteln.
Bleibt ein ganz anderes, ein luftiges Kapitel Weinviertler Mühlengeschichte zu erwähnen: die Windmühlen. Als hölzerne Bockwindmühlen gab es sie schon Ende des 16. Jahrhunderts. Ihren Namen hatten sie von einem Holzblock, auf dem das Mühlenhaus beweglich montiert war, damit es in die Windrichtung gedreht werden konnte. Die kleinen, wenig leistungsfähigen Anlagen wurden bald von gemauerten „Holländischen Mühlen" abgelöst, die immerhin zwei bis drei Mahlwerke betreiben konnten. Im 18. Jahrhundert gab es an die vierzig Windmühlen im Weinviertel, nicht zuletzt, weil Kaiser Joseph II. Windmühlen, aber auch Roßmühlen ganz im Gegensatz zu Kirchen als besonders förderungswürdig einstufte. Heute erinnern nur noch drei Bauwerke an eine windbewegte Vergangenheit. Zwei davon stehen auf dem Kalvarienberg von Retz. Den Anfang machte 1772 ein Holländer, Ferdinand Zimer, der aber, seiner Herkunft zum Trotz, nur eine simple Bockwindmühle baute. Erst nachdem sie bei einem Großbrand vernichtet wurde, entstand an ihrer Stelle 1850 eine „Holländische Mühle", diesmal aber von einem Sachsen gebaut, der in Pulkau das Müllerhandwerk erlernt hatte: Johann Bergmann. Ein Verwandter, Franz Czerny aus Liliendorf, dem heutigen Lesna, half ihm dabei und war so angetan von diesem Bauwerk, daß er in seinem Heimatort ebenfalls eine Windmühle errichtete. Auch dieses Gebäude steht noch, doch statt Mahlgut gibt es Mahlzeiten – in einem Restaurant. Die Retzer Windmühle funktionierte jedenfalls prächtig und könnte als einzige Windmühle Österreichs auch noch heute ihren Dienst versehen. Das Dach ist auf einer kreisrunden Schiene drehbar gelagert und kann mit dem herunterragenden „Hausbaum" nach dem Wind ausgerichtet wer-

den. Die Flügel übertragen die Kraft des Windes auf die waagrechte Antriebswelle und über ein Winkelgetriebe auf die senkrechte Mahlgangswelle, die drei Mahlgänge antreibt. Die alten Bezeichnungen der Bestandteile erzählen von einer Welt der Technik, die noch ihre Geheimnisse hatte: Stehender Grindl oder König, Läufer, Sarg, Gosse, Galgen ...

Vier Generationen von Müllern drehten ihre Mühle nach dem Wind. Der letzte Müller dürfte übrigens ein recht fideles Haus gewesen sein, und er konnte sich durchaus einen Reim auf seine Mühle machen: „Es heißt, daß Retz, die kleine Stadt / bei Wien, mehr Wein als Wasser hat. / ‚Treibt man', fällst du hier fragend ein, / ‚die Mühlen dort vielleicht mit Wein?' / Drauf geb' ich offen dir Bericht: /‚Wer so denkt, kennt die Retzer nicht. / Ihr Wein füllt Bäuche und Gebind, / doch ihre Mühlen treibt der Wind.'" Gegen die wirtschaftlichen Zwänge der zwanziger Jahre unseres Jahrhunderts konnte allerdings auch angewandter Frohsinn wenig ausrichten. 1927 mußte Bergmann den Betrieb einstellen, und schon im Jahr darauf wurde die Mühle von der Stadt Retz unter Denkmalschutz gestellt.

Die zweite Windmühle auf dem Kalvarienberg stammt aus dem Jahr 1775, war immerhin 115 Jahre in Betrieb und wurde dann als Wohnhaus genutzt. Die dritte Windmühle des Weinviertels ist nur noch als Ruine erhalten, doch um so farbiger ist ihre Geschichte: Sie fängt im frühen Mittelalter an, im 11. Jahrhundert, als Markgraf Siegfried ein Gebiet im damals wahrlich wilden Osten Österreichs zur Besiedlung freigab. Das so entstehende Dorf bekam später einsichtigerweise den Namen Markgrafneusiedl und hatte schon Ende des 12. Jahrhunderts eine robuste Wehrkirche, die auf einer Anhöhe mitten im Ort stand. Als dann die Zeiten etwas ruhiger wurden, entwik-

Ein Retzer Rauchfangkehrer ließ 1726 von einem Eggenburger Bildhauer den Kalvarienberg errichten. Ein sächsischer Müller ließ gut hundert Jahre später die Windmühlenflügel kreisen.

kelte sich das dem hl. Martin geweihte Gotteshaus zu einem beliebten Ziel für Wallfahrer. Im Jahre 1645 setzten aber die Schweden dem frommen Treiben ein schreckliches Ende: Sie verwüsteten Markgrafneusiedl, berannten die Wehrkirche und erschlugen den Lehensträger Jakob Salsser. Das schwer beschädigte Gotteshaus blieb aber dennoch das Ziel von Pilgerfahrten, bis 1783 der Passauer Offizial dem Pfarrer von Markgrafneusiedl verbot, in der Kirchenruine Messen zu lesen. Über drei Jahrzehnte stand das triste Gemäuer entseelt und nutzlos über den Dächern des Ortes, bis der herrschaftliche Verwalter des Gutes Rutzendorf, Josef Danninger, ehrenwertes Mitglied der k.k. landwirtschaftlichen Gesellschaft, das Gemäuer kaufte. Er hatte nämlich den ebenso unkonventionellen wie ehrgeizigen Plan, die ehemalige Kirche in eine Windmühle nach holländischer Art umzubauen. Die notwendigen Kenntnisse hatte er sich bei einer Studienreise durch

Holland angeeignet. Nach einigem Hin und Her entschloß er sich, den Kirchenmauern einen steinernen Turm mit drehbarer Haube aufzusetzen. Die fertige Mühle mit ihren drei Mahlgängen galt als die eindrucksvollste der ganzen Monarchie. Offensichtlich war Josef Danninger ein überaus begabter Techniker: 1844 reichte er in Wien die Konstruktion eines achtflügeligen Windrades und eines automatischen Regulators ein. Für beide Projekte bekam er ein Privileg erteilt. Kaum zwanzig Jahre später war die Mühlenherrlichkeit aber auch schon wieder vorbei: Feuer vernichtete die hölzernen Bauteile und die gesamte Einrichtung. Damit war zur Kirchenruine auch noch ein Mühlenruine gekommen, und die eigenartige Kombination eines romanischen Baukörpers mit einem konischen Turm regt seit damals die Phantasie der häufig wechselnden Besitzer an. Ein Hotelier hatte große Pläne und kapitulierte bald, ihm folgten ein Geschäftsmann, das Dritte Reich, die USIA der russischen Besatzungsmacht, ein Künstler und ein Fotograf. Derzeit plant ein Landwirt aus Raasdorf, den ehrwürdigen Mühlen-Kirchen-Zwitter in ein Ausflugsziel umzuwandeln.
Zwar ist die Zeit der Windmühlen im Weinviertel vorbei, doch der Wind hat als Energielieferant noch lange nicht ausgespielt. Seit 1993 drehen sich hier Windräder auf schlanken, über 80 Meter hohen Säulen und erzeugen Strom, aber keine Abgase. Hagenbrunn, Wolkersdorf, Matzenneusiedl und Kleinhöflein haben Windanlagen bekommen, die Strom für mehr als tausend Haushalte liefern, weitere sind geplant. Die Umweltschützer haben ihre helle Freude an diesen Kraftwerken, die in nur zwei Tagen errichtet werden können und auch im Winter Energie liefern, in einer Zeit also, in der Wasserkraft von kalorischen Kraftwerken unterstützt werden muß. Kummer bereitet nur der niedrige Einspeisungstarif ins Netz und das

Fehlen einer Förderung. Energieerzeugung muß sich rechnen, schon gar im europaweiten Wettbewerb, setzt kühl der etablierte Energieversorger dagegen, hinterfragt Wirtschaftlichkeit und Kosten und meint, das bißchen weniger CO_2 sei auch nicht jeden Preis wert. Die Politik mischt sich mit einem entschiedenen „ja, aber“ ins Gespräch, und dann gibt es noch jene, die um das Landschaftsbild des Weinviertels fürchten. Mit der öden Präpotenz unbestritten häßlicher Lagerhaustürme muß man ohnedies wohl oder übel leben, doch wie ist das mit wirbelnden Rotorblättern hoch über den Feldern und dicht unter dem Himmel? Es stimmt schon: Manche Windräder bringen ganz gehörig die Dimensionen durcheinander und stören sanfte Harmonie. Andere wieder stehen fast wie eine künstlerische Installation im Raum, ungewohnt, befremdlich, aber auch schön. Es ist eben alles wieder einmal nicht so einfach. Doch immerhin haben wenig geliebte Gäste im Weinland, die Stare, fürs erste eine klare Entscheidung getroffen: Sie mögen Windräder nicht und fallen anderswo über die Trauben her.

KIRCHEN UND PRESSHÄUSER

Niemand kann wirklich sagen, wie die ersten Kirchen des Weinviertels ausgesehen haben. Sehr einfache Kultbauten waren es jedenfalls, vermutlich aus Holz errichtet, und vielleicht hatten die frühen Missionare den Turm als Sakralbau aus der keltischen Kultur einfach übernommen. Die erste Missionierung des großmährischen Raumes wurde ja von Bayern aus betrieben, und das bayerische Christentum war iroschottisch geprägt. So ein christlicher Kultturm hätte dann eben im Erdgeschoß einen Altar enthalten, und die Gläubigen wären zur Meßfeier rund um den Turm gestanden. Ganz so fremd ist dieses Bild ja nicht: Noch heute gibt es in Weinviertler Dörfern Bauern, die während der Messe vor der Kirche stehen und durchaus der Meinung sind, am Gottesdienst teilzunehmen. Aus solchen Türmen könnte sich allmählich die Form unserer Kirchen entwickelt haben: Der Altar bekam ein Nische, die zur Apsis wurde, und die Gläubigen bekamen ein Kirchenschiff. Wie auch immer: Die Awaren und der Ansturm der Magyaren im 9. Jahrhundert sorgten mit verheerender Gründlichkeit dafür, daß von den ersten christlichen Bauten nur Asche oder Schutt übrigblieb.

Als dann im 11. Jahrhundert Passau das Christentum energisch und zielbewußt im Viertel unter dem Manhartsberg etablierte, sollten auch dauerhafte, gemauerte Sakralbauten von der Beständigkeit des neuen Glaubens künden. Im kleinen Straßendorf Grafensulz in den Leiser

Bergen steht erhöht und außerhalb des Ortes so ein kompaktes, geradliniges Gotteshaus. An einen rechteckigen Hauptraum fügt sich, annähernd quadratisch, der Altarraum, dazu kommt der wuchtige Turm. Auch barocke Veränderungen und ein Zubau lassen die klare, überzeugend schlichte Form unberührt: Auf so ein Gotteshaus war eben Verlaß, nach all dem heidnischen Durcheinander. Südlich der Leiser Berge steht die Friedhofskapelle von Pürstendorf auf einem sanften Hügel. Hier umschließt eine halbrunde Apsis den Altar. Der runde Karner wird heute als Sakristei verwendet. Nicht einmal ein Kellerviertel, das ein wenig respektlos an Friedhof und Kapelle grenzt, ändert etwas an der kontemplativen Kraft dieses kleinen ernsten Gebäudes.

Als die ersten romanischen Kirchen des Weinviertels gebaut wurden, waren die Zeiten im Grenzland der Babenbergermark nach wie vor unsicher, und es konnte nie schaden, wenn ein Gotteshaus auch als Zufluchtsort taugte. Das traf natürlich besonders auf Orte zu, die an wichtigen Verkehrswegen lagen und seit jeher strategische Bedeutung hatten. Michelstetten ist ein eindrucksvolles Beispiel dafür. Festungsbauten aus prähistorischer Zeit erzählen davon: zwei Kreisgrabenanlagen, mächtige Erdwälle auf dem Steinmandl und dem Halterberg, und der Hausberg, auf dem heute die Ruine des runden Wasserschlosses aus der Renaissance steht. Die höchste Erhebung des Weinviertels, der Buschberg, ist in unmittelbarer Nähe: jeder Feuerschein, jede Staubfahne, jede Rauchwolke zwischen Donau, March und Thaya konnten von hier aus erspäht werden. Michelstetten liegt an der Kreuzung der „Klippzugstraße“ und der „nördlichen Hochstraße“. Als die Christianisierung des Landes einsetzte, entwickelte sich der Weg über die Höhenrücken des Klippzuges zu einer bedeutenden Missionsstraße zwischen Klosterneuburg und Muschau in Mähren, die entsprechend abgesichert werden mußte und die natürlich auch nach repräsentativen Sakralbauten verlangte. Die Entstehungsgeschichte der Wehrkirche Michelstetten birgt noch viele Geheimnisse, doch gibt es untrügliche Hinweise darauf, daß sie aus einer vermutlich karolingischen Turmburg hervorgegangen ist. Die ungewöhnlich starken Mauern des Langhauses sind durch deutlich sichtbare Nahtstellen mit dem jüngeren Kirchenturm verbunden. Über der 1720 eingezogenen Wölbung finden

Wehrhafte Frömmigkeit an der uralten Pilgerstraße vom Donauufer nach Mähren: Die Kirche von Michelstetten verwuchs mit den mächtigen Mauern einer Turmburg.

sich zugemauerte Balkenlöcher einer weiteren Decke, über die ebenfalls zugemauerte Schießscharten erreichbar waren. Über dieser Decke ist auch ein Einstieg in das dritte Geschoß der ehemaligen Burg zu erkennen, zu dem eine Leiter führte, die auf deutlich sichtbaren Kragsteinen an der Westwand auflag. Ein sehr enger Stiegenaufgang führt weiter in das vierte Geschoß. Offensichtlich gab es an der Basis der Burg keinen Eingang. Die heutige Friedhofsmauer hatte die Funktion einer Burgmauer, ihre Bautechnik stimmt aber nicht mit jener der alten Turmburg überein: Vermutlich steht die Mauer an der Stelle einer zerstörten Umfriedung, vielleicht eines Palisadenzaunes. In den Ungarnstürmen wurde die Burg zwar nicht zerstört, fiel aber wohl durch Aushungern in die Hände der Angreifer. Erst bei der Rückgewinnung des besetzten Gebietes wurde Michelstetten mit Gewalt erobert: Ein Rammbock stieß ein noch heute erkennbares Loch in die Mauer. Auch die Burgsiedlung fiel den Kämpfen zum Opfer. Im Tal, am Michelstetterbach, entstand ein Straßendorf, und die Ruinen des Oberortes blieben lange Zeit unberührt: Sagen erzählen von der „zerstörten alten Stadt". 1128 wurde die Pfarre gegründet, und sie hatte auch schon eine – spurlos verschwundene, wohl hölzerne – Kirche. Mitte des 13. Jahrhunderts wurde dann mit dem Umbau der Burgruine zu einem Gotteshaus begonnen. Das alte Mauergeviert, das sich nie in die Diktatur des rechten Winkels gefügt hatte, war inzwischen auch noch abgesunken und deutlich aus dem Lot geraten. Die Ostwand wurde abgetragen, und ihre Steine bilden heute bis in eine Höhe von sieben Metern die Basis des Turmes, der ordentlich senkrecht an den überhängenden Mauern der Burg steht. 1257 wurde die Kirche vom Olmützer Bischof geweiht, in einer wirren, gefährlichen Zeit. In Deutschland wählte man in diesem

Jahr zwei Könige, und Przemysl Ottokar II. von Böhmen drängte an die Macht. Erst 1273 war mit der Wahl des Habsburgers Rudolf I. das Interregnum beendet. Das Christentum erlebte das Jahrhundert der Kreuzzüge. Über eine Million Menschen verwandelten das fromme Vorhaben eines Pilgerzuges ins Heilige Land in fanatisch geführte Kriege. Auch Adlige aus dem Viertel unter dem Manhartsberg nahmen daran teil. Vielleicht hat der Pfarrer von Michelstetten den schlichten Kirchenbesuchern in der Predigt davon erzählt: unglaubliche, phantastische Ereignisse für Menschen, denen schon das Nachbardorf fremd war. Doch die Welt der Vornehmen und Besitzenden war ja ohnedies unbegreiflich. Die Herrschaft bestimmte den Lebensweg, und es war völlig sinnlos, über Beweggründe nachzudenken. Die Herrschaft entschied aber auch darüber, was in der Kirche und mit der Kirche geschah. Ende des 13. Jahrhunderts hatten in Michelstetten die Johanniter von Mailberg das Sagen. Später war die Kirche fast sechzig Jahre lang protestantisch. Um 1720 war dann die Herrschaft wieder katholisch, und Rudolf Siegmund Graf von Sinzendorf ließ das Gotteshaus barock umgestalten. In seinem Wesen ist es aber ernst, bestimmend und schwer geblieben, ein ungeschlachter Findling aus unvorstellbar ferner Zeit.
Auch die dem hl. Michael geweihte Pfarrkirche von Pulkau hat eine uralte Tradition als Wehrkirche und Pilgerquartier. Funde im Bereich des Friedhofs belegen eine eingeebnete Hausberganlage, der die „Alte Feste Pulkau" folgte. Im 11. Jahrhundert scharte sich eine kleine Siedlung um Kirche und Karner. Erst zwei Jahrhunderte später entstand am Fuß des Kirchenhügels die Marktsiedlung mit dem zentralen Platz. Damals wurde auch schon geraume Zeit an einer der merkwürdigsten Kirchen des Landes gebaut: der „Kirche zum kostbaren Blut Christi".

Am Anfang stand ein Massenmord unter christlichem Vorzeichen: Im Jahr 1338, in einer Epoche, in der die Kirche ihren angeblichen Feinden, seien es Heiden oder Juden, nicht Nächstenliebe, sondern Nächstenhaß entgegenbrachte, wurde in Pulkau eine angebliche Hostienschändung zum Vorwand für einen kollektiven Ausbruch religiös verbrämter Gewalt genommen. Die Zwettler Chronik findet salbungsvolle Worte dafür: „... denn nach Ostern wurde in Pulkau im Haus eines gewissen Juden eine Hostie ganz blutig und durch viele Wunder bestätigt aufgefunden, und sie wird nicht nur durch die Einwohner, sondern auch durch alle Leute von Gegenden rundum ehrfürchtig besucht und devot verehrt. Deshalb geschah es, daß die Christen, durch göttlichen Eifer bewegt, zirka um das St.-Georgs-Fest alle Juden in Pulkau, Retz, Znaim, Horn, Neuburg, Zwettl umbrachten und verbrannten und zu Staub machten ..." Nach vollbrachter Tat warfen die Pulkauer der Legende nach die geschändete Hostie in einen Brunnen. Die Toten, darunter auch der Mesner von Retz, dem man vorgeworfen hatte, den Juden die Hostie überlassen zu haben, wurden am „Judenbrückl" auf dem Weg nach Leodagger verbrannt. Die Asche verscharrte man in der Judengrube. Ein Jahr später wurde aus diesem wundersamen Anlaß eine Kirche gestiftet und 1396 begann ein Bauvorhaben, das sich an die hundertfünfzig Jahre hinzog und dann unvollendet abgebrochen wurde. Im 16. Jahrhundert wütete Feuer in der Kirche, im 17. Jahrhundert wurde sie von den Schweden zerstört, und gegen Ende des Zweiten Weltkrieges verbrannten das Dach und der Turmhelm. Erstaunlicherweise überdauerte der Anfang des 16. Jahrhunderts geschaffene kostbare „Pulkauer Flügelaltar" alle Katastrophen. Er gilt als eines der Hauptwerke der Donauschule: Die gewaltige Fläche von zehn mal sechs Metern wird von kräftig konturierten, leidenschaftlich bewegten Gestalten beherrscht, die fast wie Hochreliefs wirken. Dazu in reizvollem Kontrast stehen schattenhafte, gleichsam körperlose Darstellungen.

Wir sollten Pulkau aber nicht verlassen, ohne noch einmal die alte Pfarrkirche aufzusuchen, denn hier läßt ein Grabdenkmal erstaunlich inniger Art die Erinnerung an blutige Wunder vergessen. Im rechten Kirchenschiff ist ein Grabstein eingemauert, der eine höchst bemerkenswerte Inschrift trägt: „Hier haben zur Verwesung hingeleget / was sterblich war / H. Johann Setz / K. K. Postmeister allhier, / welcher den 31. Augustus 1739, / seines Alters im 73. Jahre / in das Land der Verheißung zur seligen / Ruhe abgefahren; und dessen beyde Ehegattinnen / F. Theresie geb. Seßlerin / und / F. Maria Rosina, geb. Poppin / deren jene den 17. Heumond 1715, ihres Alters / im 39. Jahr, diese aber den 20. Wintermond 1761, / ihres Alters im 78. Jahr / zum ewigen Leben gestorben sind. / So hat demnach die eheliche Liebe die Herzen / dieser drey so stark verbunden, daß selbe auch / der Tod nicht zu trennen vermocht, / dann die Seelen schließt der Himmel, / die Gebeine aber dieses Grabmal ein.“ Unter dieser Inschrift sind drei ineinander verschlungene Herzen zu sehen. Der wackere Postmeister hatte nach dem Tod seiner ersten Frau offensichtlich noch einmal geheiratet. Die zweite Frau war zwanzig Jahre jünger als ihr Ehegemahl und überlebte ihn demnach. Sie war es also, die mit festem Wort und liebevoller Symbolik nach irdischer Dreieinigkeit auch eine himmlische Ehe zu dritt proklamierte. Wer Böses dabei denkt, möge sich schämen.

Die Reise geht weiter nach Schöngrabern, zurück in die geheimnisvolle Welt romanischer Kirchenbauten. Dieses Gotteshaus, ein Saalbau mit eingezogenem Chor und

Schöngrabern und das Ende der paradiesischen Unschuld: Adam greift nach dem Apfel, Eva beißt schon hinein und wird bald ein Feigenblatt brauchen.

Rundapsis, entstand als spätromanischer Bau Anfang des 13. Jahrhunderts: Wenigstens darüber herrscht unter Kunsthistorikern weitgehend Einigkeit. Die Bauherren sind unbekannt, möglichweise waren es Kuenringer, die über ausreichende Geldmittel verfügten, einen dermaßen repräsentativen und reich ausgestatteten Sakralbau errichten zu lassen. Man muß sich auch fragen, wie es gelang, in dieser bewegten Zeit für die Schaffung der heute weltberühmten Skulpturen kunsterfahrene Bauleute von weither ins Land zu holen. 1984 fand eine Kunsthistorikerin eine heftig umstrittene und inzwischen wohl auch widerlegte Antwort: Die Apsis und der Figurenschmuck an ihrer Außenseite seien eine neuromanische Arbeit des späten 16. Jahrhunderts, einer Zeit also, in der Schöngrabern protestantische Patronatsherren hatte. Nach einem

internationalen Kolloquium und weiteren Forschungsarbeiten ist man der Deutung dieser geheimnisvollen Darstellungen immerhin nähergekommen: Oberhalb der Fenster geben die Reliefs ohnedies keine Rätsel auf: sie zeigen die Dreifaltigkeit, die Hölle und den Himmel. Die weiteren Gruppen werden aber nur bedingt dem von Rupert Feuchtmüller geprägten verbalen Kürzel einer „steinernen Bibel“ gerecht. Doch für alle Darstellungen trifft zu, daß sie dem im Mittelalter weitverbreiteten Epos „Psychomachie“ des spanischen Dichter Prudentius aus der zweiten Hälfte des 4. Jahrhunderts entsprechen: Seele und Leib, Moral und Unmoral kämpfen gegeneinander. So wird auch an der Apsismauer von Schöngrabern gekämpft, daß es zum Staunen und zum Fürchten ist: vom Anfang der Menschheitsgeschichte bis zu deren Ende, vom Sündenfall bis zum Kampf des Erzengels Michael mit mehreren Teufeln. Keine listig züngelnde Schlange lockt zum Apfelbaum des Paradieses, sondern ein Teufel in menschenähnlicher Gestalt schiebt Adam ins Verderben, und ein zweiter Teufel in Drachengestalt hat Eva am Arm gefaßt. Nicht nur die Teufelei, auch der Sündenfall geschieht in zweifacher Ausführung: Adam greift in den Baum, während Eva schon abbeißt. Die rechte Hand schiebt sie übrigens zur Scham, verdeckt sie aber nur andeutungsweise: Luxuria lockt als Widersacherin der Seele. Kain ermordet Abel, Samson kämpft mit dem Löwen, David hat seinen Kampf mit dem Untier schon fast gewonnen, ein Wolf frißt einen Kranich. Ein erbärmlich kleiner Mensch ist in die Gewalt eines nimmersatten Bären geraten, wird aber von einem zweiten Menschen gerettet, ein Mann kämpft gegen die Verführung in Gestalt einer reichgekleideten Frau.
Angesichts der vielen klugen Arbeiten, die über Schöngrabern geschrieben wurden und in denen trotzdem vie-

les Vermutung bleibt, ist es eigentlich schwer vorstellbar, daß die Reliefs nur eine steinerne Predigt für Leute waren, die nicht lesen konnten. Das gesamte Bauwerk präsentiert sich eher als selbstbewußter, ja stolzer Ausdruck kunstsinnigen Reichtums und elitärer Frömmigkeit, übersetzt in eine Fülle von Symbolen.
Vermutlich als Eigenkirche eines Grundherrn errichtet, gehört Schöngrabern nicht zu jenen Mutterpfarren, die im Weinviertel von den Passauer Bischöfen, den Babenbergern und von Klöstern als Missionsstützpunkte gegründet wurden. Dazu gehören Kirchberg am Wagram, Stockerau, Leobendorf, Pillichsdorf, Probstdorf, Ravelsbach, Niederhollabrunn, Eggendorf im Thale, Weikendorf, Stillfried und Drösing, weit nördlich Pulkau, Wullersdorf, Oberleis, Großrußbach, Gaubitsch, Falkenstein und das heutige Großkrut.
Von der damaligen Bedeutung als geistliche Zentren erzählen noch heute manche Kirchen, die recht groß geraten in bescheiden gewordenen Ortschaften stehen. Ravelsbach und vor allem Wullersdorf sind besonders markante Beispiele dafür. Schon 1108 stand auf einer Anhöhe ein erster, eindrucksvoller, von der wehrhaften Friedhofsmauer umgebener Kirchenbau, von dem der romanische Karner erhalten geblieben ist. Fünf Jahre später schenkte Leopold III. die Pfarre dem Stift Melk. Auch die Kuenringer hatten in der Gegend von Wullersdorf Besitzungen. Vermutlich waren sie die Bauherren jener Burg, die Mitte des 16. Jahrhunderts zu einem schloßartigen Pfarrhaus umgebaut wurde. Damals wurde übrigens im Auftrag eines anderen Benediktinerstiftes, nämlich Göttweig, ein paar Kilometer weiter, in Roggendorf, eine große frühbarocke Wallfahrtskirche gebaut. Kein Geringerer als Carlo Antonio Carlone erhielt nach einem Brand an die fünfzig Jahre später den Auftrag, den „Kürchen

Thurm von dem Glockenhaus auf, nach dem gemachten Abriss durchgehend von Ziegeln aufzumauern, zu verbuzen, und mit rother, von Öhl zugemachter Farb, wie solches in gedachten Abriss entworfen anzustreichen, auch auf alle 4 Eckhen die vom Steinmetz – oder in Mangl dessen von Zieglstein gemachte Piramidi aufzurichten, und alles auf das Bestendigste zu verfertigen". Carlone baute den Turm, wie geheißen. Vielleicht träumte er dabei ein wenig von zu Hause, denn am Ende geriet der Bau zu einer Art Campanile. Die Wallfahrer strömten nach Roggendorf, und im nahen Wullersdorf sah Abt Berthold Dietmaier vom Stift Melk die Zeit gekommen, auch seine Kirche in barocker Herrlichkeit neu erstehen zu lassen. Jakob Prandtauer begann 1725 mit dem Neubau unter Einbeziehung des gotischen Chores und des wuchtigen Nordturms. Dann setzte Franz Munggenast die Arbeit fort. 1735 war der Bau fürs erste vollendet. Eine letzte Überhöhung erfuhr er hundertdreißig Jahre später, als der biedere Maurermeister Josef Stirbl den inzwischen abgetragenen Nordturm durch zwei prächtige Fassadentürme ersetzte. Die Pläne stammten von Franz Schlierholz, der sich an der Wiener Piaristenkirche orientiert hatte. Das Wullersdorf der Kirche gewann also zusehends an Pracht und Dominanz, aber auch die weltliche Gemeinde konnte sich sehen lassen: Zünfte hatten hier ihren Sitz, seit dem 15. Jahrhundert stand der Pranger auf dem großzügigen Marktplatz, der sich im 19. Jahrhundert mit späthistorischem Gepräge herausputzte, und 1850 sollte Wullersdorf sogar Sitz des k.k. Bezirksamtes werden. Doch Hollabrunn, erst allmählich aus zwei verschlafenen Dörfern zu einer respektablen Siedlung herangewachsen, hatte gefährlich aufgeholt: Hier gab es eine Vereinssparkasse, die ein Amtsgebäude finanzierte, und die Eisenbahn hielt dicht am Ort, während sich die Wullersdorfer das rußende Ungeheuer lieber vom Leibe hielten. Während also aus den umliegenden Dörfern die Menschen ins rasch wachsende Hollabrunn zogen, kehrte in Wullersdorf die Stille ein. Heute kann es schon geschehen, daß sich die Gläubigen und ihr Pfarrer ein wenig verloren vorkommen in ihrer großen, prächtigen Kirche. Doch dann sind sie auch wieder stolz auf den barocken Überschwang in einer Gegend, die lernen mußte, zu sparen.

Die Tatsache, daß erstaunlich viele Barockkirchen im Weinviertel prominente Architekten haben, ist ganz einfach dadurch zu erklären, daß mächtige Auftraggeber – Klöster oder Grundherren – ihre Lieblingsarchitekten eben auch für ihnen unterstehende Landkirchen einsetzten. So kam es zum Beispiel, daß Johann Lukas von Hildebrandt, der für die Gestaltung der Schlösser des Reichsvizekanzlers Friedrich Carl von Schönborn zuständig war, auch für die Patronatskirchen Aspersdorf, Göllersdorf, Weyerburg, Magersdorf und Bergau sorgte. Die kleine Filialkirche von Magersdorf entstand 1727 als Neubau, bei anderen Kirchen begnügte sich Hildebrandt mit dem Umbau und ließ vor allem gotische Chöre bestehen. In Bergau wurde der Meister als Sanierungsfachmann tätig. 1733 berichtete er: „Weil das Gewelb in der Kürchen von Bergau in einem sehr schlechten Stand sich befindet und anno 1699 abgebrunnen ist, und haben die Schliessen in den rechten Orth mitgezogen, hat dasselbiges in der Mitten ein großen Sack zum Einfallen. Es wär hoch von nöthen abzutragen und von neuen eins zu machen."

In Aspersdorf fällt neben dem schönen Gotteshaus noch ein zweites Gebäude mit dem Wappen derer von Schönborn ins Auge: der ehemalige Pfarrhof. Ein – gemessen an der Größe des Ortes – geradezu riesiges Gebäude, wehrhaft und bestimmend. Ein zweiflügeliger Wohntrakt mit zwei Geschossen stemmt sich mit Strebepfeilern gegen die abfallende Straße, ein großer Schüttkasten und die Stallungen schließen sich an: eine dreischiffige Säulenhalle mit Netzrippengewölbe. Es ist ziemlich sicher, daß eine Festungsanlage den alten Kern des Bauwerkes bildet. Im 14. Jahrhundert scheinen die Liechtensteiner als Patronatsherren einer Pfarre auf, die damals über erstaunliche Geldmittel verfügte: Sie zahlte zum Beispiel um 1230 130 Pfund Pfennig bischöfliche Steuern, während vergleichsweise Hollabrunn nur 40 Pfund entrichtete. 1487 konnte der Pfarrer von Aspersdorf vier geistliche Sangherren, einen Kaplan und einen Schulmeister beschäftigen. Der herrschaftliche Pfarrhof, wohl im Besitz der Liechtensteiner, kam Mitte des 16. Jahrhunderts an die Puchheimer, von denen die Schönborn das Gut Aspersdorf im Jahr 1710 kauften. Seine heutige Form bekam der Pfarrhof um 1760. Auch unter Schönbornscher Verwaltung blieb Aspersdorf wohlhabend. Noch 1829 hatte die Pfarrpfründe neben einem ausgedehnten Grundbesitz auch 22 Grundholden, also abgabepflichtige Bauern. Heute ist der ehemalige Pfarrhof im Privatbesitz. Die Aspersdorfer Kirche ist von einem kleinen Friedhof umgeben und rund um diesen schart sich heiter und nicht unfromm ein Kellerviertel. Ein paar Kilometer weiter steht die große Kirche von Wullersdorf auf einem Kirchenberg, der auch ein Kellerberg ist: Hinter dem Gotteshaus läuft krumm und süffig die Kellergasse, und in den Weinkellern kann man am Sonntag die Feier der Heiligen Messe hören: Eine irgendwie doch sehr anregende Art von unterirdischer Besinnung auf überirdische Verheißungen.

Die Verbindung von Wein und tätiger Frömmigkeit hat im Weinviertel durchaus nichts Respektloses. In vielen Dörfern führt sogar der Weg zum Friedhof durch die Kellergasse. Kreuze, Bildstöcke und Kapellen stehen zwischen den Weingärten, und in so manchem Preßhaus lehnt in einer dunklen Ecke ein Grabkreuz, das man nicht wegwerfen wollte, obwohl es seinen Platz auf dem Friedhof verloren hatte. Auf alten Holzpressen kleben oft noch kleine Heiligenbilder: Erinnerungen an den Besuch des Herrn Pfarrers, der in früheren Zeiten noch häufiger Gast in den Preßhäusern war, Meßwein mitnahm und die Zeichen seines Segens zurückließ.

Preßhäuser, ordentliche Preßhäuser, die nicht zur Hülle für irgendwelche Verarbeitungsmaschinerien herabgewürdigt wurden, haben – auf ihre etwas leichtsinnige Weise – auch etwas Feierliches. Nicht jeder darf sie jederzeit betreten: Die Frauen aus dem Dorf kommen fast nur zur Zeit der Lese, wenn ihre Arbeit gebraucht wird. Die Söhne der Weinbauern betreten das Preßhaus nur gemeinsam mit dem Vater, bis sie alt genug dafür sind, mit dem großen Preßhausschlüssel die Höheren Weihen der Kellergasse und des Männerlebens zu empfangen. Preßhäuser sind auch Orte einfacher, doch in Jahrhunderten kultivierter Gastfreundschaft: Wer eintritt, bekommt was zu trinken, solange er keinen beleidigt oder gar respektlos mit dem Wein umgeht. Am Ostermontag gibt es in einigen Dörfern des Pulkautales noch einen wunderschönen Brauch: Die „Grean“ meint das Grün des Frühlings, die gehobene Stimmung des Weinbauern an einem Kirchenfest und zu einer Zeit, wo er den Wein wohlgeraten und blank funkelnd im Keller weiß. Früher, als es noch Gesinde im Haus gab, mußte es sich an diesem Tag nicht mit dem Haustrunk begnügen, es gab ordentlichen Wein, den „Guiden“, den Guten, und auch noch etwas zu essen dazu. Heute gilt dieser Brauch auch den Bekannten und Freunden der Weinbauern, und wer als Fremder kommt, wird auch nicht abgewiesen. Noch hat sich die „Grean“ in jener selbstlosen Unschuld erhalten, die es nur unter Leuten gibt, die nichts zu verschenken haben und es dennoch gerne tun. Da und dort gibt es aber schon Ansätze dazu, das freundliche Kellerfest zu einer profitablen Veranstaltung zu machen. Wer könnte das verübeln? Aber schade wäre es ja doch um die „Grean".

So wie Kirchen ihren eigenen Geruch haben, gemischt aus Weihrauch, altem Holz und Stille, haben ihn auch Preßhäuser: verhalten das Jahr über, warm, schwer und sinnlich zur Zeit der Lese. Noch gibt es die hölzernen Weinpressen, und vereinzelt werden sie auch verwendet, bleibt Zeit für das alte, bedächtige Ritual: Auf die Maische im Preßkorb wird die „Dotschn" oder „Gans" gelegt. Zwischen den Preßbaum, der auch Hengst heißt, und die Dotschn werden schwere Hölzer geschoben: die „Bauern". Das kunstvoll geschnitzte Gewinde der Spindel hat ihr Gegengewinde im „Faßl", das, auf dem Preßbaum liegend, das Gewicht des Steines hält. Dorne und Brustriegel lenken die Hebelkraft. In der Spindel steckt eine Hebelstange, der „Prügel". Mit seiner Hilfe kann der viele hundert Kilo schwere, mit eisernen „Splenten" befestigte Preßstein hochgehoben werden. Dann läßt er, langsam sinkend, den Preßbaum an der Spindel nach oben steigen, während das andere Ende sachte und schwer auf die Maische drückt. Viele dieser Hengstpressen tragen geschnitzte Verzierungen, eine Jahreszahl oder auch den Namen des ersten Besitzers. Auf einer alten Weinpresse aus dem Jahr 1794 ist sogar ein rührender Dialog zwischen Presse und Traube eingeschnitzt: „Ach ich armes Weinbörlein / muß leiden so vil Schmerz und Pein. / Der Preßbaum, der druckt mich sehr / er hat gar keine Erbamnuß mehr. / Ach Weinbörlein, beklagest Dich / ich muß es thun, ist meine Pflicht / wenn ichs nicht thu so heißt es geh / ins Ofenfeuer – we o we." Für den Bauern

Alte Preßhäuser sind exakt so lang und hoch, wie es ihre große Baumpresse erfordert, und auch für ein paar Menschen und ihren Durst ist noch Platz.

gab es damals jedenfalls allen Grund für Besitzerstolz: Wer sich im 18. Jahrhundert ein Baumpresse leisten konnte, mußte schon recht wohlhabend sein. Die andern mußten wohl oder übel weiter mit einer kleinen Kastenpresse auskommen, einer „Nahwinkerl“-Presse, die schon im Spätmittelalter verwendet wurde. Bei diesen einfachen Pressen war die Spindel ohne Stein in der Mitte angeordnet. Die Arbeit wurde nur mit Muskelkraft bewältigt, eine arge Schinderei, bei der man sich allenfalls mit dem „Faulenzer“ ein wenig helfen konnte: Ein am „Prügel“ befestigtes Seil wurde um eine senkrecht stehende, drehbare Achse gewickelt.
Herrschaftskeller und Stiftskeller zählten natürlich zu den ersten, die große Baumpressen anschaffen konnten. Aufwendiges Schnitzwerk und Bemalung verwandelten solche Pressen vielfach in Gesamtkunstwerke, dem Mysterium des Weines und der Dämonie des Rausches gewidmet. Da enden Preßbäume mit Löwenköpfen, blasen rosig nackte Engel in goldene Hörner, tanzen Bauern, schauen Fratzen und Tiergesichter, treiben Dämonen und gute Geister ihr unkeusches Spiel. Himmlische Lust und erdige Begierde gesellen sich auf diesen Pressen ungeniert zueinander und erzählen arglos und doppelbödig Geschichten vom Wein. Bei den Bauernpressen war figuraler Schmuck selten, allenfalls saß ein geschnitztes Kellermandl neben der Spindel auf dem Preßbaumende und knarrte jämmerlich, wenn es gegen die Decke stieß. Viele der alten Baumpressen wurden in den letzten Jahrzehnten ganz einfach verheizt, weil sie der Technik im Wege standen. Als dann die Städter diese ungeschlachten Arbeitsgeräte nostalgisch verklärt ins Auge faßten, kamen die Pressen nicht mehr in den Ofen, sondern an den Straßenrand, wo sie, betulich überdacht und mit Holzschutzmitteln getränkt, von ungebrochener Tradition im Wein-

bau künden sollen. Inzwischen hätte so mancher Bauer seine alte Baumpresse ganz gerne wieder, weil sie dem Preßhaus – ganz abgesehen von schnöder Nutzanwendung – Struktur und Atmosphäre gibt. Das macht sich gut, wenn Besuch kommt, und inzwischen sind ja auch die Bauern im Weinviertel ein wenig stolz auf ihre früher so gering geachtete Vergangenheit.
Preßhäuser waren ja nie etwas Besonderes: einfache Zweckbauten, die dem Arbeitsablauf bei der Lese entsprachen. Die Baumpresse bestimmt die Größe des Preßhauses, darüber liegt ein Dachraum, in dem Heu gelagert werden kann. Neben dem Tor gibt es eine Öffnung für die Trauben, die „Geizlucken“ oder das „Gaitloch“, und die Fensteröffnungen sind eben groß genug, um für eine gute Durchlüftung zu sorgen. Im Sommer wird eine Türhälfte häufig durch ein Gärgitter ersetzt, eine höchst sinnreiche Einrichtung: das Gärgas bleibt nicht drin, und ungebetene Besucher bleiben draußen. Klare Strukturen, schmucklose Flächen, zweckmäßige und daher auch harmonische Dimensionen: Das ist nicht viel, oder sehr viel, ganz wie man es sehen will. Allenfalls zeigt die Preßhaustür schöne Zimmermannsarbeit her, traditionelle Muster aus hartem Holz, kunstvoll geschmiedete Türbeschläge sind zu sehen und alte, klobige Schlösser, die oft verkehrt herum eingebaut wurden, um allfällige Einbrecher zu verwirren. So ist es also mit den Preßhäusern: Sie stehen einfach da, meist ohne Fundament, mit Mauern aus Lehm und Stroh, ein paar Steine oder Ziegel zwischendurch, und sie zeigen her, wozu sie gut sind. Unauffällig und beständig sind sie so über die Jahrhunderte gekommen, und sie machen kein Geheimnis daraus: Das macht sie ja doch ein wenig geheimnisvoll.

STRASSEN UND KELLERGASSEN

Unter den erlaubten Lüsten dürfte die Reiselust jene sein, der man sich im Weinviertel erst in jüngster Vergangenheit hingibt, aber auch nicht hemmungslos. „Jetzt gehe ich in Pension" war von einem unternehmungslustigen Obritzer zu hören, „jetzt werd' ich Reisen machen: nach Retz oder noch weiter." Sogar ein berühmter Reisender wie die Literaturgestalt des „Naz", der „als niederösterreichischer Bauernbui" in die Fremde zieht, tut das der Not gehorchend, nicht dem eignen Triebe. „Naz iatzn los dös, was a da sa, dös sagt da dein Vader. / Gottsnam! Weil's schon so is, und probierst dein Glück ö da Weitn; / muiß i da sagn – dös, was a da sa, dös laß dir a gsagt sein – / ih und dein Muider san alt, und dahoam, woaßt as eh, schaut nix aussa." Damit wurde der Naz zum poetischen Urahn jener Pendler, die Tag für Tag und ziemlich lustlos unterwegs sind, weil eben nach wie vor dahoam nix aussaschaut. Trotzdem ist dieser Lebensraum seit Jahrhunderten in ein dichtes Netz von Straßen und Wegen eingesponnen. Zwar reisten die Weinviertler kaum, doch das Weinviertel wurde bereist. Den Anfang machten natürlich die Händler, weil die Aussicht auf gute Geschäfte die größten Strapazen erträglich macht. Den Grundherren, die im Wilden Osten des Deutschen Reiches ihre künftige Macht begründeteten, folgten Siedler und Missionare, die dafür sorgten, daß bald auch fromme Pilgerscharen zu den Reisepionieren des Weinviertels zählten. Mit dem zunehmenden Reiseverkehr wuchs allerdings auch die Begehrlichkeit jener, die in Sachen Raub und Mord unterwegs waren. Dazu kamen kriegerische Auseinandersetzungen aller Art. Es war demnach ratsam, Straßen auf Höhenrücken anzulegen, wo Sichtberge und Warten eine sich nähernde Gefahr rechtzeitig erkennen ließen und in erträglichen Abständen ein Festungsbau oder eine Wehrkirche halbwegs sichere Zuflucht boten. Damals hatte der Beruf eines Straßenwartes durchaus abenteuerliche Inhalte: Die Aufgabe dieser Männer war es, Bedrohungen aller Art auszuspähen, und die Nachricht mit Kreutfeuern von Hügel zu Hügel zu verbreiten. Die Namen von Siedlungen, die am Fuß solcher Beobachtungsposten entstanden, zeugen davon: Wartberg bei Eggenburg ist ein Beispiel dafür. Aber auch Flurnamen haben die Erinnerung an eine wachsame Vergangenheit bewahrt: „Hutsaul“ in der Nähe von Altlichtenwarth, „Blickenberg“ bei Mailberg, „Auf der Warth“ bei Asparn an der Zaya oder „Wartliß“ bei Hausleiten. In manchen Fällen, wie etwa auf dem Buschberg, ist die Trasse des alten Höhenweges bis heute als Feldweg sichtbar. Verwachsene Hohlwege deuten auf verschwundene Straßenzüge hin und mit Steinen begrenzte Wege entlang von Feldern sind mit großer Sicherheit Jahrhunderte alt. Bildstöcke, die heute einsam auf weiter Flur stehen, können den Verlauf ehemaliger Straßen markieren, aber auch schmale Felder, die sich quer über andere, breitere Felder legen, deuten darauf hin, daß hier eine überflüssig gewordene Trasse zu Akkerland wurde.

Einer der ältesten Straßenzüge des Weinviertels ist die Bernsteinstraße, die entlang der Marchsenke Mähren den Zugang zur Donau öffnete. Die nördliche Donautaltrasse verband – mäßig ausgebaut, weil jenseits des Flusses die Verkehrswege den alten Römerstraßen folgen konnten – Bayern und Ungarn. Die alte Nikolsburger Stra-

ße, die vom Donauübergang Korneuburg über Mistelbach und Poysdorf nach Nikolsburg führte, ist die schon im Mittelalter stark frequentierte Vorgängerin der heutigen Brünner Straße. Annähernd parallel dazu verlief die schon erwähnte Klippzugstraße. Dazu kamen die südliche und die nördlichen Höhenstraße als West-Ost-Verbindungen. Höhenstraßen mochten vorsichtigen Reisenden einen guten Überblick und damit einige Sicherheit bieten, sehr komfortabel war aber so eine Berg-und-Talfahrt (die natürlich auch ein Ritt oder eine Wanderung sein konnte) natürlich nicht.
Kaum war also etwas Ordnung im Viertel unter dem Manhartsberg eingekehrt, wurden die Straßen ins Tal verlegt, weniger holprig und staubig waren sie dadurch aber nicht. Das sollte sich erst Jahrhunderte später ändern, und zwar so gründlich, daß die heutigen Hochleistungsstraßen im Weinviertel an übertriebener Hektik und unerfreulicher Überfüllung leiden.
Andererseits lenken die breiten Asphaltbänder den Verkehr vom dicht geknüpften und phantasievoll verschlungenen Netz der schmalen Straßen und Wege ab, auf denen man sich so herrlich zielstrebig verirren kann. Wer zum Beispiel von Großmugl nach Enzersdorf im Thale möchte, hat gleich drei Routen zu Auswahl: eine durchs Tal, über Steinabrunn und Porrau, eine über den Bergrücken und mitten durch den Ernstbrunner Wald und die dritte über Herzogbirbaum, wo eine der seltsamsten Wegkapellen des Weinviertels steht, und weiter über Nursch: Dort muß man links abbiegen, um ein paar allerliebste Serpentinen nicht zu versäumen.
Doch zurück ins Habsburgerreich. Damals schrieben die Straßen des Weinviertels noch Kulturgeschichte, wenn etwa ein gewisser Wolfgang Amadeus Mozart die beschwerliche Kutschenreise von Wien nach Prag und zu-

Der Beginn einer kleinen Weltreise von Poysdorf in die Residenz. Die Verabschiedung ist feierlich, und der Weinfuhrmann ist die Ehrlichkeit in Person.

rück auf sich nahm, oder sie wurden zu Bühnen triumphaler Aufbrüche, die mitunter in einem kläglichen Rückzug mündeten: 1809 zog nach der Schlacht bei Wagram die geschlagene österreichische Armee auf der heutigen Brünner Straße wienwärts, und 1866 folgten die Verlierer der Schlacht bei Königgrätz.
Drei Jahre zuvor hatte es übrigens entscheidende Maßnahmen zur Verbesserung des Straßenzustandes in Niederösterreich gegeben: Ein Straßengesetz regelte die Herstellung und Erhaltung ärarischer Verkehrswege. Aus Feldwegen wurden endlich respektable Landesstraßen mit festem Untergrund. Darüber durfte sich auch ein besonderer Berufsstand im Weinviertel freuen: die Weinfuhrwerker, unterwegs zwischen den Kellergassen und den Stadtwirtshäusern. Ihre Kutschen hatten vorne eine hüttenartige Überdachung, die „Flecht'n". Diese bestand aus einem korbförmigen, aus Weidenruten geflochtenen

Gebilde mit einen Dach aus gespaltenen Haselnußruten. Darüber war mehrfach mit Ölfarbe gestrichenes Rohleinen gespannt. Die zwei Fuhrfässer lagen in der Mitte des Wagens auf Weinreben oder Stroh. Den Abschluß bildete die „Stoßflecht'n", ein Korb für kleinere Lasten, der mit alten Radreifen verstärkt war, um Schäden bei Auffahrunfällen zu vermeiden. Die „Ei'spirr", also Einsperr – Bremse – bestand aus Hartholzklötzen, die mit Kurbelkraft auf die Hinterräder drückten. Zusätzlich gab es noch den „Wagenhund", eine massive Stange, deren Eisenspitzen am hinteren Ende normalerweise hochgehalten waren. Bei starken Steigungen schleifte der „Wagenhund" auf der Straße und verhinderte damit ein Zurückrollen. Nicht zu vergessen: „'s Liacht" für Nachtfahrten und vor allem „'s Fasserl" mit etwa fünf Liter Wegzehrung für den Wagenknecht.
So ein Weinfuhrwerker, bei jedem Wetter durch Staub und Matsch unterwegs, zählte natürlich nicht zu den sittsamsten Reisenden, und in den massiven Einkehrwirtshäusern entlang der Strecke ging es auch nicht gerade vornehm zu. Außerdem waren zwei wohlgefüllte Fässer auf dem Wagen ein stete Versuchung, sie im Sinne eines profitablen Nebenerwerbs anzuzapfen. Dieser Weindiebstahl war eine Untat mit fast schon ehrwürdig zu nennender Tradition: Bereits 1498 sah sich Kaiser Maximilian genötigt, in seiner Weinordnung jenen „Fuerleuten" strenge Strafen anzudrohen, die „. . . unterwegs in herbigen / oder in iren aignen wonungen / auß den vassen / so die also führen / one der Herren / deren sie seind / wissen / wein dieblich nemen / nach ihrem gefallen verzeren / und anselbigen genummenen weins stat / wasser giessen / um die vaß wiederumb damit zufüllen . . ." Diebstahl zwecks Durstlöschung mag ja noch irgendwie verständlich sein. Schlimmeres ist hingegen in der Klosterneubur-

ger Fachzeitschrift „Die Weinlaube“ vom 7. Juli 1889 nachzulesen: „Vor dem Korneuburger Kreisgerichte hat vor einiger Zeit eine Verhandlung stattgefunden, welche in großem Maße ausgeführte Weindiebstähle zu ahnden hatte.Der Thatbestand war folgender: Bekanntlich findet nach Wien eine große Weineinfuhr statt. Die Weinbauern haben meist eigenes Fuhrwerk und führen den gekauften Wein nach Wien bis in den Keller des Käufers, der meist ein Wiener Wirth ist . . . Die Knechte von Hauern aus den Weingegenden kehrten mit ihren Weinladungen, die sie im Auftrag ihrer Herren nach Wien zu führen hatten, im Gasthause des Angeklagten Anton Stelzer ein. Mit Hilfe der Hausknechte wurde das Siegel von den Weinfässern gelöst, aus jedem Fasse eine Weinquantität, welche zwischen einem halben und zwei Eimern schwankte, herausgehoben, der Abgang durch Wasser ersetzt und die Fässer der Weinhauer mittels nachgemachter Siegel, welche theils die Knechte selbst mit sich führten, theils bei den Hausknechten des Einkehrwirtshauses vorbereitet lagen, so geschlossen, daß bei der Ablieferung der Weine in Wien die Fässer in anscheinend unversehrtem Zustande sich befanden. Der herausgenommene Wein wurde von den Hausknechten des Gasthauses verkauft, die den größten Theil des Erlöses für sich behielten, während die Kutscher nur mit einer kleinen Summe abgefertigt wurden. Daß diese Malversationen nicht in kleinem Maßstabe betrieben wurden, geht aus dem Umstande hervor, daß der frühere Hausknecht vierzig Eimer, der Hausknecht Josef Fallenbüchl allein hundertdreizehn Eimer Wein auf diese Weise entwendet hat, von denen er siebzig an seinen eigenen Herrn, Anton Stelzer, verkaufte. Es ist übrigens durch Aussagen von Weinbauern bestätigt worden, daß von ihnen ganz erhebliche Ersätze gefordert wurden und daß der Ruf ihres guten Weines bei den Bewohnern von Wien viel gelitten habe. Der Gastwirt Stelzer, den die Leumundsnote als devot und kriecherisch bezeichnet, leugnet, von diesen Manipulationen überhaupt gewußt zu haben. Dieser Verantwortung kann aber kein Glauben beigemessen werden, da es höchst unwahrscheinlich erscheint, daß der Herr des Hauses von den Vorgängen, die so schwungvoll betrieben wurden, nichts wissen sollte. Sein Hausknecht Fallenbüchel gibt selbst an, Stelzer habe ihm bei seiner Aufnahme gesagt, er gebe ihm keinen Lohn, denn er müsse sich bei den Weindiebstählen selbst entschädigen." Wein macht jedenfall erfinderisch. Oft versorgten die Kutscher sich bei Kollnbrunn mit einem Batzen Lehm, fertigten einen Abdruck des Siegels an und ließen in Wolkersdorf ein Duplikat der Petschaft anfertigen. Fuhrleute, die keine Möglichkeit sahen, nachgemachte Siegel zu verwenden, verschoben einen Faßreifen, bohrten das Gebinde an, bis sie einen kleinen Weinheber einsetzen konnten, verklebten nach vollbrachter Tat das Loch und verbargen es unter dem Faßreifen. Aber auch die Fuhrleute wurden bestohlen: Während sie schliefen, wurden die Fässer „gebindert", also unter den Reifen angebohrt. Schlief so ein Fuhrmann dabei besonders tief und fest, obwohl er längst aufgewacht war, konnte er auch mit einer kleinen Belohnung rechnen.

Mit dem lustigen Weinstehlen war es erst vorbei, als es auf den Bauernhöfen immer weniger Gesinde gab und an der Stelle eines Knechtes der Bauer selbst in die Stadt fuhr. Die älteren Bauern des Weinviertels erinnern sich noch an solche Fahrten mit Roß und Wagen zu einer Zeit, da längst auch schon Autos unterwegs waren. Auf dem Rückweg konnte es dann schon vorkommen, daß noch vor der Heimkehr ins Dorf in einer Kellergasse haltgemacht wurde, weil eine Preßhaustür gar so einladend of-

Alle Straßen des Weinlandes münden letztlich ja doch in eine Kellergasse. Dort verästelt sich der Weg in viele Pfade in die Tiefe, zu den Fässern.

fenstand. Dann galt es eben, von unterwegs zu berichten, vom Geschäft mit dem Wein, das so recht und schlecht lief, und zuweilen verlängerte eine solche Unterredung die Reise um einen Tag oder so . . .
Kellergassen sind ja in ihrem Wesen Verkehrswege, die ihre Reiseziele nicht an den Enden, sondern in sich haben, indem sie Preßhaus an Preßhaus knüpfen und in die Tiefe der Keller führen. Sie folgen Terrassenkanten, schmiegen sich in Rinnen und Hohlwege, scharen sich zu Kellervierteln oder umringen Kellerberge, stets naiv und klug in die Landschaft gefügt: Hier wohnt der Wein. Vielfach ist von „romantischen“ Kellergassen die Rede. Damit tut man der Vernunft der Weinviertler Bauern unrecht. Für die Entstehung von Kellergassen waren vor allem wirtschaftliche Überlegungen entscheidend. Vermutlich waren die langgestreckten und wehrhaften Dörfer schon fertig gebaut, als der Weinbau bedeutend wurde. Es war

also viel praktischer, die Trauben in der Nähe der Weingärten zu verarbeiten und dort auch die Lagerkeller zu graben – und zwar an Abhängen, um vor Überschwemmungen sicher zu sein. Standfester Löß war vonnöten, damit die Kellergewölbe auch ohne teure Ziegelbauten haltbar waren, und enge Nachbarschaft war erwünscht, weil man einander helfen oder miteinander trinken konnte. Auch die Grundherrschaft sah ihre Fässer gerne außerhalb des Dorfes in einem überschaubaren Bereich konzentriert: Die Bauern waren sehr durstig, Wein war sehr teuer, und die Kontrolle lohnte sich. Was heute vielfach als romantisch im Sinne von malerisch und reizvoll empfunden wird, ist nichts anderes als die Übereinstimmung von naiver Architektur und Landschaft. Einem krummen Hohlweg entspricht eben eine krumme Kellergasse, Steigungen und Böschungen bestimmen das Bild, Bäume setzen Akzente. Die Gleichförmigkeit der Bauweise löst sich im variantenreichen Dialog mit Geländeformen auf, verästelt sich in unzählige individuelle Details. So können tief eingeschnittene, fast schluchtartige Kellergassen, wie etwa die von Hautzendorf, entstehen, wohlgeordnete Ensembles mit dichten Häuserreihen an beiden Seiten der gepflasterten Gasse, wie zum Beispiel bei Ulrichskirchen oder Röschitz, Kellerberge, wie jener von Wildendürnbach. Manchmal stehen die Preßhäuser einfach in einer Mulde beieinander wie Bauern nach dem Kirchgang oder sie folgen, wie in der schönen Ölberg-Kellergasse von Pillersdorf, mit spielerischer Ernsthaftigkeit ineinander geschachtelt, lustvoll und behutsam der Gestalt des Hügels und den Windungen des Hohlweges.

Kellergassen sind auch Spiegelbilder der wirtschaftlichen Situation des Dorfes: blühte die Weinwirtschaft, wuchsen auch die Kellergassen. In schwierigen Zeiten wurden ganze Kellerzeilen stillgelegt, Preßhäuser wegge-

räumt und Keller vermauert. Sogar die Kellergasse von Hadres, die längste im Weinviertel, war dereinst noch länger; an ihrem oberen, nördlichen Ende liegen unter den Weingärten und Äckern verlassene, fast vergessene Keller, und nur noch ganz alte Leute wissen über diese geheimnisvolle Unterwelt Bescheid.
Die ersten Preßhäuser und Lößkeller des Weinviertels entstanden schon im Mittelalter. Grundherren ließen gewaltige Keller ausheben, wie zum Beispiel den Zehntkeller von Niedersulz, unter dessen weitem Gewölbe auch ein Fuhrwerk Platz hat. Die meisten der heute bestehenden Kellergassen sind immerhin an die zweihundert Jahre alt. Ihre Entstehungsgeschichte ist auch am Mauerwerk der Preßhäuser abzulesen: Die ältesten Bauten sind noch aus einem Gemisch aus Lehm und Stroh errichtet, geschützt durch Kalkmörtel und Kalkanstrich. Später entstanden Mauern aus Schichten von gebrannten und ungebrannten Lehmziegeln; schließlich setzten sich gebrannte Tonziegel durch, dazu kamen in jüngster Zeit Hohlziegel. Den Baustoffen folgend, wurden die Wände immer glatter und die Formen immer langweiliger. Ältere Preßhäuser kümmern sich wenig um das Diktat des rechten Winkels, und der weißgekalkte Verputz, oft und oft ausgebessert, gibt der unebenen Landschaft ringsum Antwort. Die ziegelgedeckten Dächer ruhen, ein wenig eingesunken, auf uraltem Holz, sorgsam zum richtigen Zeitpunkt geschlagen und gelagert, bevor es zum Dachstuhl wurde. Trotzdem tut jeder den Kellergassen unrecht, der sie als betulich belebtes Freilichtmuseum erhalten möchte. Zu jeder Zeit haben die Bauern des Weinviertels mit gutem Recht versucht, sich die Arbeit zu erleichtern, praktische Neuerungen zu übernehmen. Daß die Preßhäuser ihr Erscheinungsbild über Jahrhunderte hinweg behalten haben, liegt weniger an gelebter Nostal-

gie als am Mangel an Möglichkeit. Das bißchen Geld, das vorhanden war, wurde für den Bauernhof ausgegeben. Heute sind die Kellergassen des Weinviertels gefährdet. Das liegt nicht an Strommasten und hydraulischen Weinpressen. Kellergassen sind Spiegelbilder ihrer Dörfer. Zerfällt die Dorfgemeinschaft, sind auch die Kellergassen unbelebt. Ein Dorf, in dem flimmernde Fernsehbilder für vorgefertigte Unterhaltung sorgen, verzichtet leichthin auf Geselligkeit in Preßhäusern und Weinkellern. Wozu dem Nachbarn zuhören, wenn doch auch Thomas Gottschalk zu mir spricht? Auch die Veränderungen in der bäuerlichen Arbeitswelt lassen Kellergassen sehr still werden: Wer einsam auf dem Feld arbeitet, wird auch die Arbeit in der Kellergasse allein erledigen. Zur Zeit der Lese ist das noch anders. Doch wenn es erst einmal mehr Lesemaschinen geben wird . . . Noch gibt es die Köllamona, die Kellermänner. Wie würdige schwarze Vögel streben sie Tag für Tag der Kellergasse zu, mit kleinen Schritten oder mit leiser, zäher Kraft in die Pedale eines greisen Fahrrades tretend. Einer, der den geschäftigen Teil des Lebens in die Hände der Jüngeren gelegt hat, hat keine Eile mehr, aber viel zu tun. So geht er den vertrauten Weg, sieht ihn Tag für Tag neu, prüft das Wetter, kostet vom Licht und begrüßt seine Bekannten: Säulenheilige und Rebstöcke, Preßhäuser und Menschen. Später dann, im Keller, tut sich eine dunkle, freundliche Ewigkeit auf, in der vergangene Bilder lebendig werden. Sogar über die Jungen läßt sich hier versöhnlich nachdenken, auch, wenn sie alles besser wissen. Ob sie, alt geworden, die tägliche Reise zum Preßhaus tun werden? Wohl nicht. Eine andere Gefahr für die Kellergassen kommt von außen. Städter haben längst erkannt, daß Preßhäuser eine relativ preisgünstige Möglichkeit darstellen, Zweitwohnsitze zu schaffen, und erst in jüngster Zeit wachen die Gemeinden ein wenig strenger über das Bild ihrer Kellergassen. Aber noch immer werden anmaßende Fensterlöcher in die alten Fassaden gebrochen, Preßhaustüren durch modische Haustüren ersetzt, Zäune aufgerichtet, Ziergärten angelegt und Plastiksessel unter grellbunte Sonnenschirme gestellt: Lustig ist das Leben auf dem Lande und aus dem Kofferradio dröhnt der Musikantenstadel. Früher hätten die Bauern resignierend weggeschaut und sich damit zufriedengegeben, daß wenigstens jemand Geld ins Dorf bringt. Heute ärgern sie sich über Fremdkörper und wissen inzwischen ganz gut, was sie an ihrer Kellergasse haben.

Natürlich gibt es auch Gäste, die Kellergassen nehmen, wie sie sind, und sich daran freuen, die ein wenig mitleben wollen, im langsamen, gemessenen Rhythmus einer Welt, die so vielen fremd geworden ist. Es ist schön, immer wieder ins Weinland zu kommen, im Frühling, zum Beispiel, wenn die Nußbäume hellgrüne Triebe haben, die Preßhäuser aufwachen, frische Luft durch Fensterluken strömt und der Wein in den Kellern, von seiner Reife kosten läßt, nach der stillen, kalten Zeit. Im Sommer stehen die Preßhäuser dann blendend weiß unter dem tintenblauen Himmel, angenehm kühle Zufluchtsstätten, manche mit einem schattenspendenden Nußbaum davor, alle aber mit einem sehr kühlen Keller darunter. Im Herbst, wenn die ganze Kellergasse nach Wein und Fruchtbarkeit riecht, wenn alle Türen offenstehen, darf man sich dann das elitäre Vergnügen gönnen, den Wein seiner Wahl schon als Traube kennenzulernen, als süßen Most, als ungebärdigen Sturm oder staubig, wenn zum Fest des hl. Martin die Nebel auf den abgeernteten Feldern liegen und die Keller warm und verführerisch aufleuchten. Bleibt der Winter. Er nimmt die Farben aus den Kellergassen. In dieser Welt aus weißen Flächen und kla-

ren, geometrischen Figuren öffnen sich Türen in eiskalte Preßhäuser und dann in Keller, die einem mit ihren 14, 15 Grad plus fast schon heimelig warm vorkommen. Jetzt haben die Weinbauern Zeit für ihre Gäste, Zeit, ausführlich zu kosten und zu genießen. Draußen wartet die klare, eisige Winterluft und sie riecht ein wenig nach dem Rauch von Buchenholzscheitern, der aus den Kaminen des Dorfes steigt.
Natürlich gibt es auch Menschen, die ihren Wein im Regal eines Supermarkts kennenlernen. Man muß sie nicht bedauern, sie tun das freiwillig.

DER HIMMEL IM KELLER

Für Kinder gibt es märchenhafte Brunnen, durch deren angsterfüllte Dunkelheit der tiefe Fall in eine verzauberte Welt gelingt. Für Erwachsene gibt es die Kellertüren der Preßhäuser als geheimnisvolle Durchlässe zwischen Oberwelt und Unterwelt, zwischen heller Vernunft und dunkler Klarheit. Im Preßhaus herrscht der Mensch, tut den Trauben Gewalt an und scheucht den Most ins Gebinde. Im Keller regiert der Wein, gärt hitzig, schäumt trübe, klärt sich und reift, ohne irgend jemanden zu fragen, ob er darf. Wer ihn liebt, wer seine Launen erträgt, seine Schwächen kennt und an seine Zukunft glaubt, darf ihm beim Werden helfen. Wer zum Wein hinuntersteigt, liefert sich ihm aus und wird dafür belohnt. Viele sind diesen Weg in die dämmrige Tiefe gegangen in den letzten hundert, zweihundert, dreihundert Jahren. Ihre Schuhe haben allmählich die Ziegelstufen verändert, Kanten gerundet, Vertiefungen ausgetreten. Unten, auf dem Lehm des Kellerbodens, sind kleine Rippen und Wellen entstanden, die „Schmarotzer". In die Lößwände eingegraben sind Namen und Jahreszahlen zu erkennen, auch Zeichnungen und krause Symbole: Botschaften an Unbekannt. Die kräftigen Farben der Aussinterungen, wucherndes Pilzgeflecht, weiß oder schwarz, und der naß glänzende „Kellerschlatz" malen wunderliche Bilder; Pflanzen, die viele Meter weiter oben, im Licht, wachsen, zwängen dünne Wurzeln durch haarfeine Spalten, und ihre losen Enden drängen aus der Kellerdecke, als wollten sie nach neuem Erdreich tasten. Die schwarzen Reihen der Fässer glänzen matt im Licht und versickern weiter hinten im Dunkel. Es riecht nach Wein, nach feuchtem Holz, nach Leben und nach Vergänglichkeit. Wenn der Weinhauer den Tupfer nimmt, den Weinheber, und auf der Eisenleiter am Faß hochklettert, sich zum Spundloch beugt, ahmt sein runder Rücken den Bogen des Kellergewölbes nach, und mit Bauch und Brust gibt er der Biegung des Fasses Antwort. Ein archaischer Kult bringt die Männer hier unten zusammen, mit derben Regeln, ungenierter Lust und heidnischem Behagen. Hier unten hat die Moral von oben nicht viel zu reden und papierene Ordnung noch weniger. Klar, daß auch Pfarrer, Bürgermeister und Gendarmen in die Keller kommen: Doch sie tun besser daran, ihr Amt oben zu lassen.

Die Keller kennen keine Zeit, nicht Jahreszeit, nicht Tageszeit. Sie bewahren ihr kühles Dunkel, und wenn Besucher Licht nach unten holen, ist das nicht mehr als ein flüchtiges Aufflackern. Wer Ungeduld mitbringt, wird sie verlieren, wer nach Stunden und Terminen sucht, wird sie nicht finden. Es ist schon vorgekommen, früher einmal, und natürlich in der ruhigen Winterzeit, daß Männer aus dem Dorf tagelang und nächtelang im Keller geblieben sind, sich ihren Rausch geholt haben und gut zu ihm waren, damit er nicht untreu wurde. Für die vielen Abstufungen dieser schwebenden Daseinsform gibt es ein fachkundiges Vokabular: Fetzen, Tampas, Dusel, Schweigel, hot auf, ist angstochen, Klampsch, Kanonenrausch, Botzenrausch, sauft wie a Loch, is angstrudelt, jetzt reißt's na, jetzt hat's na ... Die Frauen haben schulterzuckend das Essen gebracht und die Sauferei hingenommen wie schlechtes Wetter oder eine kranke Sau. Solche sanften Orgien werden ja selten wirklich laut, und gerauft wird auch eher im Wirtshaus oder auf dem Fußballplatz. Be-

So gehört sich das unter der Erde, im dunklen Reich des Weines: Man beugt den Rücken mit freundlichem Respekt und saugt mit andachtsvoller Lust.

nimmt sich einer schwer daneben und schüttet zum Beispiel mutwillig Wein aus, ist ihm die Verbannung aus dem Keller ohnedies sicher, und fällt einer um, nachdem er vorher den starken Mann gespielt hat, kann es schon passieren, daß man ihm einen Stecken durch beide Rockärmel schiebt, damit er liegenbleibt, wenn er schon liegt. Außerdem gehört nicht nur uferloses Übermaß zum Leben in der Unterwelt. Im Wirtshaus wird viel geredet, was anderntags nicht mehr gilt. Was im Weinkeller ausgemacht wird, das hält. Im Keller werden Weingärten und Preßhäuser verkauft, Söhne und Töchter verheiratet, Bürgermeister gewählt, und der Präsident des Fußballclubs weiß nur noch nichts davon, daß ihn eine Revolution vom Thron fegen wird. Sind die wichtigen Themen erledigt, geht es dann vielleicht noch um die Regierung, die Weltpolitik, um Himmel und Hölle oder auch um die Weiber. Irgendwann hebt einer sein Glas, schaut es verliebt an und sagt endlich etwas Vernünftiges: „Kellerfrisch ist halt kellerfrisch" zum Beispiel, erntet anerkennendes Nicken, und weil jetzt alles beredet ist, hüllt behagliches Schweigen die Männer ein. Das sparsame Licht hier unten zeichnet keine harten Konturen, sondern schafft nur eine winzigkleine, matt leuchtende Welt, die unmerklich durch ein schwarzes Universum treibt. Das Dunkel ringsum löst die Beengtheit des Raumes auf: Seltsam, wie gewaltig groß so ein Loch in der Erde sein kann. Natürlich wird im Keller auch gearbeitet, und dazu gehört erfreulicherweise das Kosten, nicht das Verkosten, bitteschön, oder gar das Degustieren. So ein Theater führt man nur auf, wenn Fremde kommen. Solange keiner zuhört, der nicht alles zu wissen braucht, sind ehrliche Meinung, fundierte Kritik und wohlmeinender Rat gefragt.

Nachbarschaftshilfe ist an sich schon ein eigenes Kapitel im Weinviertel: In früheren Jahren, als die Dörfer noch wie Inseln im grünen Meer lagen, war jeder auf jeden angewiesen. Das sitzt noch heute tief: Auch Nachbarn, die Streit haben, werden einander notwendige Hilfe nicht verweigern. Im Keller ist diese existentielle Nähe und Verbundenheit noch stärker spürbar. Zwischen den dickbauchigen Fässern wurde schon so mancher zähe, bittere Streit zwischen Bauern beigelegt, die noch ein paar Stunden zuvor, im Wirtshaus, unversöhnlich zu sein schienen. Der Keller ist aber auch ein guter Platz, um mit sich allein zu sein, nicht einsam, denn hier unten läßt es sich schön an jene denken, die man kennt, oder mag, oder liebt, und auch die Toten sind nicht weit weg. Unter der Erde ist es sehr still, nur der eigene Atem ist zu hören. Man hört seinem Schweigen zu, läßt die Gedanken

reden, und wird einer schmerzlich laut, bekommt er was zu trinken.
Wer in den Keller geht, weiß, daß die eigene, vertraute Unterwelt Teil eines weitverzweigten Ganzen ist, das eigentlich keiner wirklich kennt. Ein respektables Weinviertler Dorf hat ein paar hundert Preßhäuser und ebenso viele Keller, meist ziemlich große, dicht aneinandergrenzend, auch in zwei, drei Ebenen übereinander. Ein Keller ist ja eine merkwürdige Art von Besitz: nicht wirklich Grundeigentum; es steht zwar „Preßhaus mit Keller" im Grundbuch, aber nichts über Lage und Ausdehnung unter der Erde. Das Boden darüber gehört nicht dazu, wohl aber dürfen Dunstlöcher nach oben führen, und der Grundeigentümer muß auf sie achten. Wer seinen unterirdischen Besitz erweitern will, braucht kein Grundstück zu erwerben, er muß nur graben und darf dabei andere Keller nicht gefährden. So geht das seit Hunderten von Jahren. Doch es gibt keine Pläne, keine schriftlichen Aufzeichnungen. Bekannt ist nur jenes Wissen, das von Generation zu Generation mündlich weitergegeben wird. Eigentlich tröstlich, diese unterirdische Anarchie, in einer penibel festgeschriebenen und gnadenlos geregelten Welt. Keller waren auch zu allen Zeiten gute Verstecke. In unsicheren Zeiten verschwanden Wertgegenstände im Lößboden, Waffen wurden vergraben. So berichtet zum Beispiel der Bauer Georg Anger aus Ketzelsdorf in seiner Chronik: „. . . so ist den 24. November (1805) der Franzoß kommen . . . so fangen die Leute schon ihr weniges Vermögen zum Verstecken an, in Kellern und Kammern, und verschiedenen Orten, was sich nur vermauern ließ, Kerndl, Wein, Bettquand, mit einwort alles ist in Leopoldi Tag vermauert, der war in einen Freytag, den 15. November. Was gescha, ich und Schullehrer Keckh, gingen in Leopolti, gegen Abent in Keller, um zu sehen, daß neuge-

mauerte auszusehen, da hert man wie es still ist, viele Kanonenschüsse in der Weite . . ."

Als Verstecke für Menschen waren die Keller allerdings nur bedingt geeignet, weil gefüllte Fässer natürlich Feinde aller Art anlockten. Manchmal wußte man sich aber ja doch zu helfen. In einem Keller, wird erzählt, gruben gegen Ende des Zweiten Weltkrieges Deserteure auf halber Höhe eine Fluchtnische in die Wand. Dann setzten sie den Keller einen guten Meter tief unter Wasser, damit er einen verlassenen und unbrauchbaren Eindruck machte. Alle erlebten das Ende des Krieges, bis auf einen, den beim Graben der Nische ein großer Stein erschlagen hatte. War eine Kellergasse versteckt angelegt und weit weg vom Dorf, kam es auch vor, daß sich in Kriegszeiten die ganze Bevölkerung in der dunklen Tiefe verbarg, düster wissend, daß ihre Wohnhäuser geplündert wurden.

Einmal im Jahr werden Keller auch in friedlichen Zeiten gefährlich. Kurz nach der Lese, wenn der Most in den Fässern schäumt, bildet sich Gärgas, Kohlenmonoxyd. Dieses geruchlose Gas ist schwerer als Luft und liegt wie ein See über dem Kellerboden. Der Spiegel steigt rasch bis an die Kellerdecke. Wer dann nach unten geht und nicht sofort beim ersten leisen Anzeichen von Beklommenheit kehrtmacht, ist so gut wie verloren, und oft genug kommt es vor, daß Helfer sein Schicksal teilen, weil sie zuviel gewagt haben. Auch hilft es wenig, mit einer brennenden Kerze in den Keller zu gehen: Wenn die Flamme erlischt, ist es meist schon zu spät. Jedes Jahr gibt es Gärgastote, und merkwürdigerweise trifft es fast immer Leute, die mit der Gefahr vertraut sind. Leichtsinn spielt natürlich ein Rolle, nicht ganz nüchterne Prahlerei. Aber der Spuk ist bald vorüber, und dann dürfen auch wieder Gäste aus der Stadt in die Keller tauchen, um zu kosten und hoffentlich einzukaufen. Da stehen sie dann ein wenig ängstlich unter den unbefestigten Gewölben aus Löß, schauen scheu in dämmrige Nischen und spüren, daß sie hier sehr fremd sind. Doch es dauert nicht lange, bis sich freundliche Geborgenheit einstellt.

Wer einmal damit angefangen hat, Bekanntschaft mit Weinkellern zu machen, wird immer wieder neue kennenlernen wollen. Jeder Keller hat seine besondere Eigenart. Es gibt winzige und es gibt riesige Keller, mit allen Größenordnungen dazwischen, gerade oder krumme Keller, gekreuzte, verwinkelte, schlichte, selbstbewußte und protzige. Manche, wie das Gesamtkunstwerk Weberkeller in Röschitz, sind berühmt, andere berüchtigt, wie jener in Obritz zum Beispiel, der sich, jeder arbeitstechnischen Vernunft spottend, in die Tiefe schraubt und in einer heimeligen Nische endet. Dort sitzt ein bärtiger Weinhauer wie die Spinne im Netz, zückt seinen schweren Roten, und das Ende ist fürchterlich.

Weinkeller im Weinviertel: Hunderte Kellergassen, Tausende, abertausende Keller in verwirrender Vielfalt, und doch durch ein schlichtes Prinzip verbunden: Nützlichkeit und Genuß.

Irgendwann geht auch die ungemessene Zeit im Keller zu Ende. Der Weg führt Stufe um Stufe nach oben, die Kellertür öffnet sich ins Preßhaus. Noch liegt eine Ahnung von Wein in der Luft, doch dann, draußen, zwischen den Weingärten, fährt einem die nüchterne Wirklichkeit ins Gesicht und macht ein wenig taumelig.

WEINGESCHICHTE(N)

Seit es Wein gibt, gibt es Vorschriften, und seit es Vorschriften gibt, werden sie umgangen. Als Kaiser Karl der Große den in der Völkerwanderungszeit verkommenen Weinbau auch in den Grenzmarken wiederbelebte, ließ seine Güterverwaltung kundtun, man solle keineswegs die Weinbeeren mit Füßen treten, „sondern alles sei ordentlich und nett". Damals mußten vier Weinhauer-Familien von einem Joch Weingarten leben und noch dazu Abgaben an den Grundherrn leisten. „Reinlich und nett" zu sein war dabei wohl ihre letzte Sorge. Wie beliebt das „Eintreten" noch Jahrhunderte hindurch blieb, zeigt ein Buch mit dem bombastischen Titel „Der erfahrene und in allen Weinkünsten wohlunterrichtete Weinhändler lehret praktisch": Ein wenig zaghaft wird angeregt, vor dem „Mosteln" oder „Maischen" die Füße zu waschen. Doch auch das Maischen mit „hölzernen Stämpffel" hat eine lange Tradition. Die Trauben wurden gleich nach der Lese im Mostelfaß gestoßen, blieben, ins „Loatfaß" gefüllt, über Nacht im Weingarten und wurden dann mit dem „Loatwagen" zum Pressen gebracht. Erst vor etwa fünfzig Jahren wurden die ersten Traubenquetschen, die „Weinbeerratschen", gebaut. Auch den Preßkorb gibt es erst seit etwa fünf Jahrzehnten. Vorher wurde ein System von ineinandergeschobenen Reifen verwendet, und es gehörte viel Geschicklichkeit dazu, den Most dort zu halten, wo er hingehörte – mit anderen, nicht ganz so feinen Worten: zu verhindern, daß er „ausschiß". Das war aber

beileibe nicht das einzige Problem. Während in Klöstern und Herrschaftskellereien mit Büchern stets das aktuelle Wissen der Zeit verfügbar war und es auch die Mittel gab, es anzuwenden, mußten sich einfache Weinbauern mit Erfahrungen begnügen, die von Generation zu Generation weitergegeben wurden. Als die ersten Kellergassen entstanden, fehlte es oft sogar an der Möglichkeit, wenigsten das Faßgeschirr sauberzuhalten. So vermerkt 1815 das „Hülfsbuch für Weinbesitzer und Weinhändler“: „Tausende Fässer Wein ... würden keinen unangenehmen Faßgeruch und -geschmack haben, wenn bei diesen entfernten Kellern das notwendige Wasser wäre, um die Fässer auszuwaschen und zu reinigen.“
Schon im späten Mittelalter war das „Schwefeln“ in Gebrauch gekommen, um 1700 wurde es auch im Weinviertel üblich. Damals fügte man dem Wein Schwefelschnitten, vermischt mit Kräutern und Gewürzen, hinzu, die später verboten wurden. Für August Wilhelm Freiherr von Babo, den ersten Direktor der Weinbauschule in Klosterneuburg, war dann „die Verwendung des Schwefels in der Kellerwirtschaft entschieden unentbehrlich“. Allerdings, präzisierte er, sei es verwerflich, „Wein, der noch unveränderte schwefelige Säure gelöst enthält, zum Konsum zu bringen ... Ein solcher Wein ist durchaus ungesund und kann heftige Kopfschmerzen erzeugen.“ Doch auch damals galt in den Dörfern weiterhin die Überzeugung, daß Schwefel Panscherei bedeute. Lieber nahm man Schimmel und Modergeruch in den Fässern in Kauf. 1858 berichtete eine Kommission von Weinhändlern frustriert: „Gewöhnlich begnügt man sich damit, den von der Presse gehenden Most in die eben verfügbaren Fässer zu füllen, und man glaubt dann nichts weiter tun zu müssen, als die Gebinde fortwährend voll zu halten.“ Erst gegen Ende des 19. Jahrhunderts wurde das „Einschlag

geben“ auch in den bäuerlichen Weinkellern üblich. Während also in den Dörfern sehr lange alles beim alten blieb, ließen die Herrschaftskeller nichts unversucht. Es fehlte auch nicht an weisen Ratschlägen gelehrter Weinautoren: Ein 1687 erschienenes Werk empfahl Schwefel und Gewürze, „dies sei gut, damit die Fässer nicht schimmelig werden und einen schlechten Geschmack erhalten“, rät aber auch dazu, „heißes Wasser mit Aschen viel schwenken, anderntags mit kaltem Wasser ausspülen und mit Weihrauch und Schwefel beräuchern“. Sogar „gesottene Nußbaumblätter zum Ausbrühen und anschließendem Stehenlassen“ werden empfohlen, und für scheinbar hoffnungslose Fälle gab es auch noch Hilfe: „Um abgelegene alte Fässer wieder befüllbar zu machen, soll man etwas Wasser mit Most, Salz und neuem Kalkstein mischen und damit ausbrennen, was auch den miechtelnden Geschmack vertreiben soll.“ Einige Ratlosigkeit herrschte bis ins 19. Jahrhundert zum Thema Gärung. Statt sie, wie heute üblich, gleichmäßig und vollständig ablaufen zu lassen, gab es ein eher eigentümliches Verfahren: „Dem vergorenen, aber noch warmen Most gieße man wieder einen Eimer süßen Most nach, worauf die Gärung wieder einsetzt. Dasselbe wiederhole man drei- bis viermal.“ Auch gegen eine Nachgärung gab es ein ziemlich energisches Mittel, nämlich den Zusatz von Schießpulver. Erst um 1830 wurden übrigens für den Abzug des Gärgases in den Kellern Dunströhren üblich. Damals baute man auch die ersten Dunstwinden, die auch Dunstmühlen genannt wurden, weil sie Winden zur Getreidereinigung als Vorbilder hatten. Nach der Gärung setzt sich die Hefe als Geläger am Faßgrund ab, und der Wein wird einigermaßen klar. Erst nach 1870 begannen einige Kellereien damit, den Wein zu filtrieren. Vorher wurde versucht, mit geschlagenen Eiern – und zwar samt

Barocker Überschwang versöhnte leichthin himmlische Verklärung und irdische Lebensfreude: Der „Kremser-Schmidt" entwarf das Motiv für diese Fahne der Poysdorfer Weinhauerzeche.

Dotter – eine Schönung zu erzielen. Rabiate Wirte traktierten ihren Wein mit Alaun, Leim, Kalk und Marmorstaub; doch auch die Hausenblase des Störs war schon bekannt. Gegen Kahmbildung – den Befall mit Pilzsporen – und Essigstich half das Ausfüllen der Fässer. In den

Bauernkellern war man da nicht so zimperlich, wie Freiherr von Babo beklagt: „Wenn der benötigte Füllwein vom Lagerwein (Geläger nach dem Abziehen) genommen wird, muß man zufrieden sein, denn häufiger wird Wasser dazu verwendet, um keinen Wein zu verlieren." Wer nicht wässern, aber doch sparen wollte, behalf sich mit gewaschenen Kieselsteinen. Was das Abziehen, die Trennung des Gelägers vom Wein, betraf, gab es lange Zeit geteilte Meinungen: In den Herrschaftskellern war man von der Notwendigkeit dieser Maßnahme seit jeher überzeugt, bei den Bauern war es hingegen eher Brauch, den Wein oft jahrelang auf dem Geläger zu lassen, damit er mehr Kraft bekäme. Außerdem trug auch Armut dazu bei, daß sich Abziehen in den Kellern lange nicht recht durchsetzen wollte: Es gab einfach nicht genug Faßgeschirr, und an Schläuchen fehlte es erst recht. So gab es dann oft in einem Faß drei Qualitäten: oben den kahmigen Wein, unten das Geläger und in der Mitte der Gute.
Der Arzt, Theologe und Alchimist Arnold von Villanova, dessen „Tractat von Beraitung und Brauchung der Wein" im 15. und 16. Jahrhundert in 35 Auflagen gedruckt wurde, regte an, „daß man die schwachen und kranken Weine im Winter abziehen soll, die starken jedoch im Frühjahr und im Sommer. Schwachen Wein kann man kräftigen, indem man ihn auf das Geläger eines starken Weines abzieht" – eine Praxis, die sich vereinzelt bis in unser Jahrhundert gehalten hat. Außerdem rät Villanova, „dies nur im Winter bei abnehmendem Mond, wenn der Wind Boreas bläst" zu tun. Es gehörte ja lange Zeit zu den Selbstverständlichkeiten, bei der Arbeit in der Natur sowie in Haus und Keller den Jahreslauf und den Stand der Gestirne nach überlieferten Regeln zu beachten. Als dann die aufgeklärten Wissenschaftler derlei Überlegungen verächtlich vom Tisch fegten, ging viel vom alten Wissen

Nur noch in ganz wenigen Preßhäusern mit kleinen Kellern sind die alten „Nahwinkerl-Pressen" zu finden, die ohne Preßbaum und Stein auskommen mußten.

verloren. Doch heute gibt es schon wieder Weinbauern, die nachdenklich in den Mond schauen und meinen, es gäbe auch Kräfte und Wirkungen, die sich nicht berechnen und analysieren lassen. Ganz abgesehen davon gab es in den alten Weinbüchern pragmatische, wenn auch ein wenig seltsame Anleitungen: „Beginnt die Hefe zu stinken, dann ist der Wein abzulassen. Ist aber die Zersetzung der Hefe schon so weit fortgeschritten, daß auch der Wein schon darunter zu leiden beginnt, sollte man den Wein nicht aufbewahren, sondern sogleich trinken oder verkaufen."

Vom Herrschaftskeller des Schlosses Steinebrunn bei Drasenhofen ist eine Kellerrechnung aus dem Jahr 1687 erhalten. Darin wird auch das Abziehen der heurigen Weine penibel vermerkt. Der Binder von Drasenhofen erledigte diese Aufgabe und bekam dafür zwei Eimer Wein, die er an den Wirt verkaufte. Der Bäcker, der Pfister, machte sich seinerseits an die Läuterung des Lagers zu billigem Wein. Die Kellerrechnung von Steinebrunn ist in vielfacher Hinsicht bemerkenswert, weil sie ein detailreiches Bild der Arbeitsweise und der wirtschaftlichen Situation einer Herrschaftskellerei im späten 17. Jahrhundert bietet. Spenden an Klöster wurden aufgelistet, Deputate, die Beamten und Bediensteten zustanden, und auch Zuteilungen aus besonderen Anlässen. So durften sich zum Beispiel am Christtag die „Mayerleuth und Gärtner Buben" über vier Maß und ein Seidel freuen und „einige Burschen, die die Geburth Christi agiert", erhielten für ihre gottgefällige Schauspielkunst vier Maß. Ein Maß hatte damals übrigens 4 Seitel zu je 0,35 Liter. Aber auch das Ausmaß des herrschaftlichen Durstes wurde submissest festgehalten: „Verbrauch des gnädigen Herren beim Hiersein—2 Eimer, 2 Viertel, 7 Maß, 1 Seidel." Bei vier Besuchen im Keller verbrauchte der hohe Herr demnach etwa 153 Liter Wein. Ein paar Freunde werden ihm wohl dabei geholfen haben. Insgesamt wurden in diesem Jahr 636 Eimer Wein verkauft, hauptsächlich an Kunden aus Mähren, doch auch ein Herr Dr. Weigler in Wien ließ sich einen Eimer „rot schmeckerten" kommen.

Von wegen Geschmack: Bis in das 19. Jahrhundert war das heute verpönte „Altel" überaus beliebt. Um es zu verstärken, wurde der Wein „geschult", also immer wieder abgezogen und damit einer wiederholten Luftzufuhr ausgesetzt. Rezepte für das Entsäuern des Weines mit Hilfe von Kalk gab es schon Ende des 18. Jahrhunderts. Gezielt konnte man sich damit erst befassen, als man mehr über die chemische Zusammensetzung des Weines wußte. 1858 führte in Wien Professor J. J. Pohl die erste chemische Analyse österreichischer Weine durch. In den Kellergassen des Weinviertels war davon aber noch lange nichts zu spüren. War der Wein zu sauer, gab man einfach Wasser dazu. Auch das Verschneiden unterschiedlicher Weine konnte, wenn es fachgerecht durchgeführt wurde, respektable Ergebnisse bringen. Sogar der gestrenge Freiherr von Babo meinte, daß gute Massenweine aus dem Weinviertel und leichte ungarische Wein gut zusammenpaßten. Als geradezu ideale Mischweine galten übrigens jene aus Hadres im Pulkautal.

Ende des 19. Jahrhunderts begann sich im Weinviertel eine neue Entwicklung abzuzeichnen. 1860 wurde in Klosterneuburg die „K.K. önologische und pomologische Versuchsanstalt“ gegründet. Die dort entwickelte Klosterneuburger Mostwaage ist bis heute in Österreich das offizielle Gerät zu Ermittlung des Mostgewichtes. Ganz abgesehen von seinen wissenschaftlichen Verdiensten war Babo auch ein glänzender Redner, berühmt durch seine temperamentvollen „Feldpredigten“ in den Weingärten. 1873 wurde in Feldsberg, dem heutigen Valtice, eine für das Viertel unter dem Manhartsberg wichtige Weinbauschule gegründet. 1893 gelang es dann dem landwirtschaftlichen Bezirksverein, in Retz eine Winzerschule zu gründen. Um Hauersöhne zum Besuch dieser Schule anzuregen, stiftete die Sparkasse jährlich einen namhaften Betrag für Stipendien. Außerdem wurde in den Znaimer Breit der erste amerikanische Schnittweingarten Niederösterreichs angelegt. Damit konnten reblaussichere Wurzelstöcke für einheimische Trauben herangezogen werden. Ein verändertes, durch aktuelles Wissen geprägtes Verständnis für Weinbau und Kellerwirtschaft brachte nun auch in kleineren bäuerlichen Betrieben bessere Qualität. Auch das allzulange darniederliegende Selbstbewußtsein der Weinbauern erstarkte. Vereinzelt gab es sogar Persönlichkeiten, die tatkräftig und mit kritischer Distanz neue Wege aufzeigten. Einer dieser Männer war Albert Navratil aus Bockfließ. Als Schuster, später Viktualienhändler und Weinbauer hatte er natürlich eine bessere materielle Grundlage als die meisten seiner Kollegen, doch er bemühte sich auch redlich, das Beste daraus zu machen. Er war unter anderem Bibliothekar des Volksbildungsvereines sowie der Begründer und Obmann der Winzereigenossenschaft. 1894 schrieb er kritisch in der „Allgemeinen Weinzeitung": „Manche Leute glauben, Mehltau und Peronospora werden schon ausbleiben, wenn die Weinstöcke wieder ausgiebig Regen bekommen." Als die Reblausgefahr auch die Weingärten um Bockfließ bedrohte, gehörte Navratil zu den ersten, die Amerikanerreben aussetzten „... um nicht mit Schaden und Schande dazustehen". Immer wieder argumentierte er in den folgenden Jahren gegen die Ablehnung der veredelten, reblausresistenten Reben. Allerdings gab es Perioden, wie etwa das Jahr 1901, in denen die Hauer Navratils Kampf gegen das amerikanische Untier eher zum Lachen fanden: Damals traten kaum Reblausschäden auf, kleine Herde wurden vertuscht, und viele amerikanische Mutterstöcke wanderten in den Ofen. 1903 war dann aber der Reblausbefall so furchterregend, daß ein eilends herbeigeholter Fachmann aus Klosterneuburg eine große und einsichtige Zuhörerschaft vorfand. Albert Navratil jedenfalls blieb erfolgreich als Geschäftsmann, Funktionär und Weinbauer. In Bockfließ ließ er sich ein hübsches Haus bauen, und mit

Seit 1640 keltern die Himmelbauern Wein in Untermarkersdorf. Joseph, der Urgroßvater der jüngsten Generation, läßt sich ausnahmsweise den „Guiden" schmecken.

einigem Stolz erlebte er, daß sein Sohn es in Wien zum Gerichtsjuristen brachte. Menschen wie er, Winzergenossenschaften und Schulen brachten den Weinbau ein gutes Stück weiter. Trotzdem war die wirtschaftliche Situation in den Dörfern noch immer bedrückend schlecht und verhinderte so manche Neuerung. Andererseits blieb dadurch bis heute altes Arbeitsgerät erhalten, ist die seit jeher geübte Art der Weinbereitung noch lebendig.

HERREN UND UNTERTANEN

Im 12. Jahrhundert hätte Greenpeace im Viertel unter dem Manhartsberg viel zu tun gehabt: Landein, landab gingen die Wälder in Flammen auf. Die damaligen Brandrodungen bedeuteten den größten ökologischen Eingriff, den diese Landschaft je erfuhr. Die Besiedlung und Kultivierung des Landes war Schwerarbeit unter lebensgefährlichen Bedingungen. In der karolingischen Zeit hatten die Siedler noch als Untertanen am Hof der Grundherren gearbeitet. Das bedeutete, daß sie Knechte und Diener waren, im Bedarfsfall auch Soldaten. Sie konnten vom Grundherrn gezüchtigt oder verschenkt werden und durften nur mit seiner Zustimmung heiraten. Unter den Babenbergern wurde es den Siedlern schmackhafter gemacht, gefährliches Grenzland in wohlbestelltes Bauernland zu verwandeln. Sie übernahmen von der Grundherrschaft ein abgabepflichtiges Lehen, das sie sogar vererben und unter besonderen Umständen auch verkaufen durften. Diese Grundholden waren zwar unfrei, weil sie Zins und Robot für den Grundherrn leisten mußten, anderseits steckte in dieser Unfreiheit auch ein gewisser Freiraum, der es gestattete, das dörfliche Zusammenleben beliebig zu gestalten und nach eigenem Gutdünken den Frieden zu bewahren. Grundzins und Hauszins mußten aber entrichtet werden. Der Grundzins war der Zehent, also ein Zehntel des Grundstücksertrages. An diesem festen Prozentsatz wurde nicht gerüttelt, wohl aber darf einiger Erfindungsreichtum bei der Festlegung sogenannter Kleindienste unterstellt werden: die Ablieferung von Schweinen, Hühnern, Gänsen, Eiern und Käse. Dazu kam noch der Weisatzins, fällig zu Weihnachten, Ostern und Pfingsten. Auch einen Teil der landesfürstlichen Steuern, die der Grundherr entrichten mußte, trug der Bauer mit. Sogar die wenigen freien Kleingrundbesitzer kamen nicht ohne Abgaben davon: Sie konnten sich ja nicht selbst vor feindlichen Übergriffen schützen und leisteten also Vogtdienste, um einen Schirmherrn zu haben. Trotz aller Abgaben ging es den Bauern anfangs gar nicht so schlecht, und das Werk des Güter-Inspectors Franz Günther, „Der niederösterreichische Groß-Grundbesitz", erschienen im Jahr 1875, merkt sogar tadelnd an: „Der Reichthum und seine günstige Stellung machten aber den Bauer übermüthig, so daß er nicht selten in lächerlicher Weise die Sitten und Gewohnheiten des Ritters nachzuäffen sich bemühte, welche Unnatur vor allem die süddeutschen Bauern beherrschte und dann auch nach Österreich sich verpflanzt hatte, wo sie trotz der Nähe der feindlichen Grenzen vortrefflich gedieh." Doch Franz Günther weiß auch, was solchem Übermuth folgt: „Bereits um die Mitte des 13. Jahrhunderts begann aber ein Umschwung, und dieses lustige, üppige und reiche Leben war entschwunden." Lustig und üppig dürfte es bei den Bauern im Viertel unter dem Manhartsberg auch zur Zeit der Babenberger nicht zugegangen sein, und nachher erst recht nicht. Allmählich wurde nämlich der Naturalzins in Geldzins umgewandelt. Dadurch häuften die Bauern immer höhere Schulden an, und die Grundherren sahen das gar nicht so ungern: Schulden bedeuteten Abhängigkeit. Das System von Zins und Robot hielt sich als durchaus entwicklungsfähiges Herrschaftsinstrument bis zum legendären Jahr 1848, und was dann folgte, war schon wieder nicht lustig für die Bauern, sondern eine neue Katastrophe – doch davon später. Zur Grundherrschaft gehörte jedenfalls auch die Rechtsprechung. Der Pfleger, oder auch der Grundherr selbst, tat seinen Holden mit einem Banntaiding kund, was Recht und Ordnung zu sein hatte. Für alle behausten Untertanen war das Erscheinen Pflicht. Wer fernblieb, mußte eine Geldstrafe bezahlen, und so etwas tat einem Bauern, dem es stets an Bargeld fehlte, besonders weh. In der Folge wurden solche Richtlinien auch in einem „Banntaidingbüchl" festgehalten. Das Banntaiding selbst, ursprünglich mehrmals jährlich abgehalten, verlor im Laufe der Zeit an Bedeutung und war im 18. Jahrhundert häufig nur noch eine Versammlung für die anschließend vom Grundherrn zu bestätigende Wahl der Ortsobrigkeit. Der angenehmste Teil eines Banntaidings war jedenfalls das abschließende Gelage. Für Drösing ist zum Beispiel ein Festmahl überliefert, das etwas mehr kostete, als der Verkauf des Gemeindestiers eingebracht hatte. Auch eine Abschrift des Drösinger „Banntaidingbüchls" aus dem Jahr 1469 ist erhalten und erfreut durch seine bildhafte, beinah poetische Ausdrucksweise, die auch in Ferdinand Dietzls sensibler Übertragung in leicht lesbares Deutsch erhalten geblieben ist. „Auch soll jedermann in seinem Hause in Frieden leben können. Und wäre das Haus gleichsam nur mit einem Zwirnsfaden umfangen, so soll der Hauswirt in solch sicherem Frieden leben, als wäre es mit einer Mauer umfriedet." So wertvoll ist dieser Hausfrieden, daß zu seiner Erhaltung auch drastische Maßnahmen gestattet sind: „Wenn ein ungezogener Mensch in eines rechtschaffenen Mannes Haus käme und wollte diesen oder seine Gäste bedrohen und in Wort und Tat unvernünftig sein, und der Hauswirt und seine Gäste würden ihn darauf zwei- oder dreimal um den Türstock schlagen, daß er blutig würde und ihn aus dem Hause werfen, so sind sie dafür nicht strafbar.“ Handgreiflichkeiten in allen Ehren mochten gerade noch zum guten Drösinger Ton gehören, Übertreibungen wurden allerdings geahndet: „Wenn zwei auf der Gasse schlaghaft aneinandergerieten und der Unterlegene in ein Haus flüchten würde, so soll ihm der andere nicht nachlaufen in das Haus und ihn dort schlagen oder stechen. Täte er dies, so wäre er einer Strafe von 5 Pfund Pfennige verfallen oder einer Hand verlustig geworden.“ Waren fünf Pfund Pfennige schon ein beachtlicher Betrag, kamen temperamentvoll ausgelebte Szenen einer Ehe noch teurer: „Item, wenn Mann und Frau miteinander stritten, sich beschimpften, und würde der Mann die Ehre der Frau schmälern, so wäre er mit 32 Pfund Pfennig straffällig. Ferner, wenn eine Frau über einen Mann ehrlos spräche, ohne es beweisen zu können, so wäre sie einer Strafe von 32 Pfund Pfennig verfallen.“ Solchermaßen gleichberechtigt, sollten sich die Drösinger Frauen allerdings davor hüten, es sich mit ihresgleichen anzulegen: „Item, wenn sich zwei Frauen streiten und gegenseitig beschimpfen würden, so mag sie der Richter im Einvernehmen mit dem Rat mit dem Pockstein büßen lassen.“ Der Pockstein, auch Bagstein, also mittelhochdeutsch Zankstein, war eine etwa faustgroße Kugel mit Kette und Halseisen. Damit behängt am Pranger zu stehen, sich auf der Straße zeigen zu müssen, womöglich auch zur Zeit des Jahrmarktes, war wohl mehr als peinlich. So zwischendurch wird, fast beiläufig, eingestreut: „Auch haben wir (der Pfleger) von unserem gnädigen Herrn Gewalt erhalten, mit Stock und Galgen zu richten.“ Die nahe Marchgrenze war natürlich mautpflichtig, und die Preisliste ließ aber auch wirklich nichts und niemanden unbeachtet. Für laufende Kleinkinder wie auch für Hasen wurden je ein Halbling kassiert, für „ain jegliche Jungfrau“ ein Pfennig, für eine Braut gar 42 Pfennige, für einen Hengst 4 Pfennige und eine Stute die Hälfte. Eine Wagenladung Wein wurde mit 12 Pfennigen vergebührt. Zu guter Letzt findet sich im Banntaidingsbüchl von Drösing noch ein Richtspruch, der vermuten läßt, daß Weinviertler Bauern auch schon damals ganz gerne und sehr penibel um Kleinigkeiten stritten: „Beim Mistausführen muß der Ganzlehner mit Roß und Wagen auf dem eigenen Acker fahren, beim Halblehner kann der Wagen mit einem Rad in der Furche rollen, die Pferde müssen aber auf dem Acker gehen."

Anders als die Beziehung zwischen Bauern und Grundherrn entwickelte sich das Verhältnis der zunehmend selbstbewußten Bürger zu ihrer Herrschaft. Mit Eggenburg und Laa an der Thaya zählt Retz zu den ältesten Städten des Weinviertels, Ende des 13. Jahrhunderts von Graf Berchtold von Rabenswalde nach seinen Vorstellungen gegründet: Retz war sein Eigentum und das Eigentum seiner Nachfolger, der Stadtherren. Er besaß die Hohe Gerichtsbarkeit und das Befestigungsrecht. Dazu erwarb er noch das Marktrecht vom Herzog. Die stolze, mauerbewehrte Stadt schuf aber auch einen neuen Stand, den der Bürger. Sie blieben zwar Untertanen der Grundherrschaft und mußten Grunddienst für den Baugrund ihrer Häuser zahlen, von Robot und Kopfzins waren sie aber befreit. Dennoch mußten sie am Bau der Stadt mitarbeiten, sie bewachen und zu ihrer Verteidigung beitragen. Doch nicht jeden machte die Retzer Stadtluft frei: Nur wer ein Haus besaß, hatte auch Bürgerrechte. Schon eine Stadturkunde aus dem Jahr 1385 nennt einen „burgermeister". Demnach hatten es die Retzer erstaunlich schnell geschafft, dem vom Stadtherrn bestellten Richter einen frei gewählten Bürgermeister zur Seite zu stellen, der gemeinsam mit dem ebenfalls gewählten Rat die Stadt verwaltete. Im Jahr 1483 wurde Retz erstmals zur landesfürstlichen Stadt. Solche Städte bildeten im Landtag neben den Prälaten, Herren und Rittern den „vierten Stand“. Zur Ehre kamen aber auch Lasten: Weil landesfürstliche Städte gemeinsam die Steuern und Abgaben des „vierten Standes“ tragen mußten, wurden sie „mitleidende Städte“ genannt. Die Retzer Bürger waren damit zu Untertanen des Kaisers geworden, der nicht nur Landesfürst, sondern auch Grundherr war. Das brachte Nachteile und Vorteile: Aus einer Stadt, die stolz darauf gewesen war, die glanzvolle Residenz eines Fürsten zu sein, war eine von achtzehn Städten geworden, die ein kaiserlicher Pfleger beehrte. Andererseits wurde Retz großzügig mit Privilegien ausgestattet: Die Bürger durften den Stadtrichter frei wählen und Retz hatte die eigene, volle Gerichtsbarkeit, auch über Leben und Tod. Die Steuerbemessung entwickelte sich zu einem Machtmittel für die Bürger: Nunmehr war ausnahmslos jedes Haus steuerpflichtig, auch ein Adelshaus. So quälten die Retzer zum Beispiel den Edlen Thomas Schwarz so lange mit Steuerforderungen, bis er erbost die Stadt verließ. Damit war aber auch aus seinen Adelshaus ein Bürgerhaus geworden. Doch nach nur drei Jahren landesfürstlicher Freiheit stand Matthias Corvinus mit seinem Heer vor den Stadtmauern und ließ einen unmißverständlichen Brief überbringen: „Es ist an Euch, die Stadt und das Schloß, so Ihr doch nicht zu halten vermöget, unzerschossen, unzerbrochen und unverwüstet ohne mehrer Müh und Schaden abzutreten und zu überantworten. Wenn dies geschähe, so wolle er den Hauptmann und die Dienstleute sicher abziehen lassen, die Burg und die Bürger in Gnaden aufnehmen und ihre Freiheiten bestätigen.“ Besonders Letzteres lasen die Retzer Bürger durchaus mit Interesse. Sie boten dem Hauptmann ihre Dienste als

Abstufungen der Autorität in Poysdorf: Bürgermeister und Polizist flankieren einen schlichten, aber selbstbewußten Gemeindediener, der auch noch Spitznagel heißt.

Verhandler an, machten aber nicht allzu viele Worte, sondern übergaben die Stadt. Sechs Jahre blieb Retz ungarisch. Die Bürger erfreuten sich einer neuen Privilegienurkunde, und noch einer zweiten, die drei Jahre Steuerfreiheit gewährte. Mit dem Frieden von Preßburg wurde Retz wieder landesfürstliche Stadt. Doch 1509 übergab Kaiser Maximilian I. Stadt, Schloß und Herrschaft Retz dem Michael von Eitzing – und damit fing der Ärger für die Bürger an. Seine Rechte gegenüber dem Landesfürsten waren dem Eitzinger lieb und teuer. Die Rechte und Privilegien der Retzer Bürger waren ihm herzlich gleichgültig. Stadt und Bürger, bemerkte er harsch, seien gleichermaßen an ihn verpfändet. Die Bürger muckten unerschrocken auf, Eitzing verklagte sie beim Kaiser, und die Bürger klagten auch. Der Prozeß verlief ziemlich turbulent, zwischendurch sperrte der rabiate Grundherr auch einmal Bürger in einer Stube des Schlosses ein, um sie an der Aussage zu hindern. Das Urteil bestätigte aber im großen und ganzen die Privilegien der Stadt. Eitzing blieb dennoch störrisch. Der Streit wäre wohl noch lange weitergegangen, hätte sich Michael von Eitzing nicht rebellisch in einen Konflikt mit den Nachfolgern Maximilians eingelassen. Er verlor Retz, seine Güter und am 9. August 1522 in Wiener Neustadt auch noch den Kopf. Nur vier Jahre später hatten die Retzer allerdings von neuem allen Grund, sorgenvoll in die Zukunft zu blicken: Schon wieder waren die Eitzinger Herren der Stadt. Diesmal widmete sich Ulrich II. mit Elan der Aufgabe, die Stadtprivilegien zu schmälern. Wie zu befürchten war, kam es zu einem zweiten Prozeß: Die Bürger behielten wieder recht und damit verblieb der Stadt auch die volle Gerichtsbarkeit. Freiherr Ulrich residierte übrigens in Schrattenthal, um nicht ständig Retzer Bürger, die er seine „hoffärtigen Untertanen" nannte, vor Augen zu haben. 1534 machte dann ohnedies König Ferdinand I. dieser streitsüchtigen Herrschaft ein Ende.

Bürgerstolz braucht Denkmäler. Zwei besonders eindrucksvolle stehen einander fromm, rechtschaffen und selbstbewußt in Retz gegenüber: das Sgraffitohaus und das Verderberhaus.

1546 erbte der Eisenhändler Augustinus Resch ein zweihundertfünfzig Jahre altes Bürgerhaus. Er war ein angesehener Mann in der Stadt, war im Stadtrat vertreten, wurde wiederholt zum „Steuereinnehmer" ernannt und brachte es sogar bis zum Stadtrichter. Man weiß nicht genau, ob er oder sein Schwiegersohn den Auftrag erteilte, das Haus in italienischer Sgraffitotechnik zu bemalen. Auch sein Glaubensleben gibt Rätsel auf. Er liegt zwar auf dem katholischen Friedhof begraben, andererseits ist es kaum denkbar, daß er zu seiner Zeit ohne Wohlwollen der protestantischen Mitbürger Stadtrichter hätte werden können. Auch die Motivauswahl auf den Hausmauern weist ihn nicht eben als glühenden Anhänger Roms aus: Zur Kremserstraße hin sind Darstellungen aus dem Alten Testament zu sehen, während die dem Hauptplatz zugewandte Hausfront Szenen aus der griechischen Mythologie und Bilder aus dem menschlichen Leben zeigt. Das Neue Testament wäre für einen guten Katholiken eigentlich naheliegender gewesen. Vielleicht war er aber auch nur ein Opfer von Sachzwängen und mußte sich mit künstlerischen Vorlagen zufriedengeben, die eben verfügbar waren. Wie auch immer: Es ist ein wahres Wunder, daß dieses überdimensionale Bilderbuch bis heute erhalten geblieben ist. 1620, nach der Schlacht am Weißen Berg, wurde Retz von kaiserlichen Truppen beschossen, und damals dürfte auch das Sgraffitohaus arge Schäden abbekommen haben. Jedenfalls stand es vier Jahrzehnte leer und gelangte schließlich in den Besitz der Stadt. Bei wenig sensiblen Renovierungsarbeiten verschwand das Kunstwerk unter Verputz und Farbe, außerdem wurden neue Fenster eingesetzt, die Teile der Motive für immer verschwinden ließen. Vor diesen städtischen Vandalenakten war allerdings ein Mann mit bemerkenswertem Weitblick und wissenschaftlicher Akribie auf den Plan getreten: der kk. Directionsadjunkt der Hilfsämter des Wiener kk. Handelsgerichtes, Theodor Weinlich, hatte 1857 Texte und Bilder „genau, das ist buchstäblich unter Beibehaltung der Ortografie" abgenommen. Doch selbst diese rühmenswerte Fleißaufgabe wäre ohne den Spürsinn und die Tatkraft von Rudolf Resch, dem verdienstvollen Autor des Retzer Heimatbuches, vergeblich gewesen: Ihm gelang es, die Dokumente aufzufinden und im letzten Augenblick vor der geplanten Verbrennung zu retten. Daher konnte 1928 der akademische Maler Ferdinand Heilmann die Sgraffiti freilegen und wiederherstellen. So dürfen sich die Retzer und ihre Gäste heute über ein beinahe leichtfertig verspieltes Baudenkmal freuen und, wer mag, kann sich auch eine der Mahnungen zu Herzen nehmen, die zuweilen recht sarkastisch ausfallen: „Ajax fasset ein grimer Zorn / da er die waffen hat verlorn. / Erstach sich mit seim eigen Schwert / Sich selbst regiern, ist lobenswerth." Vieles bleibt auch rätselhaft, wie etwa die Kritik am Musikgeschmack des König Midas: „Midas veracht das Harfenspiel / die Schalmey im vil mehr gefiel. / Darumb mußt er haben Eselsohren / man findt zwar noch viel solcher Toren." Randbemerkung: So sehr die Retzer auf ihr Sgraffitohaus auch stolz sein mögen, im nahen Eggenburg steht ein ebenbürtiger Konkurrent. Doch zurück nach Retz:

Das Verderberhaus an der gegenüberliegenden Seite des

Der mächtige Torbogen des Verderberhauses, für mittelalterliches Verkehrsgeschehen dimensioniert, zeigt sich 1913 von den ersten Autos wenig beeindruckt.

prächtigen Hauptplatzes präsentiert sich zwar nicht als Bilderbuch, aber als Vexierbild. Das trifft erst einmal auf seinen Namen zu, von dem man annehmen könnte, daß er dem Bauherrn gehörte. Doch als Thomas Verderber 1821 aus der deutschen Sprachinsel Gottschee im heutigen Slowenien nach Retz kam und sich als Tuchhändler etablierte, war der Renaissancebau längst vollendet. Der große Torbogen wiederum verführt zu der Annahme, das Verderberhaus wäre dereinst auch eines der Stadttore gewesen. Diese Wölbung stammt aus der Gründungszeit der Stadt, war aber immer nur dazu da, das dazugehörige Gebäude nicht zu einem Verkehrshindernis werden zu lassen. Das Verderberhaus steht nämlich auf dem „Rittsteig", einem mittelalterlichen Handelsweg von Krems nach Znaim. Ganz abgesehen davon haben wir es nicht mit einem Haus, sondern mit mehreren zu tun. Der mächtige, aus Steinquadern errichtete Schwibbogen ist jedenfalls der älteste Bauteil, der schon im 13. Jahrhundert den Weg durch ein Gebäude öffnete, von dem bislang keiner so recht weiß, wie es ausgesehen hat. Schon 1437 wuchs jedenfalls der heutige mittlere Trakt des Verderberhauses mit dem linken, dem westlichen Trakt zusammen: Er wurde erhöht und bekam die entsprechende Zinnenbekrönung. 1583, zur Zeit der Renaissance, erfuhr das Gemäuer einen neuen Wachstumsschub: Seit damals ziert das Wappen des Hans Ferenz von Goerz den Mitteltrakt, und auch ein Wahlspruch steht zu lesen: „Alles mit der Zeit." Diese, den Retzern liebgewordene Weisheit paßt auch hervorragend zur Baugeschichte des Verderberhauses: Schon 1572 hatten „welsche Maurer" den Retzer Rathausturm erhöht und umgestaltet. Sie waren es wohl auch, die das Verderberhaus im Stil der venezianischen Renaissance umbauten und dabei auch den rechten, östlichen Trakt anfügten, der damals aber um einiges niedriger war. Erst später bekam er zum Ausgleich hochgezogene Zinnen aufgesetzt. Im 17. Jahrhundert kam noch der Treppenturm im Osttrakt dazu. Bleibt noch eine verwirrende Tatsache anzumerken: Ein Teil des linken Nachbarhauses, nämlich die Einfahrt, gehört auch zum Verderberhaus. Wie es dazu kam, ist unbekannt. Daß ein solches Gebäude auch unterirdische Dimensionen hat, ist hingegen eigentlich selbstverständlich. In der Tat führen über fünfzig Treppenstufen aus dem Verderberhaus in das riesige Labyrinth der Retzer Weinkeller.

Auch in einer Stadt wie Retz, in der das Mittelalter so lebendig ist wie kaum anderswo, ändern sich die Dinge. Die alte Welt der Grundherren ist verweht. Der Althof im Bereich der mächtigen Retzer Burg war lange Ruine und ist zum Hotel geworden. Im Schloß hat sich respektlos ein Wirtshaus eingenistet. Aber das Sgrafittohaus und das Verderberhaus sind ganz selbstverständlich jene Bürgerhäuser geblieben, die sie immer waren.

DER PREIS DER FREIHEIT

Als die Babenberger nach Österreich kamen, um für das Heilige Römische Reich eine von den Magyaren bedrohte Grenzmark zu sichern, waren die wenigen Städte Österreichs winzig klein. In dieser Zeit waren die Dörfer selbstverwaltete Gemeinschaften, deren bäuerliches, von uralten Bräuchen bestimmtes Leben auch der mittelalterliche Grundherr teilte. Im Spätmittelalter verließen die Grundherren ihre Dörfer, um fortan in Burgen und Schlössern zu residieren. Die Dörfer im Weinviertel hatten ihre bescheidene Autonomie verloren, und die Bauern hatten mit zahlreichen Abgaben für das gute Leben ihrer Herren zu sorgen. Während die Stadtbewohner mit zunehmendem Wohlstand bürgerliches Selbstbewußtsein entwickelten, waren die Bauern, also der weitaus größte Teil der Bevölkerung, über Jahrhunderte nicht mehr als nützliches Menschenmaterial, das noch unter Maria Theresia gemeinsam mit dem Vieh gezählt und „beschrieben" wurde. Andererseits versuchte aber eben diese Maria Theresia das Abhängigkeitsverhältnis der Bauern abzuschwächen. Sie und Joseph II. setzten sich tatkräftig für die Befreiung der Bauern ein und erließen Regelungen, die Leopold II. nicht minder energisch aufheben ließ. Nur der Geldzins als Alternative zum Robot blieb als Neuerung übrig, mit der weder Grundherren noch Bauern Freude hatten. Die Bauern verfügten kaum über Geld, also zogen sie es häufig vor, weiterhin Frondienst zu leisten, zahlten zwischendurch aber dann doch wieder Zins, und die Grundherren mußten sich mit Ersatzarbeitskräften behelfen. Immerhin besann sich Österreich im 18. Jahrhundert allmählich der grundlegenden Bedeutung seiner Landwirtschaft. In der verbesserten Dreifelderwirtschaft wurde die Brache durch den Anbau von Futterpflanzen wie Klee oder Rüben ersetzt. 1761 brachte der Pfarrer von Prinzendorf, Johann Eberhard Jungblut, die Erdäpfel ins Weinviertel. Im Buch „Der niederösterreichische Groß-Grundbesitz" schreibt Franz Günther 1875: „. . . der Verbreitung landwirtschaftlicher Kenntnisse, der Theorie wie der Praxis, widmeten nun die edelsten und einflußreichsten Männer des Landes ihre Kräfte". Solche Bemühungen zielten natürlich auf die Bewirtschaftung großer Herrschaftsbesitze ab. Doch auch für das gemeine Landvolk war gesorgt: „Vom Throne herab wurde . . . durch Verordnungen polizeilicher Art der beschränkte Unterthanenverstand auf die Regelung wirtschaftlichen Lebens gelenkt und aufgemuntert . . ." Eben diese „Regelung wirtschaftlichen Lebens" sollte für die meisten Bauern des Weinviertels in eine umfassende Katastrophe münden, und das ausgerechnet im Zusammenhang mit ihrer endgültigen Befreiung. Vorerst aber brachte das Revolutionsjahr 1848 unbehagliche Unruhe und nur mäßig loderndes patriotisches Feuer ins Viertel unter dem Manhartsberg. Es gab auch Widerspenstigkeit im Lande. Angesichts möglicher Entwicklungen weigerten sich manche Bauern, den Zehent abzuliefern. Der Pfarrer von Schöngrabern merkt dazu leise resignierend an: „Da in diesem Jahr kein Zehent gegeben wurde, war ich genötigt, ein Joch von den Pfarräckern nach Hause zu nehmen, welches mit Korn bebaut wurde." Auch die Alberndorfer Bauern muckten auf und stellten erst einmal die Zahlungen ein. „Um jede Unannehmlichkeit, die sich bey Aufhebung des Zehent bey dem heurigen Zeitverhältnisse ereignen könnte, zu vermeiden ...“ In Laa an der Thaya unterzeichneten nach einer stürmischen Versammlung 69 Bürger die Zehentverweigerung. Besondere Bestürzung ob der revolutionären Umtriebe im beunruhigend nahen Wien verrät der Chronist der Pfarre Deinzendorf im Pulkautal: „Die Bewohner des Pulkautales zeichneten sich bisher immer durch religiösen Sinn, durch feste Anhänglichkeit und Treue an Kaiser und Vaterland und durch treue Ergebenheit gegenüber der katholischen Kirche aus; aber durch das ereignisreiche Jahr 1848 ist manches anders geworden. Fremde Wühler und Hetzer und besonders die alles Heilige verhöhnenden Schmutz- und Lügenblätter haben viele der sonst gutgesinnten Landsleute um diese schönen Eigenschaften gebracht und ihnen das schädliche Gift des Unglaubens, der Widersetzlichkeit und des Mißtrauens gegen die geistliche und weltliche Obrigkeit eingeimpft. Eine in dieser Beziehung traurige Berühmtheit erwarb sich ein in einem nicht weit entfernten Orte wohnender, im Glauben und in seinen Vermögensverhältnissen ganz verkommener Bauer, der im Oktober 1848 den Pulkaubach auf und ab fuhr und die Leute zum Landsturm und zur Steuerverweigerung aufforderte und durch seine wühlerischen Reden den Geistlichen-, Beamten- und Militärstand verdächtig zu machen suchte, ja auch Geldspenden für die Wiener Aula veranstaltete. Auch in Deinzendorf wurde eine Geldsammlung vorgenommen, wozu einige ‚Aula Buben‘ den Impuls gaben; der eingegangene Betrag wurde jedoch durch das Einwirken des Ortsseelsorgers nicht an die Wiener Aula, sondern an den Gemeinderat in Wien durch ein verläßliches Individuum abgegeben.“

Während also die Verbrüderung mit aufrührerischen Studenten im Ansatz steckenblieb, erfreuten sich die landauf, landab gegründeten Nationalgarden großen Zuspruchs. Es war zwar nicht völlig klar, gegen wen oder was gekämpft werden sollte, für's Vaterland allemal. In Retz stand die Nationalgarde schon am 29. März bereit, um für Ruhe und Ordnung zu sorgen. Als in der Frankfurter Paulskirche die Deutsche Nationalversammlung zusammentrat und unter anderem Erzherzog Johann von Österreich mit dem unglückseligen Amt eines Reichsverwesers bedachte, entsandte Retz sogar einen Abgeordneten. Im übrigen blieb die Nationalgarde weitgehend unbeschäftigt. Um so aufregender war aber dann der Besuch Kaiser Ferdinands I. am 6. Oktober. Das gekrönte Haupt hatte es vorgezogen, Wien erst einmal zu verlassen und kam auf seinem Weg nach Znaim über Krems, Maissau, Eggenburg und Pulkau nach Retz. Die Nationalgarde nahm ungeachtet ihrer revolutionären Gesinnung feierlich Aufstellung, Graf Gatterburg und Bürgermeister Mößmer begrüßten den unverhofften Gast, und die Stadt bewirtete ihn und seine Begleitung: Immerhin sechstausend Jäger und Kürassiere. 1849 wurde die Retzer Nationalgarde aufgelöst, und es ging nicht mehr ganz so feierlich zu wie bei der Gründung: Die Regierung zahlte herzlich wenig für abgegebene Gewehre, und die übrigen Waffen wurden ohne Entschädigung eingezogen. Der einzige wirkliche Nutznießer dieser revolutionären Episode war (und ist) der Retzer Gesangsverein: Er bekam die sündteure Fahne – allerdings ohne Doppeladler. Letzterer landete im Stadtmuseum. Mit ihrem Fahnenverwertungsproblem standen die Retzer Nationalgardisten natürlich nicht allein da. Die Haugsdorfer, zum Beispiel, übermalten die Zeichen der Revolution mit frommen Bildern. In Mistelbach war zwar eine Nationalgarde zustande gekommen, doch sie zog es vor, sich bescheiden „Mistelbacher Compagnie" zu nennen. Kaum war der Aufstand in Wien beendet, löste sich die Compagnie auf. Viel ist nicht von ihr übriggeblieben: ein beschädigter Tschako ohne Rosette und zwei Säbel. In Wolkersdorf brachte es die Nationalgarde immerhin auf hundert Mann, und diese streitbare Truppe hatte auch noch die Stirn, nach Wien vorzurücken. Nachdem dort aber der Kampf schon zu Ende war, zog die Garde heimwärts und vertrieb sich die Zeit bis zu ihrer Entwaffnung mit der Jagd auf Niederwild.

Es gab allerdings einen Wolkersdorfer, für den das Revolutionsjahr von schicksalhafter Bedeutung war: Ernst Franz Salvator von Violand. Dieser Adlige, der in der Kartei des polizeilichen Informationsdienstes ein „im hohen Grade überspannter, wütender Republikaner" genannt wird, kam 1818 zur Welt – bezeichnenderweise im Geburtsjahr von Karl Marx. Violand besuchte das Wiener Piaristengymnasium und dürfte dort nicht allzu glücklich gewesen sein. Jedenfalls forderte er später, als Mitglied des Verfassungsausschusses, die Aufhebung aller geistlicher Orden. Er promovierte an der Wiener Universität als Doktor der Jurisprudenz und wurde Privatdozent an dieser Fakultät: ein höchst verdächtiger, weil liberaler Geist. Ohne Rücksicht auf seine akademische Karriere engagierte er sich im Revolutionsjahr unter anderem im politischen Zentralkomitee der Nationalgarde, im Demokratischen Verein, und er gehörte dem Reichstag, dem ersten österreichischen Parlament, an. Dort geschah es auch, daß sein Freund Hans Kudlich, ein Bauernsohn aus Schlesien, den Antrag auf die sofortige Aufhebung der Gutsuntertänigkeit mit allen Lasten einbrachte. In seinem Werk „Die soziale Geschichte der Revolution in Österreich" beschreibt Violand diesen historischen Augenblick: „Nach dessen Ablesung sprang die ganze Kammer, vor Begeisterung ergriffen, zur Unterstützung desselben auf. Die Deputierten, die Galerien, alles jubelte . . . Wahrhaft groß, erhaben, stand damals die gesamte Volksverte-

Ein Wolkersdorfer Adliger mit bürgerlichen Idealen: An der Seite seines Freundes, des Bauernsohns Hans Kudlich, riskierte Ernst Franz Salvator von Violand im Kampf für die Republik Kopf und Kragen.

tung vor der Nation. Auch wurde sogleich beschlossen, den Antrag nicht erst einer Kommission zuzuweisen, sondern ihn selbst in Vollberatung zu nehmen." Dem Jubel folgte eine wochenlange hitzige Diskussion. Violand versuchte mit einer leidenschaftlichen Rede nachzustoßen, forderte die sofortige und entschädigungslose Befreiung der Bauern „als erster Strahl der Freiheit, als Verkünder des Tages, der in Österreich nach hundertjähriger Nacht

herangebrochen ist . . ." Trotzdem wurde ein Kompromiß beschlossen: Die Bauern wurden frei, aber sie mußten dafür bezahlen. Violand und Kudlich bekamen übrigens auch die Rechnung für alle Freiheiten präsentiert, die sie sich persönlich herausgenommen hatten: Militär sollte gegen Österreichs Parlamentarier eingesetzt werden. Kudlich schreibt darüber: „Ich war höchlichst erstaunt, als polternd mein Freund Violand an mein Bett stürzte. Er war vollständig reisefertig in einen dicken Pelzmantel gehüllt, das Haupt größtenteils in einer Pelzmütze verborgen, eine kleine Reisetasche in der Hand, als gelte es, mich zur Sitzung des Jüngsten Gerichtes abzuholen." Die abenteuerliche Flucht gelang. Das Wiener Kriminalgericht leitete gegen Violand und Kudlich die Hochverratsuntersuchung ein. Am 10. März 1854 wurde Kudlich in aller Heimlichkeit zum Tode verurteilt, weil man keine Aufregung unter den Bauern wollte. Am 14. März 1856 folgte das Todesurteil gegen Violand. Kudlich flüchtete in die Schweiz, studierte dort Medizin und lebte bis zu seinem Tod in Amerika. Violand schlug sich erst einmal als Tabakarbeiter in Kiel und Hamburg durch, verlegte seine Schriften in Leipzig bei Otto Wigand und emigrierte schließlich ebenfalls nach Amerika. Erst 1867 fand Kudlich den verschollenen Freund wieder und schrieb an ihn: „Dein altes mutiges Herz steht sicher noch auf dem alten Fleck und schlägt und pocht wie vor 18 Jahren." Acht Jahre später starb Violand, unterernährt und erschöpft, an einem Lungenleiden.
Während also die Bauernbefreier ihre Wohltaten sühnen mußten, sahen sich die befreiten Bauern einer verwirrend neuen Situation gegenüber: Das Jahr 1848 bedeutete einen tiefen Schnitt ins Leben. Einerseits war die dominierende Stellung des Adels gebrochen – Adel und Bauern waren fortan vor Gericht gleichberechtigte Staatsbür-

Die Bauern mußten ihre Befreiung von der Grundherrschaft teuer bezahlen, und an die Stelle persönlicher Abhängigkeit trat die wirtschaftliche.

ger. Andererseits mußten die Bauern für jene Dienste, die sie jetzt nicht mehr zu leisten brauchten, hohe Entschädigungen zahlen. Für die wenigen großen und wohlhabenden Bauern in Weinviertel war das kein Problem, doch kleine und mittlere Bauernwirtschaften gerieten gegenüber dem Großgrundbesitz in eine zunehmend untragbare Wettbewerbssituation. In der zweiten Hälfte des 19. Jahrhunderts bedeutete die neugewonnene Freiheit für sehr viele Betriebe das Ende: Völlig unvorbereitet dem ungehemmten Kräftespiel der freien Marktwirtschaft ausgesetzt, mußten die Bauern ihre Anwesen verkaufen, zogen als Industriearbeiter in die Stadt, wurden Landarbeiter oder endeten im Armenhaus. Andere konnten mit den neuen Entwicklungen ja doch Schritt halten: Kredit- und Warengenossenschaften wurden als Hilfe zur Selbsthilfe gegründet, landwirtschaftliche Schulen ergänzten das tradierte Wissen mit aktueller Information.

Für die Großgrundbesitzer war die neugewonnene Bauernfreiheit gar kein so schlechtes Geschäft. Sie konnten ihre Betriebe modernisieren und an die Stelle unwilliger Fronarbeit trat erbärmlich bezahlte Lohnarbeit unter gnadenlosem Leistungsdruck.
Allerdings gab es da und dort auch Kontinuität, wo sie keiner vermuten würde: Jene Retzer, die mit dem Jahr 1848 nicht mehr Untertanen des Grafen von Gatterburg waren, verspürten neben einer gewissen Erleichterung auch ein leichtes Unbehagen. Flugs verbanden sie sich zu einem „geselligen, besprechenden und unterhaltenden" Bund, um „die gegenwärtigen Mitglieder in Erinnerung der Zusammengehörigkeit der Vorfahren zu erhalten". Verblüffenderweise besteht dieser Bund noch heute als „Graf Gatterburgscher Unterthansverein". Einmal im Jahr lassen die Mitglieder eine Messe lesen und versammeln sich zu einem nachdenklich-heiteren Festmahl. Auch ein gewisser Herr Matthias Suttner-Gatterburg ist in der Runde willkommen – allerdings als Ehrenmitglied, weil er in der ehemaligen „Gemeinde Gatterburg" nicht mehr zu den Grundbesitzern zählt.

DIE ALTEN GUTSHÖFE

Im weiten, ebenen Land um Laa, der einsamen Grenze zu, verebbt das Weinviertel in elegischer Stille. Nichts hält den Blick auf, fängt ihn ein, nur schier endlose Baumreihen zeichnen strenge Linien zwischen Horizont und Horizont. Fast scheint es, als sei die Gegend verlassen, als hätte der Wind die Menschen verblasen wie welkes Laub. Ein wenig ist das wohl auch so. Von den großen alten Gutshöfen, die hier wie gestrandete Schiffe zwischen den Feldern liegen, sind einige verlassen, andere wehren sich nur noch schwach gegen das leise Sterben, und sogar in jenen Höfen, in denen es Eigentümer und Verwalter irgendwie schaffen, durchzukommen, gibt es kaum noch Menschen: Maschinen tun ihre Arbeit. Die Welt der alten Gutshöfe verdämmert oder sie wird zugedeckt von der kalten Funktionalität einer Agrarindustrie, die sich in Europa und auf dem Weltmarkt übermächtigen Gegnern stellt.

Im 19. Jahrhundert hatten die Herrschaftshöfe zwar ihr feudales Gepräge verloren, doch nach wie vor gab es die Donaumonarchie als einträglichen Wirtschaftsraum. Noch 1875 schrieb Franz Günther in seinem Werk über den niederösterreichischen Großgrundbesitz: „Die durch Grundentlastung flüssig gewordenen Capitalien erleichtern dem Grundbesitzer die Lösung seiner Aufgabe, und es bildet die Geschichte des landwirtschaftlichen Lebens seit dem Jahre 1848 eine ununterbrochene Kette von Triumphen, die menschliches Wissen und ausdauerndes, ehrliches Streben über die rohen Naturgewalten zu erringen vermögen." Hunderte von Menschen arbeiteten und wohnten damals auf einem Gutshof: Bauern, die ihren eigenen Hof nicht hatten halten können, Landarbeiter, die in den Dörfern keine Arbeit mehr fanden, entwurzelte, verachtete Menschen, die alles nehmen mußten, was sie bekommen konnten. Der Gutsherr diktierte den Lohn und die Arbeitsbedingungen. Oft gab es kaum dreißig Quadratmeter Wohnraum für eine Familie samt Kindern und alten Leuten. Kam Nachwuchs, mußten drei Tage Karenz genügen. Die Leute im Dorf waren damals arm genug dran, doch auf die vom Gutshof schauten sie herab. Dann zerbrach der Erste Weltkrieg den Vielvölkerstaat Österreich, ein beklagenswert kleiner Rest blieb zurück, und die Gutshöfe in der Ebene von Laa fanden sich im äußersten Grenzland wieder, abgeschnitten von traditionellen Absatzmärkten. Dennoch wurden einige Höfe von ihren angestammten Besitzern weitergeführt. Die Gutshöfe Staatz und Rothensee hingegen übernahm die „Wiener Aktiengesellschaft für landwirtschaftliche Betriebe", hinter der als Eigentümer Fürst Manfred Collalto di San Salvatore aus Italien stand. Anläßlich einer Exkursion reichsdeutscher Landwirte aus Regensburg im Jahr 1927 gab es eine Bestandsaufnahme beider Betriebe. Auch damals herrschte noch reges Leben in den Höfen: Insgesamt 116 Menschen fanden Beschäftigung, darunter 36 Pferdeknechte, 9 Zugochsenknechte, 4 Kuhknechte und Kuhmägde und sogar zwei Nachtwächter. Trotzdem wird ein bedenklicher Mangel an heimischen Arbeitskräften beklagt: Längst waren die ehemaligen Landarbeiter abgewandert, die Dörfer ausgeblutet, das Land an der Grenze war fast menschenleer. Also mußten für den überwiegenden Teil der Feldarbeit tschechische Akkordarbeiter herangezogen werden. Von großer Bedeutung war der Zuk-

Das Leben auf dem Gutshof folgte anderen Regeln als das Leben im Dorf. Obwohl der „Oberschweizer“ für die gesamten Stallungen verantwortlich war, schauten Bauern auf Leute wie ihn herab.

kerrübenanbau, dazu kamen Korn, Weizen, Gerste und Erbsen. In den Ställen von Rothensee standen 342 Stück Großvieh, 236 in Staatz. Auch die Ausstattung mit Maschinen und Geräten konnte sich sehen lassen: Es gab eine Dampfpfluggarnitur, zwei Motorpflüge, Getreidesämaschinen, Rübensetzmaschinen, Mähmaschinen für Getreide, eine Eis- und Kühlanlage und vieles mehr. Der letzte Absatz in der kleinen Dokumentation läßt aller-

dings Böses ahnen: „Die Rentabilität der österreichischen Landwirtschaft ist leider sehr gering, wenn nicht direkt verlustbringend."
Heute ist kaum noch Leben im Gutshof Staatz, die Gebäude verfallen allmählich. Der Rothensee-Hof wird aber recht erfolgreich und mit viel Verständnis für die Bewahrung alten Kulturgutes bewirtschaftet: Eine ausgedehnte, mehrflügelige Anlage, in deren Innenhof ein wunderschöner achtseitiger Taubenkobel aus der ersten Hälfte des 19. Jahrhunderts in die Gegenwart gerettet werden konnte. Noch im 15. Jahrhundert stand hier das Dorf Rothensee. Die Ungarn haben es 1491 zerstört. Auch einen großen Teich soll es gegeben haben, den Hansl-See. Eine Sage erzählt vom Hanslbauern, der Rosse ins Wasser trieb, um sie zu schwemmen. Plötzlich tauchte eine Seeschlange auf, die Pferde scheuten und rissen wild wiehernd den vor Grauen stummen Hanslbauern in die Tiefe. Irgendwie ist man in dieser verwunschenen Ecke geneigt, an solche Geschichten zu glauben, auch an jene von einer ebenso schönen wie adligen Frau, die sich bei Nebel im sumpfigen Gelände verirrt hatte. Nur durch ein Wunder fand sie den einsam gelegenen Mitterhof und war gerettet. Zum Dank für dieses gütige Schicksal ließ sie auf einer kleinen Erhebung, dem „runden Berg", einen Turm errichten, dessen Glocke bei Nebel regelmäßig geläutet werden mußte, um Irrenden den Weg zu weisen. Es gibt tatsächlich alte Mauerreste auf dem unscheinbaren Hügel. Vielleicht stand hier eine kleine Sumpffestung? Oder es gab neben Rothensee auch jenes verlassene Dorf, von dem die Leute in der Gegend erzählen, wirklich?
Der Mitterhof paßt übrigens ganz gut in dieses melancholische Gespinst aus Spuren, Sagen und Vermutungen. Dieser Gutshof ist an der Wende vom 17. zum 18. Jahrhundert entstanden. An die verlassenen Wirtschaftsgebäude

Herrschaftliche Dimensionen: Als auf dem Rothensee-Hof noch Hunderte Menschen beschäftigt waren, gab sich auch die Taubenzucht nicht mit Kleinigkeiten ab.

ist ein schloßartiger, massiver Schüttkasten mit steingerahmten Fensterluken angebaut und daran fügt sich irgendwie willkürlich eine stattliche Kapelle, vermutlich älter als das übrige Bauwerk. Sie ist leer, doch das mindert nicht die Kostbarkeit des Innenraumes mit einem Kreuzgratgewölbe zwischen Gurten und einer ungewöhnlichen Rundbogenapsis mit drei Spitzbogennischen. Die Kapelle ist restauriert worden und steht nun mit unirdisch anmutender Leichtigkeit inmitten von schwerem grauen Gemäuer. Schon im 17. Jahrhundert war das Gebäude einmal „öd" und der Stadl war „verprunnen". Der Gutshof wurde wieder aufgebaut, bevölkert von Milchkühen, Haltervieh und Schafen. 1678 erwarben die Grafen Daun das Anwesen, errichteten es neu, fügten eine noble Herrschaftswohnung hinzu und ein Verwalterhaus mit Wein-

schank, an die noch heute die Flurnamen „Linke Wirtshausbreite“ und „Rechte Wirtshausbreite“ erinnern. Gut hundert Jahre später kam der Mitterhof an die Familie Suttner, die ihn noch heute besitzt. Schon vor dem Erwerb hatte Matthias Suttner in Passau um die Meßlizenz für die Kapelle angesucht und in diesem Brief den Gutshof als „zierlich und bequem“ beschrieben. Ein zierlicher landwirtschaftlicher Großbetrieb? Oder eine noble, versteckte Sommerresidenz? Tatsächlich hat man inzwischen herausgefunden, daß Reichsgraf Wilhelm Johann Anton Daun an der Stelle des heutigen Schüttkastens ein repräsentatives Schloß erbauen ließ. Wenige Jahre nach der Fertigstellung wurden aber die Dachstühle des Schlosses und der Kapelle vermutlich durch eine Brandkatastrophe zerstört. Matthias Suttner verwendete später die Schloßmauern für den Bau eines zweigeschossigen Schüttkastens und ließ der Kapelle einen einfachen Giebel aufsetzen. Das verschwundene Schloß war bald nur noch ein rasch verblassendes Bild aus ferner Vergangenheit. Schon in Friedrich Wilhelm Weiskerns „Topographie von Niederösterreich“ steht bloß zu lesen: „Dieser Hof war in früheren Zeiten ein Edelsitz mit einem Schlößchen, wovon jetzt aber keine Spuren mehr vorhanden sind. Wer die Besitzer desselben waren, wann und auf welche Weise dieses Schlößchen zugrunde ging, ist nicht auf uns gekommen.“
Der Mitterhof ist auf halbem Weg zwischen Rothensee und Alt-Prerau zu finden. Alt-Prerau steht auch auf kleinen, verrosteten Ortstafeln am Straßenrand. Es könnte ebensogut „Ende der bewohnten Welt“ darauf stehen. Ein Herrenhaus, kaum noch erkennbare Reste eines barokken Gartens, ein Gutshof, anmaßend groß und resignierend müde. Ringsum grüne und braune Flächen, Baumreihen und Büsche zwischendurch, ein sehr hoher Him-

Dieses um 1700 entstandene Aquarell zeigt ein Schloß, das verschwand, obwohl seine Mauern noch heute bestehen: Schloß Mitterhof ist in einem Getreidespeicher verschwunden.

mel darüber und jene Art von Stille, die ein wenig Angst macht. Es mutet wie ein Märchen an, daß hier ein wirkliches Weinviertler Dorf gewesen sein soll. Ein Dorf mit ein paar hundert Familien, mit weißgekalkten, dicht aneinandergedrängten Höfen, einer kleinen Kirche, einem Wirtshaus ... Das Dorf Alt-Prerau war schon da, als es noch keinen Gutshof und kein Schlößchen gab. Im 12. Jahrhundert steht davon in einer Urkunde zu lesen, weil einer der Herren von Maissau Felder, Höfe und ihr lebendes Inventar einem anderen Familienmitglied zugeschoben hatte. Damals gab es schon eine Mühle im Dorf und sogar einen Fischteich. 1430 wurde Alt-Prerau landesfürstlich. Dann erwarb Niklas der Truchseß, ein wackerer Haudegen aus den Hussitenkriegen, die Herrschaft über das Dorf. Niemand kann sagen, warum Alt-Prerau in der ersten Hälfte des 16. Jahrhunderts von seinen Bewohnern verlassen wurde, blieb doch das Grenzland in dieser Zeit von

Kriegslärm verschont. Doch 1568 wird Alt-Prerau als „ödes Dorf“ genannt. Zwischen den Mauerresten der Wüstung entstanden ein Herrensitz und ein Schafhof. Die Zeit der adligen Gutsherren von Alt-Prerau endete erst 1924. In diesem Jahr kam das Anwesen von der Familie Suttner an einen Industriellen. Acht Jahre später hieß der Gutsherr dann Julius Meinl. Der Gutshof wurde zum Schlachthof und zu einer Konservenfabrik. Was noch zu zerstören blieb, fiel 1945 in Trümmer. Dennoch ist aus dem geschundenen Gemäuer unter dem heutigen Eigentümer, Dipl.-Ing. Georg Harmer, wieder ein landwirtschaftlicher Betrieb geworden und auch das Herrenhaus stimmt nicht mehr traurig. Die alten Bilder beginnen zu leuchten, nicht sehr, aber doch.

DAS DORF DES TRÄUMERS

Vergänglichkeit hat im Weinviertel nichts Dramatisches an sich. Im Grenzland, bedroht von Gewalt, gebeugt unter das Diktat der Herrschenden oder auch nur wirtschaftlichen Zwängen folgend, haben es die Menschen gelernt, loszulassen, wenn etwas nicht mehr zu halten war. Als die Dörfer im Spätmittelalter ihre Selbständigkeit verloren, fügten sich die Bauern eben in die neuen Verhältnisse. Zunehmend verarmt und verschuldet, häuften sie bedächtig innere Güter an: Volkskultur in ihrer reichen Vielfalt. Mit dem Zeitalter der Industrie schienen aber auch diese in Jahrhunderten gewachsenen Werte nichts mehr zu gelten: Also fort damit, es war wohl nichts Besonderes. Die Kellergassen blieben erhalten, weil es nichts Besseres gab, die Zwerchhöfe blieben stehen, weil das Geld für Neubauten fehlte. Noch brauchte die Landwirtschaft Menschen, die ihrerseits Wirtshäuser füllten, im Dorf einkauften und Handwerker ernährten. Dann wurden die Landarbeiter arbeitslos, weil es Maschinen gab, große Maschinen, zu groß für die alten Wirtschaftsgebäude. Personalabbau und Produktionssteigerung: das kennt man ja auch heutzutage. Sogar ein wenig Geld kam ins Haus, genug für Metalltore und Plastikfenster, und manchmal reichte es sogar dafür, die ärmliche Vergangenheit mit einem neuen Haus neben dem alten Dorf wegzumauern. Längst sind die Veränderungen nicht mehr fließend, sondern folgen immer rascher aufeinander, und das vordem ruhige Gesicht der Dörfer zeigt ein nervöses Mienenspiel. Aber so ist das eben, und nur ein Narr, ein sentimentaler Träumer, ein hemmungsloser Phantast unternähme den Versuch, ins rasende Rad der Zeit zu greifen: Er heißt Josef Geissler und ist 1949 in Niedersulz zur Welt gekommen. Kaum war er alt genug, um über sich selbst nachzudenken, fand er sich durchaus zufrieden damit ab, daß er ein wenig anders geraten war als die übrigen Kinder im Dorf. Das bäuerliche Leben interessierte ihn, faszinierte ihn sogar, doch Bauer wollte er keiner werden, schon eher einer, der beobachtet, alte Dinge sammelt, sie behutsam wiederherstellt. Natürlich sorgte der Vater energisch dafür, daß sein Sohn lernte, was ein anständiger Bauer eben können muß, und natürlich begann der unwillige Junglandwirt schon mit siebzehn Jahren zu sammeln: alte Möbel, Devotionalien, Hausrat, Gerätschaft. Bald darauf richtete er im Pfarrpreßhaus mit dem aufgestockten Schüttkasten das „Niedersulzer Heimatmuseum" ein, und die Leute im Dorf lachten herzlich über den jungen Sonderling, der sich mit Dingen abgab, die nur noch zum Wegwerfen taugten. Aber es kam noch schlimmer: Josef Geissler entschloß sich, seinen frommen Sinn und die Liebe zu alten Dingen auf einen Nenner zu bringen, begann eine Lehre als Kirchenmaler und arbeitete nach deren Abschluß als Restaurator für die Erzdiözese Wien. Seine Sammeltätigkeit gab er dabei natürlich nicht auf: Schon damals übte er sich in der nützlichen Kunst, ruhig und gelassen in seinen Arbeitstagen mehr unterzubringen als eigentlich Platz hatte. Im Dorf lachten sie schon nicht mehr, sondern wiegten bedenklich die Köpfe: Mitte der siebziger Jahre, in der schönsten Wirtschaftswunderzeit, in der ein fortschrittlicher Mensch plastikverliebt und betonbegeistert in die Zukunft schaute, ging da einer, den Blick in die Vergangenheit gerichtet, Schritt für Schritt seinen Weg. Geisslers

Sammlung wuchs in fast schon beunruhigender Geschwindigkeit. Längst war der Schüttkasten zu klein geworden. 1977 füllte ein „Weinviertler Dorfmuseum“ die aufgelassene Volksschule. Doch ein paar fruchtbare Wintermonate später war auch das neue Quartier hoffnungslos überfüllt. Bis zu diesem Zeitpunkt war Josef Geissler ein Sammler, wie es einige im Weinviertel gibt, belächelter Leiter eines ernstzunehmenden Museums. Ja, und einen Museumsverein gab es inzwischen auch: Ein Spinner bleibt eben selten allein. Nur eine dermaßen verdächtige Runde konnte sich für die Idee Geisslers erwärmen, die Sammlung in Gebäuden unterzubringen, die selbst Ausstellungsobjekte waren. Die Runde war auch kühn genug, weiterzudenken: Jetzt ging es also darum, auch Häuser zu sammeln, Stadel, Preßhäuser, Kapellen, ein ganzes Dorf eben. Aber wohin mit dem Dorf? Der Gemeinderat von Niedersulz fragte sich das auch. Einerseits war nicht wirklich einzusehen, welchen vernünftigen Zweck eine derartige Ansiedlung haben sollte, andererseits war der Gedanke reizvoll, Josef Geissler einen Freiraum zu geben, wo seine beunruhigenden Aktivitäten wenigstens die vernünftigen Leute unbehelligt ließen. Man stellte also ein Grundstück zwischen dem Sulzbach und dem Schmalzberg zur Verfügung, und zum Osterfest 1979 wurde auch schon ein Weinviertler Längsstadel aufgestellt. Da stand er also, dieses hölzerne Relikt aus einer Zeit, in der man sich noch mit Roß und Wagen abmühen mußte, angefüllt mit altem Zeug, das keiner mehr brauchte, weil es im Versandhauskatalog Neues, viel Schöneres gab. Außerdem war mit dem Stadel diese nostalgisch verklärte Bauwut vermutlich ohnedies auch schon wieder vorbei: Es fehlte an Geld, kaum einer wollte mithelfen, die Politiker betonten wärmstens ihr Wohlwollen und vermieden höflich konkrete Zusagen, Amtspersonen gingen widerwillig daran, sehr lange und nicht immer zielführende Amtswege zu beschreiten, und sogar Fachleute hatten ihre Zweifel. Aber es gab auch Menschen, die es wagten, den Traum vom neuen, alten Dorf mitzuträumen, die Idee von der Zusammenführung gefährdeten Kulturgutes mitzudenken. Dr. Werner Galler von der Kulturabteilung der Niederösterreichischen Landesregierung gehörte dazu, wie auch Univ.-Prof. Dr. Adalbert Klaar von der Technischen Universität Wien und – nicht zuletzt – der tapfere Vizebürgermeister von Niedersulz, Leopold Hemrich. An dieser Stelle sollte vielleicht noch eine Exkursion in das Denkgehäuse des Josef Geissler stattfinden: Dort haben nämlich nicht nur unvernünftige Träume Platz, sondern auch ein prächtig funktionierender, praxisorientierter Hausverstand und ein präziser Sinn für wissenschaftlich fundierte Arbeit. Noch bevor das Museum wuchs, mußten grundlegende Strukturen klar sein, die dem historischen Siedlungsbild eines Weinviertler Dorfes vor der Industrialisierung entsprachen. Jedes Bauwerk, das Teil des Dorfes werden sollte, wurde sorgsam vermessen und photographiert, hölzerne Bauteile wurden numeriert. Da Lehmmauerwerk nicht wieder verwendbar ist, wurde es im Museumsdorf mit grob verputzten und geweißten Ziegelwänden rekonstruiert. Dazu kamen die alten Holzdekken, Fenster, Türen, Dachstühle, Dachdeckungen und natürlich die Einrichtung, so vorhanden, andernfalls aber zeitgetreu ersetzt. So wuchs Niedersulz Haus für Haus, Detail um Detail, und heute steht ein Dorf am Bach, von dem man nicht glauben möchte, daß es aus vielen Dörfern besteht, aus dereinst sterbenden Häusern, abbruchreifen Objekten, über das ganze Weinviertel verstreut. Was hier mit profundem Wissen und sicherem Gespür für Harmonie aneinandergefügt wurde, ist längst zusammengewachsen, hat als Dorf zu leben begonnen: als Siedlung

Einladung zur besinnlichen Zeitreise: In der „Trettn", dem Säulengang eines Doppelhakenhofes aus Wildendürnbach, wird die Sehnsucht nach leiser Harmonie und menschlichen Dimensionen wach.

in der Mulde am Bachrand, die Höfe in geschlossener Bauweise, Dorfstraße, Dorfplatz, Hintausgasse und Kellergasse. Zwei Kapellen gibt es, einen Friedhof, eine Wassermühle, Kegelbahn und Tanzschuppen, einen sanft umflatterten Taubenkobel und vieles mehr. Die kleinen Hausgärten sind liebevoll gepflegt und Obstbäume tragen längst vergessene Sorten. Und dann: die Wirtshäuser. Eines, das um 1812 erstmals aufsperrte, kommt aus Poysdorf, ein finsteres, grimmiges und behagliches Refugium, in dem nichts fehlt, was der Mensch auf dem Lande so braucht: Greißlerei, Raiffeisenkasse und natürlich Küche und Gaststube. Für den unerschrockenen Wirt gibt es ein massives Schankgitter, sollte die Geselligkeit einmal zu tatkräftig ausfallen. Das zweite Wirtshaus, in dem es wirklich zu essen und zu trinken gibt, steckt in einem Jägerhaus aus Hohenau und hat zuweilen mehr – und glücklichere – Gäste als so manches Lokal in der Umgebung. Die tatkräftige Wirtin blickt ohne Wehmut auf ihre Vergangenheit als Besitzerin eines eleganten Kosmetiksalons in einem Wiener Nobelbezirk zurück und hat sich im Weinviertel eine friedliche Existenz inmitten von Hühnern, Enten und anderem Getier geschaffen. In den Häusern des Dorfes sind Geisslers Sammlungen zu finden: bemalte Möbel, sakrale Kultur, wunderschöne alte Holztüren, die Fahrzeug- und Schlittensammlung. Besonders dicht und intensiv ist die Atmosphäre aber in jenen Räumen, die ganz einfach vom Leben im Dorf erzählen, von der Arbeit der Weinbauern, der Handwerker, von den Amtsstunden des Bürgermeisters. Wohnstuben, Küchen und Schlafzimmer zeigen bescheidenes Behagen her, aber auch bedrückende Enge und ein illusionsloses Leben zwischen den Geboten der Kirche und den Gesetzen der Not. Doch überall ist der Mensch das Maß der Dinge, ist die dörfliche Welt um ihn herum gebaut. Es ist schön,

Ein Fenster erzählt von der kleinen Welt des Dorfes: von klarer Ordnung und karger Beengtheit, aber auch von bescheidenen Träumen und schöner Geborgenheit.

in die schattige Kühle der kleinen Häuser zu tauchen, behutsam stöbernd Innenwelten zu erfahren, und es macht Freude, ans Licht zu treten, sich von Sonnenwärme und dem Duft von Gras und Blüten einhüllen zu lassen. Irgendwo findet sich eine alte Holzbank an der weißgekalkten Mauer; die Stille macht Musik, Vergangenheit wird Gegenwart, und mit einemmal sind Uhren und Terminkalender nicht mehr wichtig. Dieses Dorf vermittelt keine romantisch verklärten Bilder. Eine versunkene Lebenswelt stellt sich dar, weckt Scheu und Sehnsucht. Darum ist Josef Geissler auch ganz und gar nicht glücklich, wenn mäßig interessierte Scharen von Autobustouristen vergeblich nach spektakulären Schaustücken suchen. Er mag es, wenn im Dorf musiziert wird, wenn es Dichterlesungen gibt, wenn Künstler ausstellen. Er selbst tritt eigentlich nie in den Vordergrund, weil er ohnedies immer da ist: mauernd, zimmernd oder über Bauplänen grübelnd. „Alles, was hier ist“, sagt er, „wäre nicht mehr, wenn es nicht hier wäre.“ In Wirklichkeit hat er das Dorf für sich geschaffen, seiner frommen Lust und seiner dunkelblauen Sehnsucht zuliebe. Doch weil er nicht so ist, läßt er auch andere an seiner leisen, unverschämt tiefen Freude teilhaben. Tagsüber wenigstens, von Frühjahr bis Herbst.

Er wohnt auch hier, nebst Hund, ziemlich spartanisch, kommt er doch ohnedies kaum zum Schlafen. Den Winter liebt er besonders. Da bleibt Zeit zum Restaurieren und Bücherlesen.

Im Frühjahr baut er dann wieder. Inzwischen ist es ja längst nicht mehr so, daß er lange nach geeigneten Objekten suchen müßte, sie werden ihm förmlich aufgedrängt. „Jedes Jahr“, sinniert er, „glaube ich, daß es bald einmal zuviel wird.“ Und? Wird es je zuviel?

„Ein Schloß hätte ich noch gern“, sagt er mit der edlen Maßlosigkeit eines bescheidenen Menschen.

VERWEHTE SPUREN

Der Michelberg auf dem Weg von Stockerau nach Niederhollabrunn ist in mehrfacher Hinsicht bemerkenswert: Mit seinen 409 Metern Höhe zählt er zu den Weinviertler Gipfelriesen, und an seiner waldigen Flanke verbirgt sich ein unheiliges Wirtshaus, ziemlich zufällig aus dem Boden gewachsen, geöffnet dann und wann, wenn die Sonne lacht oder ein Feiertag lockt. Dann riecht es nach Holzkohlenrauch, nach Wald, nach Knoblauch und nach Bier; freundlicher Leichtsinn liegt in der Luft, mit trägem Behagen ausgelebte Lust. Nicht weit davon drückt sich das völlig unbedeutende Denkmal eines verstorbenen Fuhrwerksunternehmers ins Gebüsch und auf den struppigen Wiesen, die gipfelwärts ansteigen, liegen weiße Steine mit kleinen, linsenförmigen Fossilien darin: Der Michelberg hat eine maritime Vergangenheit, er gehört zur Klippenzone. Noch etwas ist bemerkenswert: Gerade noch wahrnehmbare Wälle umrunden die Bergkuppe. Sie sind Reste einer Befestigungsanlage aus der Bronzezeit. Auch Keramik aus früheren Epochen wurde hier ausgegraben. Berge, die einen weiten Überblick ermöglichen, waren für die prähistorischen Weinviertler überlebensnotwendig, ganz abgesehen von der kultischen Bedeutung exponierter Erhebungen. Die stattliche Kapelle auf der Hügelkuppe steht folgerichtig mit großer Wahrscheinlichkeit an einem heiligen Ort der Heiden, und sie steht auf den Mauerresten der ersten Kirche des Dorfes Haselbach, die vermutlich schon im 9. Jahrhundert gebaut wurde. Im

18. Jahrhundert war das Gotteshaus auf der Hügelkuppe ein beliebtes Ziel für bergfreudige Wallfahrer. 1867, nach dem preußisch-österreichischen Krieg wurde die heutige Votivkapelle errichtet. Es ist still hier oben, nur der Wind pfeift sich eins. Wien liegt zum Greifen nahe und doch auf einem anderen Planeten. Der Blick geht weit ins Hügelland.

Die Leiser Berge versuchen wenigstens etwas erfolgreicher in den Himmel zu ragen als die Landschaft ringsum, und daher gibt es ja auch auf dem Buschberg, der mit 492 Meter Seehöhe höchsten Erhebung des Weinviertels, ein Gipfelkreuz, das allerdings nicht ganz oben stehen darf. Den Platz auf dem Gipfel beansprucht nämlich eine Radarstation des Flugleitdienstes. Aber der Buschberg hat eine Alpenvereinshütte, wie sie zünftiger nicht sein könnte. Der kleine Schauraum erlaubt sogar einen Blick in schwindelerregende Abgründe: Viertausend Meter tief liegt jener Glanzkohlenflöz, der irgendwann in grauer Vorzeit als Farnwald an der Oberfläche wucherte. Tone, Tegel und Sand sind darübergeschichtet, es folgen versteinerte Muschelschalen, Schnecken und Korallen. Auch auf dem Buschberg gibt es Erdwälle. Sie umschließen einen grasigen Kegelstumpf und dürften Reste einer mittelalterlichen Befestigungsanlage sein. Jede Erhebung, die in augenfälligem Widerspruch zum natürlich Rhythmus des Hügellandes steht, ist im Weinviertel eigentlich einen zweiten Blick wert. Erdbauten sind in erstaunlich großer Zahl gefunden worden, wenn man bedenkt, daß Wind und Wasser Jahrhunderte oder auch Jahrtausende Zeit hatten, diese Gebilde aus Löß und Schotter zu verändern und irgendwann verschwinden zu lassen. An die vierzig große Erdbauwerke glaubt man zu kennen, darunter Kreisgrabenanlagen aus der Jungsteinzeit: konzentrische Spitzgräben, manche mit über hundert Meter Durchmes-

Haselbach und der Michelberg: Eine sanft gewordene Meeresklippe, prähistorischer Siedlungsboden, heidnischer Kultort, Wallfahrtsziel und Wanderers Lustrevier.

ser und mit vier, annähernd nach den Himmelsrichtungen angeordneten Toren. Besonders schöne Anlagen hat man bei Immendorf, Glaubendorf, Bergau, Pranhartsberg, Friebritz und Puch gefunden. In Luftbildaufnahmen zeichnen sich solche Bauwerke wie Schatten im Gelände ab. Neuerdings gibt es auch künstlerische Überlegungen im Lande, diese verwehten Spuren nachzuzeichnen, sie als Botschaften einer unvorstellbar fernen Zeit wieder lesbar zu machen.

Die Kreisgrabenanlagen haben kultischen Charakter. Es gibt im Weinviertel aber auch eine urzeitliche Befestigungsanlage. Etwa auf halbem Wege zwischen Poysdorf und Schloß Poysbrunn in einem Waldgebiet gelegen, ist der „Schanzboden" nicht ganz leicht zu finden. Steht man aber erst einmal davor, ist die Anlage auf der Kuppe des Heidberges gut zu erkennen: ein großes Oval mit Wall und Graben. Ende der achtziger Jahre führte hier das Bundesdenkmalamt systematische Grabungen durch und fand gleich zwei befestigte Bauten: Die ältere von beiden bestand aus einem Hauptgraben in der Form eines abgerundeten Vieleckes, dem zwei Gräben vorgelagert waren. Diese Anlage erwies sich aber offensichtlich als Fehlkonstruktion: Die Gräben folgen dem abschüssigen Gelände und wurden bei Regenfällen zu Sturzbächen, die Schlamm ablagerten, der immer entfernt werden mußte. Irgendwann hatten die urzeitlichen Festungsbewohner die Räumungsarbeiten satt. Nach hundert, mag sein zweihundert Jahren wurde der alte Bau aufgegeben und die jüngere, noch heute gut erkennbare Anlage gebaut. Bei den Ausgrabungen wurden steinerne Flachbeile und Keile gefunden, Klingen, Bohrer und Pfeilspitzen aus Obsidian, aber auch Sichelmesser und Mahlsteine, also Hinweise auf den Getreideanbau. Die Bewohner dieser wehrhaften Siedlung waren übrigens große Rindfleischesser: Obwohl auch Knochen von Schafen, Ziegen und Schweinen gefunden wurden, dominiert das Rind mit fünfundneunzig Prozent. Neben einfacher Gebrauchskeramik waren auch kunstvoll gefertigte und schön bemalte Gefäße unter den Fundstücken, würfelförmige Tonleuchter, Tierplastiken und Idole in Menschengestalt. Sogar bemalter Wandputz wurde entdeckt: gehobene Wohnkultur der Jungsteinzeit. Andere Funde deuten darauf hin, daß diese uralte Verteidigungsanlage über Jahrtausende hinweg zumindest fallweise benutzt wurde. Der Name „Schanzboden“ könnte bedeuten, daß die entlegene Erdburg auch noch zur Zeit der Schwedengefahr Zuflucht bot. Die reiche Ausbeute der Grabungen ist übrigens im Museum für Urgeschichte in Asparn an der Zaya und im Poysdorfer Stadtmuseum zu bestaunen. Es gibt aber auch gänzlich Unerforschtes in dieser Gegend:

Achthundert Meter nördlich vom Schanzboden, auf dem Gipfel des Galgenberges, findet sich, dicht überwuchert, eine quadratische Anlage mit einem Graben und Resten von Wällen. Wälle und künstlich aufgeschüttete oder bearbeitete Hügel sind jedenfalls sogar für ungeschulte Augen zu erkennen. Doch auch diese markanten Akzente in der Landschaft sind nicht so einfach zu deuten, es sei denn, man macht es sich leicht wie jene deutschtümelnden Gemüter, die gegen Ende des 19. Jahrhunderts allerorten germanische Opferberge, noch schöner gesagt: Hagaldome, erblickten. Die Retzer hielten sich eher an die grimmen Feinde der holden Recken und entsannen sich einer Sage, die im „Gupferten Berg“ bei Unternalb das Grab des Hunnenkönigs Attila ortete. 1872 gründeten die hoffnungsfrohen Schatzgräber die „Niederösterreichische Gupferte-Berg-Untersuchungs-Aktiengesellschaft“. Die Spaten wurden gezückt, doch die Funde glänzten und gleißten mitnichten: Knochen, Holzbalken, Asche. Künstliche Hügel im Weinviertel können nämlich auch Grabhügel sein, sogenannte Leeberge oder Hausberge, also Verteidigungsanlagen mit einem „festen Haus“ obendrauf. Ein solcher Hausberg ist auch der „Gupferte Berg“, eben dereinst vom „Gupf“, einem kleinen Festungsbau, gekrönt. Diese „Wasenburg“ stand mit einem Gutshof und der Siedlung Ratoldsdorf in Verbindung. Nichts davon ist geblieben: Das Dorf wurde Ende des 14. Jahrhunderts verlassen, und die Hussiten zerstörten später den Hof.

Es gibt aber Hausberge im Weinviertel, die auch heute noch eindrucksvoll ihre wehrhafte Vergangenheit präsentieren. Eine der bedeutendsten Anlagen des Mittelalters ist in der Nähe des kleinen Dorfes Stronegg bei Mistelbach zu finden. Diese mächtige Erdburg ist aus einem Höhenrücken herausgearbeitet, Material wurde abgegraben

und angeschüttet. Ein Kegelstumpf und ein Pyramidenstumpf sind von Wall und Graben umschlossen; eine vorspringende Stufe könnte das Widerlager einer Holzbrükke gewesen sein. Der Hausberg von Stronegg wurde nie richtig erforscht. Ende des 19. Jahrhunderts gab es oberflächliche Grabungen, bei denen Holzbalken, Reste von Bauten, Kochgeschirr und Münzen aus der Babenbergerzeit gefunden wurden. Immerhin weiß man über das Ende des befestigten Berges Bescheid: 1444 wurde das „Gschloß Stranekg" erobert und zerstört.
Nicht weit davon, in Geiselberg bei Zistersdorf, ist ein weiterer, besonders eindrucksvoller mittelalterlicher Hausberg zu finden, der außerdem genauer erforscht wurde. Der Weg dorthin führt erfreulicherweise durch die Kellergasse. Fast könnte man meinen, in grauer Vorzeit hätte sich hier ein heidnisches Riesenkind Sandkastenspielen hingegeben: Ein sauberer Kegelstumpf in der Mitte, ringsum drei kreisrunde Wälle und Gräben. Die Wissenschaft weiß es natürlich wieder einmal besser: Von 1160 bis 1240 waren die Kuenringer Lehensherren über einen einfachen, stabilen Holzbau, umgeben von einem Graben und einem Wall. Diese Burg wurde zerstört und ihr folgte ein romanisches festes Haus, zweigeschossig und aus mächtigen Quadern errichtet. Außerdem gab es bereits drei Wälle und Gräben. Um 1400 entstand das feste Haus mit gotischen Bauelementen neu. In der Mitte des 16. Jahrhunderts verlor das Bauwerk an Bedeutung, das feste Haus wurde abgetragen, und dräuender Wehrhaftigkeit folgten heitere Weingärten. Übrigens hat dieser Hausberg auch noch ein beachtliches Innenleben: Vom Standort des festen Hauses führt ein Schacht etwa vier Meter in die Tiefe und mündet in eine kleine Kammer. Von dort aus führt ein Gang zu weiteren Kammern und Nischen, von denen wiederum Gänge ausgehen. Ob diese

Die Erdwallanlage von Geiselberg bei Zistersdorf: Ein urtümliches Bauwerk, seiner wehrhaften Pflicht entblößt, ist zur gestalteten Landschaft geworden.

unterirdischen Anlagen mit den Erdstallgängen, die man weiter außerhalb unter den Wällen gefunden hatte, in Verbindung standen, konnte wegen akuter Einsturzgefahr nicht mehr erforscht werden.

Bleibt noch eine kurze Reise nach Stillfried, dicht an der Grenze. Hier, an der alten Bernsteinstraße, in einer der ältesten Siedlungen des Weinviertels, entstand auf einem Plateau, das an drei Seiten von Tälern geschützt ist und an der vierten steil zur March abfällt, bereits in der Hallstattzeit eine Wallburg. In römischer Zeit wurde sie umgebaut und im Mittelalter abermals verändert. Bis heute beherrscht diese mächtige Anlage im Verein mit der weithin sichtbaren ehemaligen Wehrkirche den Ort. Der Hausberg von Stillfried ist der mitteilsamste von allen:

Ein urgeschichtlicher Wanderweg führt vom Museum aus durch die Anlage.
Hausberge schreiben ein faszinierendes Stück Weinviertler Geschichte und sind Teil dieser eigentümlichen Landschaft. Es gibt sehr viele, die meisten sind ziemlich unauffällig: oben abgeflachte Hügel, die irgendwie unmotiviert in der Gegend stehen, von hohem Gras bewachsen, weil sie für die Landwirtschaft meist uninteressant sind. Manche Hausberge sind zu Kalvarienbergen geworden, einige haben Kapellen aufgesetzt bekommen oder eine Kirche: Auf dem Kirchplatz von Ulrichskirchen zum Beispiel steht ein keltischer Opferstein, der dort gefunden wurde, und durch den Kirchberg, vormals Hausberg, ziehen sich Gänge und Kammern, die keltischen Ursprungs sein könnten. Der Hausberg von Drösing wiederum versteckt sich als Wasserburg zwischen Schilfrohr und Bäumen in einem Zayagraben und ist erstaunlich gut erhalten, weil das nasse Erdreich besser hält als trockener Löß. Gut möglich, daß es auch ein unterirdisches Gangsystem gibt, in besserem Zustand als anderswo. Doch bis heute blieb diese Burg von insistierendem Forschereifer unberührt.
Hügel, künstlich geschaffene oder natürlich gewordene, spielen im Weinviertel nun einmal seit jeher die Hauptrolle. Wer auf einer Hügelkuppe steht, hat die meist in Talsenken gelegenen Dörfer zu Füßen und ist dem Himmel ein bescheidenes, aber merkliches Stück näher. Auf Hügelkuppen stehen Bildstöcke, Kapellen oder auch Galgen; auf Weinviertler Hügelkuppen wurde den Göttern geopfert, Asyl gewährt oder Gericht gehalten.
Am Fuß der Leiser Berge steht außerhalb des kleinen Dorfes Grafensulz eine vom Friedhof umgebene Kirche auf ihrem Hügel und schaut auf sieben Linden, die seit Menschengedenken hier stehen. Man erzählt, hier sei

ein vorchristlicher Kultplatz gewesen, eine Thingstätte später und ein Ort, an dem Asyl gewährt wurde. Fest steht nur, daß die Gegend von Grafensulz schon in der Jungsteinzeit besiedelt war und daß der Pfarrhof zu jenen gehörte, die im Mittelalter Tag und Nacht Schutz vor Verfolgung bieten mußten. Es ist schon seltsam, daß ausgerechnet sieben Linden hier stehen und immer so nachgepflanzt wurden, daß es bei dieser Zahl blieb.

Über andere Hügel im Dienste der Gerechtigkeit, Galgenberge, weiß man besser Bescheid. Jener der Herrschaft Retz zum Beispiel, den auch das Stadtgericht benutzte, nachdem es höflich angefragt und dafür bezahlt hatte, liegt an der heutigen Straße nach Unterretzbach. Noch Ende des 17. Jahrhunderts genügte ein größerer Gelddiebstahl für den Tod durch den Strang. 1691, fünf Tage vor dem Weihnachtsfest, ging es dem Johann Franck an den Kragen. Die Urteilsverkündung fand im Rathaus statt. Der Stadtrichter Adler thronte auf seinem erhöhten Sitz, neben ihm hielt der Gerichtsdiener das Richtschwert, die Ratsherren standen in feierlichen Mänteln da, die Bürger trugen stolz Gewehr und Lunte. Der Stadtschreiber, schwarz gekleidet, mit Stock und Degen gegürtet, verlas das Urteil. Dann brach der Richter den Stab und warf ihn dem Verurteilten vor die Füße. Der Scharfrichter aus Eggenburg übernahm den Delinquenten, und feierlich zog man aus der Stadt: voran der Richter und einige Ratsherren hoch zu Pferde, dann, scharf bewacht und von zwei Priestern begleitet, der Übeltäter im Malefikantenwagen. „Hat sich gut zum Tod disponiert und ein exemplarisches Ende gefunden“ steht nachzulesen. Vom Retzer Galgen ist nichts mehr zu sehen, doch gab es in dieser energischen Zeit ja nicht nur eine Art, strafweise hinzuscheiden. Die Richtstätte für das Schwert befand sich knapp außerhalb der Stadtmauer vor dem Nalber Tor, dort, wo heute eine Tankstelle unseren sträflichen Drang nach Mobilität mit saftigen Geldstrafen ahndet. Daneben steht noch immer ein steinernes Kreuz mit einer erleichtert himmelwärts blickenden Gestalt: Hl. Dismas steht auf dem Sockel. Das ist natürlich eine fromme Übertreibung. Die schöne Gewißheit, daß dieser Schächer auf dem Berge Golgatha von Christus Verzeihung erlangt hatte, macht den armen Sünder noch lange nicht zum Heiligen.

Doch nicht nur Hügel wissen zu erzählen. Auch in den Talsenken, wo sich die Häuser ducken, gibt es halbverwehte Spuren aus alter Zeit. Wüstungen, öde, verlassene Dörfer gehören zum Wesen des Weinviertels. Im Mittelalter gab es hier weitaus mehr Siedlungen als heute. Doch gleichzeitig machten sich schon damals Umweltprobleme schmerzlich bemerkbar. Die Siedler hatten rücksichtslos und in großem Maßstab Wälder gerodet. In der Folge gingen die Quellschüttungen stark zurück und es gab Probleme bei der Wasserversorgung. Viele Dörfer wurden verlassen, weil sich Sand- und Schotterböden als wenig ertragreich erwiesen, andere, weil es häufig zu Überschwemmungen kam oder weil ein hoher Grundwasserspiegel für Sümpfe und saure Wiesen sorgte. Durchaus bekannt kommt uns heute auch jene Situation vor, die sich in den Ackerbaugebieten durch Ertragssteigerung im Getreideanbau und durch die Züchtung leistungsfähigerer Haustierrassen ergab: Das Überangebot bewirkte einen Preisverfall und die Siedler zogen in die Weingebiete, wo es noch keine Absatzprobleme gab. Auch kriegerische Ereignisse vertrieben Bauern für immer aus ihren Dörfern. Die Grundherren verloren mit einem Dorf natürlich auch eine Einnahmsquelle und waren bestrebt, neue Siedler anzuwerben. Gelang das nicht,

Dort, wo der lebendige Marktflecken St. Peter stand, dehnen sich heute Wiesen und Getreidefelder. Nur eine einsame Säule markiert ausgelöschte Vergangenheit.

versuchten sie eben das Land mit einem Gutshof selbst zu bewirtschaften oder legten Fischteiche an. So manches verlassene Dorf lebte wieder auf: Nexing, zum Beispiel, Reyersdorf und Streitdorf. Unglaublich viele Dörfer blieben aber für immer verlassen: 237 hat man bis heute gezählt. Dabei ist es gar nicht so einfach, Wüstungen zu orten, weil Lehmbauten in wenigen Jahrzehnten weitgehend spurlos in der Landschaft verschwinden. Urkunden, Urbare, Grundbücher und Pfarrchroniken sind hilfreich; mündliche Überlieferungen geben Hinweise, oft aber sind es nur unnatürliche, wenige Dezimeter hohe

Bodenwellen, die eine genauere Suche anregen. Auch Bildstöcke, Kapellen und Feldkreuze können auf öde Dörfer hindeuten. Bei Obersteinabrunn steht zum Beispiel der sogenannte „Pranger“ einsam inmitten weiter Felder: Hier war dereinst der lebhafte Marktort St.Peter. Im Dreißigjährigen Krieg wurde er zerstört und blieb für immer verlassen.

Das typische Beispiel für eine Sage mit wahrem Kern ist eine Geschichte, die vom versunkenen Dorf Heiligenberg westlich von Gaweinstal erzählt: Dorfrichter und Pfarrer waren befreundet und besuchten einander oft in ihren Häusern. Eines Tages gab es aber Streit, und der Pfarrer verkündete erbost, daß er nie wieder ins Bürgermeisterhaus kommen wolle. Das Ortsoberhaupt lächelte vieldeutig, wie das bei Politikern eben so ist, und viele Wochen lang gingen die beiden Dorfhonoratioren einander tunlichst aus dem Weg. Eines Tages kam aber ein aufgeregter Bursche ins Pfarrhaus gelaufen und berichtete, daß die Frau des Bürgermeisters im Sterben läge. Der Pfarrer warf einen anklagenden Blick nach oben, fügte sich dann aber in die Pflicht seines Amtes und eilte, begleitet von vielen Dorfleuten, ins Bürgermeisterhaus. Dort schlug er die Bettdecke zurück und sah zu seinem blanken Entsetzen nicht die Bürgermeisterin, sondern eine frisch geschlachtete Sau vor sich liegen. „Na denn“, hörte er den Bürgermeister hohntriefend sagen, „seid Ihr also doch in mein Haus gekommen!“ Das war auch für einen frommen Mann zuviel. Wortlos winkte der Pfarrer seinen Begleitern, ihm zu folgen, und eilte in seine Kirche, die auf einem Hügel lag. Dort verfluchte er den Bürgermeister, dessen Haus und auch gleich das ganze Dorf, weil er schon einmal dabei war. Eine schreckliche Flutwelle schwappte alsbald über die Dächer; das Dorf und sein gottloses Oberhaupt versanken in den Fluten, und nur

eine einzige Häuserzeile blieb übrig – das heutige Streifing.
Die geheimnisvolle Kirche auf dem Hügel gibt es als die dem hl. Lambert geweihte Wallfahrtskirche auf dem „Heiligen Berg" noch heute. Im Tal gab es einen ansehnlichen Teich und eine Wasserburg aus dem 13. Jahrhundert. Fünf Jahrhunderte später berichten Urkunden noch von der „öden Veste zu Heiligenberg" , die in einem Teich gelegen war. Zur Festung gehörte ein Dorf am Fuß des Kirchberges, eben Heiligenberg. Noch vor hundert Jahren existierte jene Mühle, die am oberen Teichrand durch aufgestautes Wasser betrieben wurde. Ein Dammbruch, eine Überschwemmung nach andauernden Regenfällen . . . das sagenhafte Verwinden von Heiligenberg ist jedenfalls nicht gänzlich aus der Luft gegriffen.
Trockener und konkreter liest sich die Geschichte einer anderen Wüstung: Wilratz lag westlich von Ulrichskirchen auf halbem Weg zwischen Schleinbach und Manhartsbrunn etwas erhöht am Abhang des Mühlratzberges. Schon im 12. Jahrhundert wird dieses Dorf erwähnt: zwei Häuserzeilen von etwa vierhundert Metern Länge. Ziemlich nahe gab es einen heute dicht bewachsenen Steinbruch, dem man die romantische Bezeichnung „Schlucht im Teufelspredigtstuhl" gegeben hat. Die Gewinnung von Bruchsteinen für Kirchen und Wehrbauten der Umgebung war also neben der Landwirtschaft eine wichtige Einkommensquelle für das Dorf. Trotzdem wurde es um 1500 verlassen. Viele Fundstücke deuten darauf hin, daß Wilratz durch Feuer vernichtet wurde. Überdies zogen um diese Zeit die Söldnerscharen Georg Podiebrads auf ihrem Rückweg von Wien nach Prag sengend und plündernd durch das Weinviertel. Wilratz dürfte demnach ein gewaltsames Ende gefunden haben, und ein Wiederaufbau des Dorfes lohnte sich nicht, weil es auf

dem trockenen Berghang ohnedies schon geraume Zeit Wasserprobleme gegeben hatte. Dennoch lebt das Dorf weiter. Seine Einwohner kamen im nahen Obersdorf unter, und ihre Namen verraten deren Herkunft: Mülrader, Wilrader . . .

ALTER BRAUCH UND NEUE WEINKULTUR

In jeder Kellergasse gibt es sie, auch wenn sie allmählich wegsterben und kaum was Gescheites nachwächst: die Köllamona, die Kellermänner. Sie reden nicht mehr viel, einmal, weil sie sich an das Schweigen gewöhnt haben, und dann, weil ohnedies keiner etwas von ihnen hören will, die Jungen schon gar nicht. Doch manchmal, im Preßhaus oder im Keller, wenn die Runde stimmt und der Wein was taugt, fangen sie ja doch an zu erzählen, wie das früher war. Wein im Hauskeller hat es damals nicht gegeben, keinen Tropfen. Der Wein war zum Verkaufen da und nur der viel zu kleine Rest für das eigene Vergnügen. Da hieß es eben sparen, und das fällt schwer, wenn die Flasche so bequem in Griffweite liegt. Wer trinken wollte, griff eben zum Kellerzöger, einer kleinen Tragtasche aus Leder oder geflochtenem Stroh, und machte sich auf den Weg in die Kellergasse, zu Fuß, auf dem Fahrrad oder mit dem Roß. Damals war man nie allein bei den Preßhäusern, Männer aus dem Dorf waren immer anzutreffen, und dann gab es eben irgend etwas Bedeutendes zu bereden und zu betrinken: Ist doch ganz gut, wenn einmal die Frauen nicht zuhören. Den guten Wein, den „Guiden", hat es aber nur zu besseren Anlässen gegeben, so für jeden Tag mußte es der „Haustrunk" tun, aus der ein zweites Mal gepreßten, mit Wasser versetzten Maische. Trotz aller Sparsamkeit war nie genug Wein da. Weil es aber wenigstens am Kirtag, im Spätsommer, noch einmal ordentlich zu trinken geben mußte, wurde eben ein Fäßchen versiegelt und einer Respektsperson anvertraut, dem Lehrer, dem Bürgermeister oder dem Pfarrer, wenn letzterer nicht zur strengen Sorte zählte und Verständnis für einen durstigen Menschen hatte. Außerdem gehörten das Kirchenjahr und das bäuerliche Leben früher ganz selbstverständlich zusammen. Einmal, vor dem Fronleichnamsfest, kamen zum Beispiel vier Bauern, die dazu auserkoren waren, anderntags den Himmel zu tragen, nach ein paar Gläsern im Preßhaus auf die löbliche Idee, ihr gottgefälliges Amt doch gleich einmal zu üben. Ein großer hölzerner Bottich mußte als Himmel herhalten, und ein ziemlich schmächtiger Bauer spielte den Pfarrer. So wankte der Zug feierlich durch die Kellergasse, und nach einer Weile wurde den Trägern der Bottich zu schwer. Sie stellten ihn ab, und dummerweise dachten sie nicht mehr an den, der sich darunter befand ... Recht gerne störte man auch die allzu mächtige Allianz zwischen Lehrer und Pfarrer. Der Schulmeister wurde schon am Samstagabend in die Kellergasse gebeten und im Keller so liebevoll bewirtet, daß es leicht war, ihn am Sonntagmorgen bei den Fässern allein zu lassen und das Preßhaus von außen zuzusperren. Die Messe fand dann zwar mit freudigem Chorgesang, doch ohne Orgelbegleitung statt. Jedenfalls war die Kellergasse eine Männerwelt; diesen lobenswerten Brauch hielt man viel strenger ein als heute und jedes wichtige Ereignis im Leben eines Mannes war irgendwie mit Wein verbunden: Mit der Überreichung des Kellerschlüssels wurde ein Bursch erwachsen, und wenn er dann heiratete, wurden diese massiven Sperrwerkzeuge auch einmal zum Böllerschießen verwendet. Natürlich mußte sich der Hochzeiter aus dem Kreis der ledigen Burschen loskaufen: mit nicht zu wenig Wein, für den es, je nach Gegend, verschiedene Be-

Der Köllamo, der Kellermann, der Zeremonienmeister des Weines im vollen Ornat mit dem Insignium seiner Würden: dem Tupfer.

Groß war der Durst und knapp war der Wein: Wer Durst hatte, mußte zu einer enttäuschend kleinen Tragtasche, dem Kellerzöger, greifen und sich zum Preßhaus begeben.

zeichnungen gab: Stupfwein, Stichwein, Hozatwein, Jungfernwein, Gebührwein, Sechterlaustringa, und so weiter. Wollte einer, der aus einem anderen Dorf kam, sein Glück bei einem Mädchen versuchen, wurde er entweder ohne viel zu fragen gleich verprügelt oder er bekam wenigstens die Möglichkeit, sich durch eine großzügige Weinspende schmerzliche Tätlichkeiten zu ersparen. War er womöglich auch noch erfolgreich und es kam zur Hochzeit, ließ man ihn mit seiner Braut erst recht nicht ohne

Dörfliche Amtspersonen am Dienstort: 1926 posierten diese Weingartenhüter aus Auersthal mit der verschmitzten Würde ihres Standes.

Buße aus dem Dorf ziehen. Von ihrem neuen Leidensgenossen forderten dann die verheirateten Männer seines Dorfes gebieterisch flüssigen Tribut.
Der heilige Martin, an sich mit dem nicht wirklich sinnvollen Zerschneiden seines Mantels in Verbindung gebracht, ist auch ein Weinheiliger, weil es zu seinem Geburtstag endlich erlaubt ist, das noch trübe Naß beim Namen zu nennen, und „Prost" sagen darf man dann auch. Das „Martiniloben" gibt es noch heute in den Kellern, doch sonst ist vom alten Brauchtum nicht viel geblieben. Den edlen Berufsstand der Hüter, der „Weingarthiata", gibt es ja schon lange nicht mehr: Mit einer Stockaxt, dem „Hüatahackl", und einem Schlagstrick, der „Goaßl", mehr dekoriert als bewaffnet, bewachten sie die reifen Trauben bis zur Lese und wurden ihrerseits von Leuten aus dem Dorf, den „Bürgen", kontrolliert. So

streng und zeremoniell ist es dabei zugegangen, daß man anschließend unbedingt etwas trinken mußte.
Als Teil des Alltagslebens spielt das Brauchtum rund um den Wein kaum noch eine Rolle, aber seit einigen Jahren besinnt man sich ja doch wieder darauf, weil es Gäste aus der Stadt anlockt, allesamt potentielle Weinkunden. Ein besonders erfolgreiches Beispiel dafür ist der wiederbelebte „Hüatagang“ in Haugsdorf. Es ist ja auch gar nichts dagegen zu sagen: Wenn eine solche Veranstaltung dazu beiträgt, Verständnis und Sympathie für das Weinviertel und die Kellergassen zu erwecken, ist das für alle Beteiligten gut. Die Besucher erfahren Wein einmal nicht als seelenloses Massenprodukt, sondern als kostbares Geschenk einer ganz besonderen Kulturlandschaft, und die Weinbauern bemerken, oft zum eigenen Erstaunen, wie sehr ihr Leben, ihr Brauchtum, ihre Arbeit, ihr Wein zu interessieren und zu faszinieren vermögen. Bescheidenheit ist im Weinviertel nämlich vielfach keine Tugend, sondern eine Schwäche. Die weitaus größte Weinbauregion Österreichs versteht es noch immer viel zu gut, sich klein zu machen. Allein die 720 Hektar Anbaufläche des Dorfes Herrnbaumgarten machen mehr aus als alle Weinbaugebiete Wiens, im Bezirk der Stadtgemeinde Poysdorf reift mehr Wein als in der gesamten Wachau, Retz und Poysdorf gemeinsam liefern weit über achtzig Prozent aller Sektgrundweine Österreichs. 16.263 Hektar Anbaufläche machen das Weinviertel zu einem starken, verläßlichen Partner für Großkunden: Das sichert eine unangefochtene Spitzenposition im Export. Anderseits hat aber auch der Vorwurf, die Produktion billiger Massenweine stehe im Vordergrund, längst keine Berechtigung mehr. Seit Jahren werden Lagen, die unbefriedigende Qualitäten bringen, stillgelegt. Selektiver Anbau, qualitätsorientierter Schnitt und kenntnisreiche Kellerarbeit nützen

endlich die vorhandenen Möglichkeiten. Nach wie vor dominieren die Sorten Grüner Veltiner, Welschriesling und Blauer Portugieser, doch inzwischen hat das Weinviertel auch schon mit Rheinriesling und Weißburgunder bei Verkostungen Bundessieger gestellt. Für Weinkenner, die es vorziehen, ihre eigenen Erfahrungen und Entdekkungen zu machen, statt gehorsam nickend und widerspruchslos bezahlend professionellen Vorkostern hintendreinzuschlürfen, sind die Kellergassen des Weinviertels ein unendlich vielfältiges und im Sinne des Wortes zutiefst erfreuliches Reich der Sinne. Das Weinviertel hat seinen energischen Qualitätssprung später getan als andere Weinbaugebiete, das zähmt die Eitelkeit auch erfolgreicher Weinbauern, hält die Preise in vernünftigen Grenzen und entspannt ganz allgemein die Atmosphäre: Hier geht es beim Kosten und Kaufen nicht um die Audienz bei einer kelternden Modeerscheinung, sondern um gute Gespräche, um eine schöne Zeit im Keller, um die behagliche, sensible und genußreiche Auseinandersetzung mit einen Mysterium namens Wein.
In Herrnbaumgarten hat dieser vinophile Dialog übrigens noch eine weitere Dimension. Dafür sorgt Gottfried Umschaid als Weinbauer, Heurigenwirt und Kunstvermittler, gemeinsam mit dem zu Recht des kreativen Unernstes verdächtigten „Verein zur Verwertung von Gedankenüberschüssen“. Wer einen tragbaren Zebrastreifen oder eine Gehschule für Germteig sucht, wird im „Nonseum“ fündig werden. Die Galerie „'s Preßhaus“ bringt Kunst und Wein mit erstaunlicher Leichtigkeit zusammen, und Jahr für Jahr gibt es noch ein besonderes Ereignis: ein Vierundzwanzig-Stunden-Weinbergschnecken-Rennen zum Beispiel oder ein Fünf-Milliarden-Sterne-Etablissement namens „Hotel Himmelbett“.
Natürlich ist auch das Weinviertel keine Insel der Weinse-

ligen. Geschichtlich bedingt, sind viele Betriebe extrem klein und können oft nur noch im Nebenerwerb bewirtschaftet werden. Der allgemeine Preisverfall bei Faßwein trifft viele Weinbauern besonders hart. Noch in den fünfziger Jahren konnten sie mit dem Preis eines Doppelliters den halben Tageslohn eines Hilfsarbeiters bezahlen. Ein 30er Steyr Traktor war um 30 Eimer – also circa 2000 Liter – Wein zu haben. Ein Weinbauer, der auf die gefährliche Idee käme, heute seine Arbeitszeit auch nur mit einem lächerlich geringen Stundenlohn zu kalkulieren, müßte an sich und seinem Beruf schier verzweifeln. So ist es aber nicht, gottlob: Es herrscht Aufbruchsstimmung, vorsichtiger Optimismus.

Und wie wird es mit den Kellergassen weitergehen? Vielleicht haben jene recht, die meinen, nur wirklich große Betriebe hätten Zukunft, und zwar solche, die ihren Wein unter perfekten Bedingungen, mit modernster Technik exakt kontrolliert ausbauen – und das ist in einer klimatisierten Halle besser möglich als im Keller. Dann wären also Keller und Preßhäuser irgendwann schöne, aber nutzlose Relikte einer unrationellen Vergangenheit, bestenfalls als eine Art Disneyland des Weinbaus zu verwerten. Doch auch das Gegenteil ist denkbar: Das normale Geschäft mag wo und wie man will erledigt werden, doch die Kellergasse bekommt ihr altes Geheimnis wieder, wird zum magischen Ort der Begegnung von Mensch und Wein. Im Keller liegen die ganz besonderen, die raren hölzernen Fässer, von denen nicht jeder zu kosten bekommt, lagern jene Flaschen, die nie in Verkaufsregalen liegen werden. Wird ein Gast in Preßhaus und Keller geladen, darf er stolz darauf sein. Wenn die Kellergassen ihre vertrauten Gesichter bewahren, es sogar gelingt, ein paar besonders häßliche Pickel wegzubekommen, könnten sie zu schönen Bühnen für das Selbstverständnis des Weinlandes werden. Kellergassen für freundliche Begegnungen, für Feste aller Art, den Gästen zur Freude und den Einheimischen vielleicht irgendwann so vertraut, daß fast schon wieder Brauchtum daraus geworden ist.

DORFGESCHICHTEN

Die Straßendörfer des Weinviertels waren nie vordergründig schön: Gruppen von schlichten Zweckbauten eben, zwei dichtgedrängte Häuserreihen und eine Kirche. Doch schon auf den zweiten Blick berührt die angemessene Dimension, überzeugt das Dorf als Spiegelbild des Lebens seiner Bewohner, fallen schöne Holztore und liebenswerte Details auf. Die Angerdörfer schauen natürlich weniger verschlossen drein, auch wenn der Anger vielfach seine Funktion verloren hat: Im Mittelalter war er Gerichtsplatz, Marktplatz und Tanzplatz, später ganz einfach ein Ort des öffentlichen Lebens der Dorfgemeinschaft. Seit diese Gemeinschaft mehr und mehr zerflattert, sind die Anger weitgehend ungenützt, im günstigsten Fall von den kleinen Vorgärten der Häuser gesäumt. Es gibt natürlich auch Ausnahmen, darunter eine ziemlich absonderliche, nämlich Hanfthal, ein Kreisangerdorf in der Nähe von Laa an der Thaya. An der Stelle des Angers könnte es einmal einen runden Dorfteich gegeben haben. Später jedenfalls füllten große Vorgärten die Dorfmitte aus. Eines Tages waren die Hanfthaler offensichtlich der Gärtnerei überdrüssig geworden und sie legten einen Fußballplatz in der Dorfmitte an. So kommt es, daß dieser Anger ein lebendiges Dorfzentrum geblieben ist: Statt fernzusehen, öffnet man einfach das Fenster und feuert den FC Hanfthal an.

Ein reges Dorfleben auf dem Anger, vor dem Wirtshaus und in der Kellergasse gab auch jedem Dorf seinen un-

Obritz, ein Straßendorf wie viele andere auch: Am teuren Pflaster wird gespart, und die schmalen Häuserfronten stehen dicht an dicht zwischen den Obrigkeiten Kirche und Kasse.

verwechselbaren Charakter, der schon den Besucher aus dem Nachbardorf zum Fremden machte. „Kennen wir ihn? Nein? Dann hauen wir ihn“ war häufig die nicht allzu liebevolle Devise. Auch Spottnamen, die Dörfern verliehen wurden, deuten auf eine vergnügt ausgelebte Rivalität hin: Im Pulkautal wurden die Obritzer zum Beispiel „Sterzfresser“ genannt, die Alberndorfer, offenbar wenig kommunikativ, „Tan-net-mit“, die Watzelsdorfer „Bo(ch)-schwatzer“, die Hadreser, noch ein wenig deutlicher, „Bittl-Scheißer“, und die damals nicht eben bescheiden auftretenden Bauern aus Platt bekamen den kosmischen Ehrentitel „Weltachs-Schmierer“.

Die geschlossene Bauform vieler Weinviertler Dörfer weist auf deren planmäßige Gründung durch die Herrschaft hin, ist aber auch Ausdruck nützlicher Geborgenheit in enger Nachbarschaft, verbunden mit einiger Sicherheit gegenüber Bedrohungen von außen. Der Dorfbe-

reich war klar abgegrenzt: von einem „gemerck", dem Dorfgraben, zum anderen und von einem „faltar", dem Falltor, zum anderen. Es gab also nur zwei Zugänge, und diese wurde bei Anbruch der Dunkelheit geschlossen. Manchmal hatte ein Dorf sogar, wie zum Beispiel Hörersdorf, zwei Tore hintereinander, doch es gab sie nicht gratis: Für derlei aufwendige Sicherheitseinrichtungen kassierte die Herrschaft einen Metzen Hafer und eine gemästete Gans. Zu den Feldern hin, also hintaus, mußten die Häuser gut abgeschlossen sein und waren überdies durch „Friedgräben", Zäune und Sträucher geschützt. Entdeckte der Richter bei der Beschau ein „Stiegl", einen Steig, der verbotenerweise über den Graben ins Haus führte, benutzte er ihn auch gleich, trat von hinten ein, nahm 12 Pfennig Bußgeld und ging vorne wieder hinaus. Das Privatleben reichte bis zum „Dachtropfen". Im öffentlichen Bereich galt es für die Nachbarn „mitzuleiden in Weg und Steg". Wer sich drückte, wurde zur Kasse gebeten. In Herrnleis zum Beispiel wurde vor dem Hof ein Stock eingeschlagen, und sooft der Bauer das Haus verließ, waren 32 Pfund Pfennig Strafe fällig. Es war verboten, Lauge, Unflat, Asche und Federn auf die Straße zu schütten oder gar Aas einfach vor die Haustür zu werfen. Schmutz gab es auch so genug auf der lehmigen Straße, die meist noch von einem stinkenden Rinnsal durchflossen wurde. Das samstägliche Sauberhalten der Gehsteige durch die Hausbewohner hat sich übrigens bis heute erhalten, obwohl natürlich irgendwelche Zugezogene herzlich wenig davon wissen wollen.
Einen besonderen Wert für das Dorf stellte der Gemeindebrunnen dar. Das Waschen von Wäsche und ganz besonders von Windeln war dort verboten, Vieh durfte nicht am Dorfbrunnen getränkt werden, sogar Kindern war es verwehrt, Wasser zu holen, weil sie, ungeschickt

oder auch verspielt, Gegenstände in den Brunnen fallen ließen. Mit einem trüben Dorfbach konnte man leben, ein Brunnen, der krank machte, war eine Katastrophe. Die Wasserrinnen im Dorf wurden immerhin regelmäßig ausgeräumt und mußten auch sonst funktionsfähig bleiben.
Für das Halten von Tieren gab es in den Dörfern unterschiedliche Vorschriften. In Grafensulz waren zum Beispiel Gänse auf offener Straße verboten. Man erschlug sie kurzerhand und legte das entseelte Federvieh auf die Türschwelle des Besitzers, der auch noch Strafe zahlen mußte. Auch in Staatz waren die Gänse vogelfrei, in Wolfpassing wurden hingegen die Tauben der öffentlichen Verfolgung preisgegeben. Dafür aber standen Bienen unter geradezu barbarischem Schutz: Wer honiglüstern einen Stock aufbrach, dem sollte man den Leib öffnen und die Eingeweide an den Stock heften, um den der Unglückselige so lange herumzuführen war, wie das Gedärm reichte. Humorige Schlußbemerkung im Gesetzestext: „kumbt er darnach davon, raicht im zu gueten“.
Alle diese Regeln, ob vernünftig, ob skurril oder unnötig grausam, zielten darauf ab, das Funktionieren der lebensnotwendigen Dorfgemeinschaft zu fördern. Nachbarschaftshilfe war in einer solchen Kleingesellschaft selbstverständlich, doch nicht aus romantisch verbrämter Gutherzigkeit: Niemand im Dorf war so reich und mächtig, daß er nicht irgendwann auch selbst Hilfe gebraucht hätte. Wer half, leistete eben seinen Beitrag in der Gemeinschaft, so wie das heute Versicherungsnehmer in barer Münze tun. Armen in der Nachbarschaft wurde gegeben, Kranke bekamen ihre Suppe, Mütter, die eben entbunden hatten, wurden nicht allein gelassen, sogar Bettler wies man nicht von der Tür. Doch auch von außen kam Hilfe: Pfarrer, wohlhabende Stadtbewohner oder auch Grund-

herren nützten in ihren Testamenten die letzte Gelegenheit, auch mit dem Himmel ins reine zu kommen, und bedachten Arme mit Legaten. So nebenbei angemerkt: Es gab auch arme Grundherren. Sebastian II. Höhenperger, Herr auf Poysbrunn, starb zum Beispiel 1574 hochverschuldet. Aber er bewies Stil: Zwei Stück Tuch blieben ja doch für mildtätige Zwecke übrig.
Die Tradition der Alters- und Siechenheime reicht weit ins Mittelalter zurück. In Falkenstein steht noch heute am östlichen Ortsausgang das Gebäude eines schon 1380 erwähnten Spitals, das aus einem aufgelassenen Kloster hervorgegangen sein dürfte.
Die staatliche Fürsorge kam erst gegen Ende des 19. Jahrhunderts auf. Doch der umtriebige Kaiser Joseph II. hatte schon 1783 mit der Einrichtung von Pfarr-Armen-Instituten wenigstens für die straffe Organisation christlicher Nächstenliebe gesorgt: Der Pfarrer, der Ortsrichter, ein Armenvater und der Grundherr trugen gemeinsam die Verantwortung dafür. Geld und Naturalien wurden mit Legaten, öffentlichen Haussammlungen, Strafgeldern des herrschaftlichen Gerichtes und kirchlichen Sammlungen aufgebracht. An die hundert Jahre funktionierte diese Einrichtung recht gut, dann wurde ihr Vermögen an die Gemeinden übergeben, die ihrerseits durch ein Landesgesetz zur Armenpflege entlastet wurden. Das entsprach auch der sozialen Wirklichkeit: Die Dorfgemeinschaft begann sich im beginnenden Zeitalter der Industrie aufzulösen. Arbeitslose Landarbeiter und verarmte Bauern waren eine rasch wachsende Gruppe von Hilfsbedürftigen, für die der Staat Verantwortung übernehmen mußte. Doch zu allen Zeiten gab es Bedrohungen, denen auch intakte Dörfer hilflos gegenüberstanden: Kriege und Seuchen. In den Jahren 1712 bis 1715 versetzte ein letztesmal die Pest das Weinviertel in Angst und Schrecken.

Nach den deprimierenden Erfahrungen vorangegangener Epidemien hatte der „Nieder-Oesterreichische Gesundheits-Rath“ eine Druckschrift verteilt, in der „Bewahrungs-, Hülf- und Rettungs-Mittel“ angeführt wurden. Für die Pestpriester gab es kirchliche Vorschriften. Sie wohnten und aßen von den Gesunden getrennt. Außerdem möge der Gottesmann „sich selbsten vor allen bei solch gefährlicher Zeit mit Gott versöhnen und nicht allein bei seiner Seel, sondern auch auf den Leib gute Obsicht haben“. Ein schwacher Trost für solche Priester war der Umstand, daß damals Rauch in jeglicher Form für ein probates Mittel gegen die angeblich ansteckende Frischluft gehalten wurde. In den Pesthäusern qualmten demnach auf dem offenen Herd Schwefel, Lorbeer, Salbei, Wacholderbeeren und andere „Stink“-Mittel, und der Pfarrer qualmte nicht minder. Die „Bewahrungs-, Hülf- und Rettungs-Mittel“ empfahlen: „Den Toback mag er rauchen und selben in dem Mund wie auch Salvey zerbeißen.“ Heimgekehrt, „soll er sich und seine Kleider wohl ausräuchern“. Überlebte ein Pfarrer die Pest, konnte es also durchaus geschehen, daß er sich dem Tabakgenuß nunmehr zu seinem Vergnügen hingab. In den meisten Fällen ging es aber nicht ums rauchumwölkte Überleben, sondern um ein erschreckendes Ende. „Wenn eine Person an dieser Kranckheit verscheidet / muß der Leichnahm nicht angekleidet / sondern nur mit einem Leylach bedecket / in einer von dünnen Brettern leichtverwesenden Sarch / oder besser ohne Sarch nur auf einem Bret getragen / mit ungelöschtem Kalch wol bestreuet / nicht in gemeine Freythöf / sondern entferntere Oerter / tieffer als gewöhnlich / so viel möglich / nächtlicher Weile bald begraben werden.“ Siechenknechte erledigten die schaurige Arbeit und wurden dafür auch noch gesellschaftlich geächtet; sogar Teufelskünste und die mutwillige

Verbreitung der Pest traute man ihnen zu. Konnten keine verachteten Helfer gefunden werden, mußten die Dorfleute anpacken, versehen mit dem Rat, die Pestleichen mit langen Haken zur Grube zu schleifen. Geschah auch das nicht, blieben die Toten liegen. Verzweifelte Angst und panisches Entsetzen ließen das tradierte Band der Zusammengehörigkeit rasch zerreißen. In Wien und in Niederösterreich starben damals achttausend Menschen. Als dann nach glücklich überstandener Gefahr Pestsäulen und andere Kleindenkmäler errichtet wurden, war es schon wieder leichter, seinen Nächsten zu lieben.

Rasch war jene dunkle Zeit vergessen, in der selbst die Mächte des Himmels nicht zu helfen vermochten – oder nicht helfen wollten. Sobald Krankheit nicht mehr den unausweichlichen Tod bedeutete, war es auch wieder schön, an Wunder zu glauben. Da gab es zum Beispiel am Kirchberg von Mistelbach die Kapelle „Maria in den Kruften". Den Namen bekam sie von einer Statue der Schmerzhaften Muttergottes, die zuvor im Karner – den Kruften – aufgestellt gewesen war. Ihre Wunderkraft erwies sich Mitte des 18. Jahrhunderts, als eine fromme, aber etwas einfältige Hauersfrau beim Anblick der schäbig bekleideten Mutter Maria den Gedanken faßte, ihr ein hübsches Gewand zu nähen. Vorerst hatte sie allerdings andere Sorgen: Ihre jüngste Tochter verlor allmählich das Augenlicht. Ein frommer Freund wußte Rat: Sie sollte das Kind „an einen Gnadenort verloben". Am 1. April 1750 ging sie zur Weingartenarbeit, war aber im Gedanken bei ihrem Kind: Sinnend schaute sie in die Richtung von Felling bei Staatz, spürte aber bald, daß ihr der Kopf von unsichtbaren Händen weggedreht wurde. Sie versuchte es mit Oberleis, mußte aber den Blick erneut abwenden. Nachdem es ihr also verwehrt war, ihr Kind wenigstens in der Nähe zu behalten, schaute sie tapfer gen Mariazell, doch schon wieder wurde ihr der Kopf zurechtgerückt. Jetzt war sie zu allem entschlossen, auch dazu, ihr Kind nach Ungarn, nach Maria Schoßberg, aufzuopfern. Nichts da: Schon wieder mußte sie den Kopf wenden und hörte gleichzeitig ein liebliches, wenn auch etwas ungeduldiges Seufzen. Kurz darauf sah sie Maria vor sich, samt ihrem zerrissenen Kleid. Endlich begriff sie das bescheidene Wollen der Gottesmutter, und noch während sie ein neues Kleid schneiderte, aus blauem Zeug und teuren Spitzen, schaute das Töchterlein schon hell und vergnügt. All das steht in einem Mirakelbuch vermerkt, das auch getreulich notiert, was seitdem an Wundern geschah. Doch nicht nur Wundergläubige läßt dieser Bericht tief blicken, er gibt auch ein Abbild der bäuerlichen Alltagskümmernisse dieser Zeit. Ein paar Beispiele: „Herrn Sebastian Frivitzers große Tochter bekennt, daß sie nach versprochenem Opfer vom Zahnweh befreit war." „Magdalena Fibigin dankt der Schmerzhaften Mutter Gottes, daß sie durch ihre Fürbitte von einer großen Geschwulst und Dippeln über Nacht geheilt wurde und ihre Arbeit verrichten konnte." „Eva Nusin hatte einen üblen und ungesunden Kopf. Sie genas alsogleich, nachdem ihre Eltern in die Kruften gegangen waren." „Die Stögerin hatte einen Frischling, der weder aus dem Stall gehen noch fressen wollte. Als sie nach verrichtetem Gebet nach Hause kam, fraß schon der Frischling und rannte gesund im Hofe herum." „Josef Augustin von Hüttendorf sagt aus, daß sein Söhnlein, das fünf Jahre alt ist, sich beim Mittagessen unversehens eine Gabel unter der Hand in das nackte Ärmlein hineinstieß, daß diese oben wieder heraussah. Die Eltern verlobten durch diesen Schreck das Kind in die Kruften nach Mistelbach mit einem Opfer, worauf ihr Knäblein sich selbst die Gabel herauszog, ohne daß ein Tropfen Blut floß oder das Kind einen Schmerz, noch weniger einen Schaden erlitten hätte." Mit den Jahren ließen die Wunder ein wenig auf sich warten, und für 1767 ist nur noch eines vermerkt. Es wurde still um die kleine Kapelle, und 1784 ließ sie Joseph II. aufgeklärt und herzlos abtragen.

Ein ganz anderes, durchwegs nicht mirakulöses Kapitel Weinviertler Dorfgeschichte schreibt das Schulwesen. Von ersten Anfängen abgesehen, wie jener Schule in Laa, deren Schulmeister schon 1260 eine Sammlung fingierter Briefe historischen Inhaltes verfaßte, gehörte Schulbildung im Weinviertel erst im 18. Jahrhundert zum Alltag: Pfarren oder Gutsherrschaften richteten vereinzelt Schulen ein. 1774 erließ endlich Kaiserin Maria Theresia die Allgemeine Schulordnung, und Joseph II. setzte ihre Reform konsequent fort. Zuvor hatte es im Weinviertel nur wenige Menschen gegeben, die ihren Namen schreiben konnten, und sogar „bessere Leute" im Dorf behalfen sich mit einem Siegel oder sie zeichneten mit einem Kreuz. Maria Theresia machte auch erstmals den Schulbesuch für Kinder von sechs bis zwölf Jahren zur Pflicht – sehr zum Mißvergnügen der Eltern, die ihren Nachwuchs als Arbeitskräfte brauchten. Die Geistlichen, die Grundherren wie auch die Gemeinden murrten, weil neue Kosten auf sie zukamen. Den Lehrern wurde ein festes Gehalt zugesichert, doch auch die Freude darüber blieb nicht ungetrübt: Die Summe war lächerlich klein und wurde nicht immer ausbezahlt. So nimmt es nicht wunder, daß nicht eben die hellsten Köpfe und edelsten Gemüter in diesen Beruf drängten. Die Schulen in den Dörfern waren Trivialschulen: drei Gegenstände, Lesen, Schreiben und Rechnen, wurden unterrichtet. Lehrerbildungsanstalten gab es noch keine, demnach wurden auch Handwerker oder ausgediente Soldaten zu Leh-

Phototermin in der dritten Klasse Bürgerschule von Poysdorf, Anfang der zwanziger Jahre. Die Autorität der Lehrer im Hintergrund hat es nicht nötig, sich vorzudrängen.

rern. Andere traten immerhin bei einem amtierenden Schulmeister in die Lehre ein, rückten zu Schulgehilfen auf und bewarben sich dann eben um einen freien Posten, wenn sie nicht schlau genug waren, sich die Gunst einer Schulmeisterswitwe zu erwerben. Neben dem Unterricht war der Schulmeister auch noch Mesner und Organist, Vorbeter und Vorsänger, er läutete die Glocken zum Gottesdienst und besorgte das „Wetterläuten“, wenn ein Gewitter aufzog. 1786 wurden die Schulen im Weinviertel erstmals von einer Kommission überprüft. So wird zum Beispiel von der Schule in Kronberg berichtet: „Von den 73 schulfähigen Kindern gehen 33 nicht in die Schule. Das Gebäude ist ziemlich schlecht, mit einem Stockwerke, die Mauern, welche größtentheils von ungebranntem Zeuge sind, sehr zersprungen und schadhaft. Der Boden des Vorhauses liegt auf verfaulten

Brettern über dem Preßhause der Gemeinde, so daß leicht ein Kind oder sonst jemand durchfallen kann. Es fehlet eine Kammer für den Lehrer und eine Speis, auch eine Holzlage und die Retiraden (Aborte)." Aus Schleinbach wird berichtet: „Schullehrer Matthias Festl, 68 Jahre alt, Lehrart schlecht, Fleiß mittelmäßig, Sitten ziemlich gut, Gehilfe muß einer gehalten werden, weil die Gemeinde 22 Gulden 30 Kreuzer darauf gibt, er ist nötig, weil der Lehrer zu alt und untauglich, indem er so zittert, daß er fast gar nicht schreiben kann." Es ist eben immer etwas peinlich, wenn die Obrigkeit ins Dorf kommt.

Die Einführung der Schulpflicht und der staatlichen Visitation des Unterrichtes brachte zwar endlich grundlegende Bildungsmöglichkeiten unter das Landvolk, war aber auch ein weiterer Schritt zur amtlichen Reglementierung des Lebens. Die Menschen im Weinviertel, bislang kaum beachtet, ihrem Schicksal überlassen, gerieten ins Blickfeld des k.k. Beamtenapparates. Das hatte natürlich seine guten Seiten, brachte aber vermehrt auch jene Auswüchse der Bürokratie mit sich, deren strenge Geziertheit noch heute beeindruckt, erschreckt und begeistert. So hielt der Paasdorfer Bürgermeister im Winter des Jahres 1844 einigermaßen verdutzt einen schriftlich ergangenen Befehl in der Hand: „Die Gemeinde Paasdorf hat sogleich nach Erhalt dessen mit 150 rüstigen Arbeitern, welche theils mit Schaufeln und zum Theile mit Krampen versehen seyn müssen, die ihr zugetheilte verwehte Straßenstrecke vom Schnee und Eise, und zwar: nach dem Inhalte der 4, 5, 8, 9 und 10 der kreisämtlichen Instruction für die Gemeinde, zu reinigen. – Der Bothe ist mit 40 kr.Conv.Münze zu bezahlen." Gezeichnet: „Mladetz, als kreisämtlich aufgestellter Schneeschauflungs-Bezirks-Kommissär."

Winterliche Verwehungen gibt es im Weinviertel noch immer, und auch das Verkehrswesen ist immer noch Amtssache. Doch die Schneeschauflungs-Bezirks-Kommissäre sind mit der Donaumonarchie dahingeschwunden – irgendwie schade.

BAUERNLEBEN

Die Städter gehen mit denen auf dem Lande immer ein wenig so um, als wären sie kleine Kinder oder Gastarbeiter. Sie versuchen, simpel zu denken, um die guten Leute nicht zu überfordern, und wenn sie mit ihnen reden, gebrauchen sie eine seltsame Sprache: karg, bieder und erdig; so reden Schauspieler in Werbespots für Düngemittel. Unkompliziert und gelassen nehmen sie zwischen den einfachen, aber ehrlichen Leuten Platz, nicht ohne zuvor imaginäre Papiertaschentücher unter die Hinterteile gebreitet zu haben, reden von ihren profitablen Berufen, berauschenden Reisen und prallen Terminkalendern. Dann fahren sie heim in die Stadt und erzählen, was sie erfahren haben, hinter der Welt.

Umgekehrt ist es nicht anders: Für einen Bauern ist ein nervöser Stadtmensch, der damit Geld verdient, daß er viel redet und noch mehr beschriebenes Papier produziert, auch nicht ganz begreiflich. Aber vielleicht ändert sich das alles, wenn die Computer in naher Zukunft virtuelle Stadtmenschen und virtuelle Bauern im globalen Dorf miteinander kommunizieren lassen. Schließlich gibt es schon heute Weinviertler Winzer, die ihre Kellerschätze im Internet deponiert haben. Doch im Grunde genommen sind das nur Äußerlichkeiten. Nach wie vor wird das bäuerliche Jahr dem Wechsel der Jahreszeiten folgen, werden Wachstum und Reife auch vom Wetter abhängen, wird es noch immer Frost, Hagel, Dürre oder Sturm als Bedrohungen geben, die sich nicht einfach ausschalten

lassen. Vielleicht werden wir die Bauern schon sehr bald nicht nur als Nahrungsmittelproduzenten und Landschaftspfleger brauchen, sondern auch als einen Berufsstand, der hektisch rotierenden Zeitläuften das rechte Maß gegenüberstellt. Es ist nun einmal wichtiger, etwas zur richtigen Zeit zu tun, als es nur termingerecht zu erledigen, und es ist allemal klüger, sorgsam zu beobachten, bedächtig zu urteilen und angemessen zu handeln, als, Sachzwängen folgend, Zielvorgaben zu erfüllen.
Ein ebenso unaufdringliches wie eindrucksvolles Lehrstück bäuerlichen Lebens hat der Bauer Georg Anger aus Ketzelsdorf in bemerkenswert schöner, von Dr. Richard Edl transkribierter Handschrift verfaßt: „Verschiedene Jahreszeiten und Begebenheiten, welche sich von einem zum anderen Jahr zugetragen und ereugnet hat." Er fügt auch gleich die Gebrauchsanweisung hinzu: „So kan sich mancher Leser ihm dadurch die Zeit vertreiben, wen er das vergangene leset und beobachtet welches beschrieben ist. 1815, den 4 Hornung" (das altdeutsche Wort für Februar). Zum Auftakt gibt es von einer Katastrophe und deren Bewältigung zu lesen: „Dann es war Abend und finster bis es allzeit gebliz hat, da sieht man daß Dorf und die Häuser und es Regnet und schauert so stark das in zeit von einer halben Stund daß Wasser im ganzen Ort in allen Häußern, Stal, Kammer, Kuchel, Stuben mit einem Wort überal zwey bis drey Schuch hoch gestiegen ist, und mir mein ganzen Hof und ein halbenen Garten vier Schuch hoch mit Schauersteinen angetragen hat, welche sich bis auf die finf Wochen halten, und auch in mehreren Häusern, da wurde von Zeit drey Stunden das ganze Ort beschädiget, die Stall fallen viellen Läuten zusam die Dächer viellen herunter, daß kleine Vieh, Sau, Schaf, auch etliche Küh ersaufen den Leuden . . . das war aber wieder, das sich das vielle Wasser in einer Stunde merentheil

sich verlaufe, den anderen Tag, hert und sieht man halt, eines thut Schaf ausziehen, der andere Sau ausziehen, der andere Schlamm aus den Stuben und Kammern austragen, der andere Polz beim Mäuern untersetzen, und mit ein Wort die ganzen Leute arbeiten halt so traurig herum, mit einem Wort, man kann es nicht so beschreiben, wie es gewessen ist. Aber doch zum Glück, ist noch ein schöner und langer Herbst geweßen, das die Leute noch sehr viel aufgemauert und wieder die Stal und Wohnzimmer verfertigten. Aber das soll ein jeder Mensch glauben und es ist gewiß, das ein Wasser härter und schlechter ist als ein Feuersbrunst, dann wir haben gesehen, das man sich kaum nicht weis von Leben zuretten viel weniger das man einander zur Hilf kommen kunnte." Das Erschrecken angesichts einer Überschwemmung, die sogar die bewährte Nachbarschaftshilfe unmöglich macht, sitzt tief. Weitaus gelassener fällt die Beschreibung winterlicher Frostschäden aus, die – damals wie heute – zu den Ereignissen zählen, die man als Bauer eben hinnehmen muß. „Das 820 bis 821 Jahr haben wir fast keinen Schne im Winter, aber starke Kelte, da haben die Weingarten vil Schaden gelitten, sie sind auf dem Schnid fast braun und sper gewesen als wan sie schon eine Zeit auf dem Birtelhaufen gelegen wären . . . in früh Jahr haben viel Tausend Stock nicht getrieben, viele was hohe Stock gewesen sind aus der Erden von zweiten Saft erst komen . . . in diesen Jahr ist aus den Weinbern gar nichts worden und die Schwarzen sind ganz bis auf den Stingel weggefallen, weil es den ganzen Somer geregnet und dabey kalt war." Aber im Jahr darauf schaute die Welt schon wieder anders aus: „. . . darum bauen wir eine schöne Korn Fechsung und Geströh, auch in unseren Gründen mittelmäßiger Haber, der Wein 822 ist einer vom besten . . ."

Leiser, geduldiger Neubeginn nach der Katastrophe. Eine Überschwemmung ließ 1891 die Lehmmauern Poysdorfer Bauernhäuser zusammenbrechen.

Schriftliche Berichte aus dem Bauernleben wie der des schreibfreudigen Georg Anger sind rar. Doch auch mit der mündlichen Überlieferung ist es so gut wie vorbei, seit es die alten Erzähler oder Erzählerinnen nicht mehr gibt, die bei Taufen, Hochzeiten, Kirtagen oder beim winterlichen Federnschleißen mit Phantasie, Witz und einer wohldosierten Prise Wahrheit zur Unterhaltung beitrugen. Das Fernsehen schwätzt ohnedies auf Knopfdruck drauflos, bringt die weite Welt ins Dorf und die kleine Welt des Dorfes zum Verstummen. Wer also den Wurzeln des bäuerlichen Lebens nachspüren möchte, ist vielfach auf Berichte von außen angewiesen, die meist dann entstanden, wenn das Dorf in irgendeiner Weise amtskundig wurde, weil es etwas zu verwalten oder zu bestrafen gab.

Die wirksamste Art, öffentliches Aufsehen zu erregen, war und ist natürlich ein Verbrechen. So präsentiert zum Beispiel ein Urteil der Herrschaft Kadolz aus dem Jahr 1830 eine Geschichte von beklemmender Aktualität: Aus lustigem Leichtsinn wird allmählich verzweifelte Flucht vor der Wirklichkeit, aus dem Trinken wird dumpfes Saufen und aus Jähzorn böse Gewalt. Es ging um Lorenz F. aus Hadres, 36 Jahre alt, katholisch und mit einer um 22 Jahre älteren Frau verheiratet. Seine zwei Kinder im Alter von 12 und 14 Jahren standen in fremden Diensten. „Obschon er in seiner Jugend gut unterrichtet wurde, vermied er die letzten Jahre seines Ehestandes doch allen Kirchenbesuch, vergeudete den größten Teil seiner Fechsungen in lockerer Gesellschaft, mißhandelte seine Ehewirtin öfter körperlich, zwang sie dadurch, mehrmals bey ihren Anverwandten Unterstand zu suchen, so daß sie nicht selten von fremder Mildthätigkeit leben mußte und es fast darauf angelegt zu sein schien, ihr Leben auf diese Art verkürzen zu wollen. Gedrängt von Gläubigern mußte er sich vor mehreren Jahren zum Verkaufe eines von ihm selbst angelegten Weingartens entschließen." Nach und nach wurde es zu einer fixen Idee, daß die Verwandten seiner Frau schuld an diesem Verkauf waren, weil sie ihm damals kein Geld geborgt hatten. Noch einfacher: Seine Frau war schuld, und das sollte sie büßen. „Als er am 29. Oktober 1828 aus der Weingartenarbeit nach Hause kam und sich mit seiner Ehewirtin über die Beschäftigungen für den folgenden Tag in ehelicher Vertrautheit besprochen hatte, ging er mit ihr zum Abendessen, aber während desselben erneuerte sich in ihm plötzlich der Gedanke an den Weingarten, den er verkaufen mußte, und ohne daß ihm seine Ehewirtin auch nur den geringsten Anlaß gegeben hätte, ergriff ihn eine solche gehässige Stimmung, daß er das Eßgeschirr mit voller

Gewalt auf sie hinschleuderte, unmittelbar darauf das an der Wand gehangene Schußgewehr herabriß und ihr mit dem Gewehrkolben, ohne Unterschied, wohin er treffe, mehrere Streiche versetzte, wodurch der Gewehrkolben in Splittern zertrümmerte und sie zur Erde stürzte." Das grausige Ende sei ausgeblendet. Erst versuchte Franz F. seine Tat als tödlichen Unfall hinzustellen, doch dann entschloß er sich zu reden. Überdies wurde am Tatort gründliche kriminalistische Arbeit geleistet. „Diese Umstände hat Lorenz F. frey und ungezwungen bekannt, die Ärzte haben die am Körper seiner Ehewirtin gefundenen Wunden zusammengenommen für tödtlich erkläret, und da diese in der Absicht der Ermordung zugefügten tödtlichen Verwundungen mit dem von ihm nach der That versteckten, bey Erhebung des Thatbestandes aber aufgefundenen blutbefleckten Mord-Instrumente übereinstimmten, erfloß in Folge dieses durch die gerichtlich erhobenen Umstände bestätigten Geständnißes folgendes Urtheil: Lorenz F. sei des Verbrechens des Mordes schuldig und dieserwegen mit dem Thode durch den Strang zu bestrafen." Daß er auch noch die Kosten des Verfahrens bezahlen mußte, dürfte für den Verurteilten nicht mehr von Belang gewesen sein.

Derlei aufsehenerregende Vorkommnisse gehörten (und gehören) gottlob nicht zum Weinviertler Alltag und waren auch nicht typisch für das Zusammenleben im Dorf. Es ist ja auch nicht so, daß üble Sensationen den Lauf der Geschichte verändern, vielmehr sind es langfristige Entwicklungen, die irgendwann ein sichtbares und spürbares Ergebnis bringen. Das Untertanenverhältnis der Bauern zu den Grundherren war längst zu einem von allen Seiten ungeliebten Anachronismus geworden, als 1848 das Ende kam. Der darauffolgende mörderische Verdrängungswettbewerb erzwang eine Rationalisierung und Mechanisierung der Landwirtschaft, die sich letztlich auch nicht mehr mit den gewachsenen Grenzen und Strukturen vertrug: Die Kommassierung, das Zusammenlegen von Feldern zu großen, maschinenfreundlichen Flächen, gestattete eine bessere Nutzung des Bodens; sie bedeutete aber auch einen massiven Eingriff in das sensible Landschaftsbild des Weinviertels. Freistehende Bäume, einst wohltuende optische Akzente, aber auch Orientierungshilfen und schattige Rastplätze, standen nunmehr dem Fortschritt im Weg. Hohlwege, ehrwürdige Runen im Gesicht der Landschaft, wurden eingeebnet, Flüßchen und Bäche begradigt und kanalisiert, Teiche zugeschüttet. Einige Zeit schien es, als könne das Weinviertel nur als gnadenlos disziplinierte Nutzfläche der Agrarindustrie überleben, bestünde die neue Identität der Weinviertler Bauern darin, ohne kleinliche Rücksicht auf das Gleichgewicht in der Natur und mit dem Einsatz aller verfügbaren Mittel die Erträge zu steigern. Doch bald erhoben sich Stimmen, die den Glauben an die Allmacht der Chemie und die Anbetung der Geometrie nicht hinnehmen wollten. Diese Rufer in der Agrarwüste waren keine wirklichkeitsfernen Träumer, sie forderten nur einen tragbaren, lebensfähigen Kompromiß zwischen den Interessen der Landwirtschaft und dem nicht minder lebensnotwendigen Schutz der Natur. Weltweite Überproduktion und Absatzprobleme förderten ihrerseits die Erkenntnis, daß auch bei Kommassierungen ein sensibleres Vorgehen letztlich die bessere Lösung im Sinne aller Beteiligten darstellt. Es konnte aber nicht nur darum gehen, weitere Eingriffe in die Landschaft etwas weniger schmerzlich zu gestalten. Es waren schwere Sünden begangen worden, die den Grundwasserspiegel senkten und die Natur verarmen ließen: Tätige Reue war angesagt. 1987 fanden sich – wohl auch aus sehr unterschied-

Noch vor wenigen Jahrzehnten waren auch die Alten in der Dorfgemeinschaft verläßlich geborgen. In menschenarmen Dörfern macht sich Einsamkeit breit.

lichen Motiven – Partner zusammen, die man eigentlich nicht gemeinsam in einem Verein vermuten würde: die Niederösterreichische Landwirtschaftskammer, der Landesjagdverband, der Niederösterreichische Naturschutz und der World Wildlife Found. Der „Distelverein" wurde in der sehr optimistischen Überzeugung gegründet, daß es doch möglich sein müsse, bei gegenseitigem Respekt auch einander widersprechende Anliegen auf einen vernünftigen Nenner zu bringen. Erst stand der heftig umstrittene Nationalpark Donau-March-Thaya-Auen im Vordergrund, dann schlug der Verein im Marchfeld Wurzeln und legte in Zusammenarbeit mit Landwirten an den Akkerrändern Ökowertflächen an, die gefährdeten Pflanzen und Tieren wieder mehr Lebensraum bieten sollten. Nachdem dieser Wildwuchs zum Staunen mancher Skeptiker nicht das agrarische Chaos auslöste, sondern Nutzflächen mit freundlich belebter Natur versöhnte, fand der „Distelverein" allmählich im ganzen Weinviertel fruchtbare Böden vor. Längst geht es auch um Feuchtbiotope, um Wasserrückhalteeinrichtungen, schlichtweg um gute Ideen für ein ertragreiches und lebenswertes Weinviertel – um eine Vision mit Augenmaß, sozusagen.

WIRTSHAUS UND HINTAUS

Ein Dorf ohne Wirtshaus ist arm dran. Ein Wirtshaus braucht der Mensch, schon einmal, um zu zeigen, daß er etwas darstellt: Wenn der mittellose Dorf-Asoziale doch einmal Geld in der Tasche hat, wird er im Wirtshaus damit prahlen und wenig später, belacht und belächelt, wieder in seine alltägliche Armseligkeit sinken. Wer ein großes privates Fest feiert, wird das im Wirtshaus tun, nicht zuletzt, damit der ganze Aufwand auch sein Publikum außerhalb der Familie findet. Und wer einen großen Schmerz erlitten hat, wird sich dann wieder im Wirtshaus zeigen, wenn er wissen läßt: Ich habe das Schlimmste überwunden, ich gehe wieder unter die Leute. Alkoholleichen vom Vortag werden frühmorgens und topfit ihre Unzerstörbarkeit demonstrieren müssen, Pfarrer und Bürgermeister können unnahbare Würde zeigen, indem sie nur zu offiziellen Anlässen das Wirtshaus betreten, oder Volkstümlichkeit, indem sie sich dort auch zwischendurch ganz wohl fühlen. Im Wirtshaus zeigt man die neue Freundin, den neuen Freund her, das neue Auto oder den Gips vom Schiurlaub.

Das Wirtshaus ist ein guter Platz, Auseinandersetzungen zu pflegen, ohne daß es gleich kracht. Wenn zwei im Dorf so sehr im Streit liegen, daß keiner des anderen Haus oder Grundstück betritt, werden sie nichts dabei finden, im Wirtshaus zusammenzutreffen. Im Gegenteil. Hier, wo jeder weiß, wie es um die Kampfhähne steht, können sie weiterstreiten, was ihnen anderswo verwehrt

ist, wortlos natürlich, weil sie ja nicht mehr miteinander reden.
Die Stammgäste brauchen ihren Stammtisch für den großen Auftritt nach der Sonntagsmesse, und der Sparverein braucht seinen Bürotisch für finanzielle Transaktionen ungeahnten Ausmaßes. Manchmal kommt auch beides zusammen: In Wolkersdorf hatte zum Beispiel ein Mitglied des sparvereinten Stammtisches die Stirn, seine Urlaubsreise anzutreten, obwohl er doch eigentlich endlich einmal eine Runde zahlen sollte. Als er dann wiederkam, auffallend gebräunt und aufdringlich guter Laune, war sein Sparguthaben versoffen.
Das Wirtshaus hat, als zweites Wohnzimmer, auch eine sehr private Seite: Wer keinen Partner hat, muß hier nicht kochen, nicht alleine essen; wer sich, warum auch immer, nicht nach Hause traut, findet Unterschlupf, wer einsam ist, ist es im Wirtshaus wenigstens unter Leuten. Essen auf Rädern, die Versorgung von Menschen, die nicht mehr aus dem Haus können, muß für ein ordentliches Dorfwirtshaus erst gar nicht erfunden werden, und wenn der Weinbauverein für sein Kellerfest Gläser braucht, wird sie der Wirt mißlaunig herborgen und sich damit sogar vorerst das eigene Geschäft verderben. Auch die Zweieinigkeit von Wirtshaus und Kaufhaus, jenseits aller kleinlichen Öffnungszeiten, ist noch vorzufinden. In Hetzmannsdorf zum Beispiel erweist sich ein wahrer Universalwirt bei Bedarf sogar auch noch als Postamtsvorstand. Hier hat sich eine erstaunliche, aber wahre Geschichte abgespielt: Eine heitere Bäuerin trank erst einmal Kaffee in der Schankstube, dann wandte sie sich bedächtig dem Kaufhaus zu und erwarb ein Hochzeitsbillett, das sie dem nunmehrigen Postamtswirt mit den Worten übergab: „Geh, schreib's du, ich weiß die Adresse nicht."

An der Stelle des durstlöschenden und nahrhaften Laaer Wirtshauses mit dem animierenden Namen Mord steht heute ein gesichtsloser Neubau.

Aber es steht nicht gut um die Wirtshäuser im Weinviertel. Früher hat es oft zwei im Dorf gegeben: das obere und das untere, für die besseren Gäste das eine, für den Rest das andere. Heutzutage muß man schon froh sein, wenn es wenigstens noch ein Wirtshaus im Dorf gibt.
Dabei war das Wirtshaus als ohnedies sehr kleiner gemeinsamer Nenner für die Gemeinschaft im Dorf noch nie so wichtig wie heute. Das hat zum Beispiel die Dorfjugend von Ketzelsdorf begriffen und sich ihr uraltes Wirtshaus nicht nehmen lassen wollen. Der Wirt sperrte zu, und die Dorfjugend sperrt jeden Sonntag auf: sich selbst und allen anderen zur Freude. Ein paar Wirtshäuser vegetieren trübsinnig vor sich hin und warten auf die wenigen, die nach der Kellergasse noch immer Durst haben, während andere unter beifälligem Applaus der Bank renovieren und ausbauen, daß einem Hören und Sehen vergeht. Gepriesen seien jene, die den Sinn fürs rechte Maß

bewahren, die das gewiß nicht einfache Kunststück schaffen, die Leute aus dem Dorf nicht zu verschrecken und auch für Gäste von draußen attraktiv zu sein. Der Karlwirt in Alberndorf ist so einer. Das liegt natürlich nicht nur am Wirtshaus, sondern auch an ihm und seiner schnurrbärtigen Unwiderstehlichkeit, an seiner Maria und an zwei unirdisch schönen Töchtern, die dafür sorgen, daß die jungen Leute aus der Gegend wissen, wo sie hingehören. Das ist natürlich nur ein Beispiel von vielen. Das hartnäckige und genußreiche Stöbern nach Dorfwirtshäusern, in denen sich's bleiben läßt, zählt zu jenen bedächtigen Vergnügungen im Weinviertel, die auch nach langer Zeit immer wieder für Überraschungen gut sind. Soviel zu jenen Häusern, die immer etwas verführerisch Liederliches an sich haben, weil für Geld jeder hineindarf, fast jeder.

Fesch waren sie in den fünfziger Jahren, die heutigen Senioren. Das Gasthaus Steindl in Obritz ist übrigens ein Wirtshaus geblieben, in dem es sich bleiben läßt.

Hintaus . . . an den Rückseiten geben sich die langgestreckten Zwerchhöfe ganz zwanglos nützlich und beschaulich.

Mit den Weinviertler Bauernhäusern verhält es sich anders. In dicht geschlossenen Reihen stehen sie ein wenig abweisend da und lassen nur jene ein, die wirklich willkommen sind. Das Prinzip der Zwerchhöfe, denen später, um Wohnraum zu schaffen, noch quergestellte Bauteile, „Haken", hinzugefügt wurden, ist seit Jahrhunderten gleich. Im Inneren der Häuser hat sich natürlich vieles geändert. Das offene Herdfeuer wurde Mitte des 19. Jahrhunderts von mächtigen, mit Kohle oder Holz befeuerten Küchenherden abgelöst. Daneben stand nach wie vor das älteste Möbelstück im Bauernhaus, die Ofenbank. Dann flammten erstmals Petroleumlampen auf, und nach dem Ersten Weltkrieg kam der elektrische Strom in die Dörfer. In Haugsdorf schritt man zum Beispiel 1921 feierlich an den Bau eines Elektrizitätswerkes. Die Facharbeiter wurden als Sendboten einer neuen Zeit empfangen, aufs nobelste verköstigt und von den jungen Haugsdorferinnen relativ züchtig umschwärmt. Jede Glühbirne war eine Kostbarkeit, denn allzuviel Strom gab es nicht zu verteilen. Sechzehn Lampen gönnte sich die Gemeinde, vier die Bürgerschule – für den Turnsaal –, und in den Bauernhäusern gab es eine oder gar zwei Glühbirnen, in Maueraussparungen zwischen zwei Räumen befestigt. Inzwischen gibt es Strom genug für alle, und der Fortschritt ist einfach nicht mehr zu bremsen: Dort, wo man früher ein Schwätzchen mit dem Nachbar halten konnte, braust dicht an den Wohnräumen der Straßenverkehr vorbei, und „hintaus“, wo sich früher in den Ställen das liebe Vieh und im Ausgedinge die Alten ihr unscheinbares Dasein teilten, herrscht heute idyllischer Friede und himmlische Ruhe.

Weinviertler Bauernhäuser sind zwar schmal, aber sehr langgestreckt. Hinter den bescheidenen Fassaden bestimmt der Grad der Reinlichkeit die Ordnung: der Stube und dem Schlafzimmer folgen die Küche und die Wirtschaftsräume, endlich die Ställe mit Misthaufen und Abort, die Scheune und manchmal noch ein „Hintausacker“. Die „Trettn“, ein Gang unter einem kleinen, von Säulen getragenen Überbau, verbindet die Gebäude. Eine sehr private und vielgestaltige Wunderwelt tut sich hier auf, es sei denn, sie wurde leergeräumt und zubetoniert. Aber auch das geht keinen etwas an: Hinter der Hoftür regiert der Bauer – und die Bäuerin nicht minder.

ADLIGE GESCHICHTEN

An der Wende vom Mittelalter zur Neuzeit plagten so manchen Grundherrn im Weinviertel Probleme, die er in besseren Zeiten sehr gerne seinen Untertanen überlassen hatte: Geldsorgen. Der Grund für diese unerfreuliche und vor allem nicht standesgemäße Situation war, um es mit heutigen Worten zu sagen, eine allgemeine Strukturkrise. Die Getreidepreise waren im Keller und die Münzen verloren an Wert. Dörfer wurden verlassen, und nicht wenige Bauern versuchten schon damals ihr Glück in den wachsenden Städten. Damit sanken die Einnahmen aus dem Zehent, und der war als Prozentsatz festgelegt. So mancher Grundherr kehrte zur Eigenbewirtschaftung zurück, andere erwiesen sich als Vorfahren jener heutigen Unternehmer, die angesichts einer schwierigen Lage mit rücksichtsloser Härte und manchmal auch am Rande der Gesetze agieren. Hans Fünfkirchen war zum Beispiel so ein wenig zartbesaiteter Sanierer seiner eigenen Angelegenheiten, und er war nicht einmal Adliger. Die Fünfkirchen kamen als Wiener Bürgerfamilie ins Weinviertel. Erst 1698 wurden sie in den Grafenstand erhoben. Hans Fünfkirchen hatte jedenfalls dreiunddreißig Jahre das Pfand der landesfürstlichen Burg und Herrschaft Falkenstein inne, und er nützte diese Zeit nach Kräften. Als Protestant hielt er es geradezu für seine Pflicht, sich das Vermögen der Kirchen von Stützenhofen und Steinebrunn anzueignen und die von ihm gepachteten Wälder plünderte er so gründlich aus, daß andere erst gar nicht mehr an die Jagd zu denken brauchten. 1571 starb das raffgierige Rauhbein, und Kaiser Maximilian II. beeilte sich, eine Kommission einzusetzen, um in den Gütern von Falkenstein und Steinebrunn wenigstens zu sichern, was übrig war. Das erstellte Inventar fiel dürftig genug aus, vor allem was Steinebrunn betraf. Der „Mayrhof" war kaum mit dem Notwendigsten ausgestattet, und die Einrichtung des Schlosses deutete darauf hin, daß es der Gutsherr schon vorgezogen hatte, anderswo zu wohnen. So gab es im „obern großen Zimmer" nebst einigem wertlosen Kram „1 altes Himmelbett, darauf 1 altes Federbett, 1 Geldtrühel" (natürlich leer) und „1 Kummet sambt Geschirr". Relativ vollständig war hingegen die Schloßküche eingerichtet: „ 5 Zinnschüssel, 14 hülzerne Teller, 15 hülzerne Schüssel, 3 kupferne Fischkessel, 1 Messingmörser sambt dem Stessel, 4 Pfannen, 1 Bratspieß" und anderes mehr. Immerhin gab es eine Menge Vieh zu verzeichnen: „28 Milchkühe, 3 Stiere, 4 Ochsen, 4 zweijahrige Kalben, 2 fertige Kalben, 1 ungarische Kuh, 15 Saufrischlinge, 10 größere Schweine, 14 Enten, 20 Gänse, 60 Hennen, 27 Stuten, 2–3jährige Rößl 8, heurige Rössl 5, heurige Stüttl 5." Wenn auch der Gutsherr vielleicht schon anderswo weilte, das Gesinde wohnte wohl oder übel in Steinebrunn, und es wohnte unter denkbar schlechten Bedingungen. „3 alt Tisch" waren die einzigen Möbelstücke in der Gesindestube. Von diesen in jeder Hinsicht dürftigen Gebäuden sind heute nur noch Mauerreste erhalten, die an das Haus Nr. 35, das ehemalige Jägerhaus der Herrschaft, anschließen. Reste der Wirtschaftsgebäude sind vielerorts in Steinebrunn zu finden: das kleine Dorf dicht an der Grenze hat sich seine feudale Vergangenheit unauffällig einverleibt.

Der Sohn des Hans Fünfkirchen, Hans Bernhard, wollte vom schäbigen Schloß seines Vaters jedenfalls nichts

In Steinebrunn geraten die Reste des alten Schlosses und das Dorf allmählich durcheinander und ineinander.

mehr wissen. Er verkaufte die Freihöfe Poysdorf und Herrnbaumgarten und baute mit dem Erlös seinen noch heute erhaltenen Herrschaftssitz an der Brünner Straße. Während also gräfliche Wiener Bürger die Stirn hatten, im Weinviertel vor allem als Liechtensteiner Gefolgsleute langfristig Fuß zu fassen, ereilte so manches Geschlecht von altem Adel das Geschick, auszusterben. Bei den Kuenringern war es 1747 soweit. Als „Hans Lasla, Herr von Chunring" auf Schloß Seefeld starb, gehörte der wehrhafte Ansitz seiner Vorfahren schon den Grafen von Hardegg und wurde umgebaut. Auch mit der aufmüpfigen Macht der Kuenringer war es längst vorbei und der Letzte ihres Stammes war schwer verschuldet. Doch was soll's: Wenn ein Rittergeschlecht ausstirbt, ist das eine große Zeremonie wert. Die Hauptdarsteller: ein Mann in Ritterrüstung, der Pfarrherr von Tribuswinkel als zuständiger Geistli-

cher für den Verstorbenen, und Herr Veith, der Pfarrherr von Schrattenthal. Nach der Leichenrede trat der Geharnischte vor und „legt sich ziemlich laut neben der Bahr nieder auf die Erden und bleibt also ligen.“ Während der eine Geistliche stumm an die Kanzel trat, verkündete sein Kollege aus Schrattenthal, daß der edle Verstorbene der Letzte seines Namens und seines Stammes sei und daß man „itzo sein Schild und Helm dem alten Gebrauch nach zerwerffen und zertilgen“ werde. Ein Adliger trat vor und überreichte dem Priester einen Schild, der mit drei Wappen und einem Balken bemalt war. Herr Veith nahm ihn, zerschlug ihn, und warf die Trümmer zu dem immer noch liegenden Ritter hinunter. In den Lärm mischte sich „mit gar kläglicher Stimm“ der andere Pfarrer und schrie „Chunring, nimmer Chunring“. Noch zweimal wurde ein Schild zertrümmert, noch zweimal wurde geklagt, dann lag das alte Geschlecht vollends in Scherben und die Feier mündete in ein fast schon beiläufiges Ende: „Nach Vollendung dessen fängt man wieder an zu musicieren, hebt die Leich und legts in die Begräbnuss und stehet der gerüstete Mann auf, hilft die Trümmer zusammen klauben und werfens in das Grab, und gehen folgends aus der Kirchen.“
Mitte des 18. Jahrhunderts, als der letzte Kuenringer geräuschvoll seinen letzten Weg angetreten hatte, strahlten der Ruhm und der Reichtum der Sinzendorfer im Weinviertel noch in hellem Glanz, obgleich schon ein paar bedenklich dunkle Wolken aufzogen. Wenzel Joachim Eustach Sinzendorf hatte nämlich in Ausübung der Blutsgerichtsbarkeit auf Schloß Ernstbrunn verfügt, eine Frau im „Galgenwald“ zu hängen, die im Zweifel verurteilt worden war und bis zuletzt ihre Unschuld beteuert hatte. Damit begnügte sie sich aber nicht: Mit schrecklicher Stimme, will es die Volkssage wissen, habe die dem Tod Ge-

Venedig im Weinviertel. Beschaulich überdacht, bieten die Gondeln auch bei kühlerem Wetter südländische Romantik und heimliches Behagen.

weihte die Sinzendorfer verflucht und ihrem unbarmherzigen Richter prophezeit, daß dessen Söhne ohne Nachkommen bleiben würden. 1773 trat Prosper Sinzendorf die Herrschaft an, und er blieb tatsächlich ohne männliche Erben. Kunstsinnig und reich ließ er Ernstbrunn im Sinne des Empire aufwendig umgestalten. Er machte als Reichsfürst politische Karriere, investierte in sein Seelenheil, indem er zwischendurch sogar die Aufgaben eines Seelsorgers in Ernstbrunn übernahm, und richtete sich zum Ausgleich ein hübsches Spielzimmer ein, ein „kleines Fürstengemach“, dessen vergnüglichster Inhalt „die schöne Kathi“ war.
Zwei andere Sinzendorfer, die Grafen Leo und Sigismund, kauften 1650 Schloß Hagenberg, das noch heute schwer und wuchtig in einer Senke des Brandbaches steht, der zur Zaya fließt. Das noble Brüderpaar ließ das finstere Gemäuer in ein verspielt ausgestattetes Wasserschloß umbauen und schenkte ihm auch gleich eine neue Landschaft: weitläufige Dämme stauten den kleinen Bach zu einem respektablen See auf, in dessen Mitte eine kleine Insel aufragte, die vom „gläsernen Haus“ gekrönt wurde. Ein Kanal führte vom See zum Schloß und speiste dort

die zierlichsten Wasserspiele. Im Innenhof erzählt noch immer eine freskengeschmückte Muschelgrotte mit Tropfsteinen, echten Muscheln, Brunnen und wasserspeienden Statuen von Zeiten sprühender Lustbarkeit. Auf dem See bewegten eigens aus Venedig ins Weinviertel geholte Gondolieri ihre pittoresken Schiffe. Wenn sie nicht gerade ruderten, gaben sie der Stimme der Natur nach, zeugten Kinder und heirateten sogar: Daniele Poncira nahm sich eine Zwentendorferin, Francesco Olivi eine Kleinbaumgartnerin und Joseph Centon wurde in Mistelbach fündig. 1691 bekam Thomas Sinzendorf auf Hagenberg prominenten Besuch: Kaiser Leopold I. reiste mit seinem Sohn, dem späteren Kaiser Joseph I., an und wurde feierlich zum gläsernen Lusthaus gerudert. Doch der Reiz des Exotischen war nicht von langer Dauer. Schloß Hagenberg war schon recht verfallen, als es an der Wende zum 18. Jahrhundert noch einmal erneuert wurde. Wenig später verliert sich die Spur der Weinviertler Gondolieri, und von See und Lusthaus steht nichts mehr zu lesen. Der große Damm zeichnete aber noch lange Zeit die Konturen einer prunkliebenden Vergangenheit in die Landschaft. Erst durch die Kommassierung wurde er in jüngster Zeit dem landwirtschaftlichen Nutzen geopfert.

Vom aristokratischen Übermut italophiler Schloßherren ist es nicht sehr weit zum verträumten Heroismus eines geschäftstüchtigen Emporkömmlings. Geographisch gesehen, ist die Entfernung etwas größer: vom Schloß Hagenberg im östlichen Weinviertel zum Schloß Kleinwetzdorf, ganz im Westen. Bis zu einem gewissen Zeitpunkt liest sich die Liste der Schloßherren und Schloßdamen ausgesprochen edel: Andreas Rächwein, Sebastian Günther Hager zu Allentsteig, die Freiherren von Prösing, Herzogin Magdalena Sophie Eleonora von Schleswig-Hol-

Ein Held im Walde. Trotz des heroischen Überangebotes und einer unzweifelhaft prominent besetzten Gruft will auf dem Heldenberg patriotische Ergriffenheit nicht so recht aufkommen.

stein, Leopold von Schleswig-Holstein, Fürst Karl Thomas Löwenstein-Wertheim-Rosenberg ... dann aber kommt das Jahr 1832 und mit ihm ein gewisser Joseph Pargfrieder, von Beruf Armeelieferant. Über sein Leben zuvor weiß man nur wenig. Er wurde als Sohn mittelloser Eltern geboren, begann seine Berufslaufbahn als armer Schulgehilfe und wurde später aus unerfindlichen Gründen zu einem bevorzugten Lieferanten der kaiserlichen Armee, der schon reich war, als er mit den italienischen Feldzügen in den Jahren 1848 und 1849 das ganz große Geld machte. Damit war für Pargfrieder der Zeitpunkt gekommen, sein Leben mit einer geheimnisumwitterten Vergangenheit und einer unübersehbar großartigen Zukunft auszustatten. Er setzte das unterhaltsame und zeitgeistgerechte Gerücht in die Welt, kein Geringerer als Kaiser Joseph II. hätte ihn mit einem Judenmädchen aus Schloßhof gezeugt, und ließ durchblicken, daß dieses bittersüße Geheimnis seiner Berufslaufbahn recht förderlich gewesen sei. Für die Zukunft dachte er sich etwas ganz besonders Schönes aus: einen Heldenberg als Ehrenhain österreichischer Heroen, mit einer heimeligen Gruft inmitten, in der Feldmarschall Graf Wimpffen, Feldmarschall Graf Radetzky und Herr Pargfrieder in trauter Dreisamkeit ihre letzte Ruhe finden sollten. Als Geschäftsmann wußte er, wie man Visionen verwirklicht: Er stellte den Gegenwert von zwölf Millionen Schilling bereit und pfiff zwei Professoren der Wiener Kunstakademie herbei. Insgesamt 142 edle Heldenhäupter wurden modelliert. Solider Eisenguß war aber nur wenigen gegönnt, die meisten mußten mit bräunlich lackiertem Zink vorliebnehmen. Pargfrieder ließ seinen Heldenberg mit weihevollen Bauten dekorieren und vergaß dabei keineswegs, die Mär seiner Herkunft festzuschreiben. Auf einem Triumphtor findet sich die Inschrift VKISIPFVFE.

Romantisch gesinnte Rätselfreunde wissen die Lösung: Volkskaiser Josephs Sohn Joseph Parg Frieder vivo fecit erectit. Auch für das heikle Problem, an den erlauchten Leichnam Radetzkys heranzukommen, hatte Pargfrieder eine diskrete, wohldotierte Lösung: Radetzky war nicht nur ein tapferer Kämpfer, ein kluger Stratege, ein versierter Diplomat und ein gerechter Vorgesetzter, er war auch ein leichtfertiger Feschak. Während also der Feldmarschall unbekümmert Spielschulden anhäufte, beeilte sich Pargfrieder, diese leidige Angelegenheit unauffällig zu regulieren. So, wie es ihm eine Ehre sei, des Feldherrn lustiges Leben zu finanzieren, wäre es ihm ein Herzensanliegen, ihn auch posthum in seiner Obhut zu wissen, wird er irgendwann untertänigst angemerkt haben. Jedenfalls unterschrieb Radetzky einen entsprechenden Revers. Ob auch Wimpffen solchen Überredungskünsten unterlag, bleibt dahingestellt, es ist aber recht wahrscheinlich. Übrigens liegt noch ein Waffengefährte Radetzkys auf dem Heldenberg begraben: General d'Aspre, nicht ganz so berühmt, daher in einiger Distanz zu den drei Hauptheldden. Kaiser Franz Joseph, der Radetzky viel lieber in die Kapuzinergruft aufgenommen hätte, mußte also mißlaunig und mit großem Gefolge zum Begräbnis den weiten Weg nach Kleinwetzdorf antreten. Mehr noch: Es galt die Verdienste anzuerkennen, die sich sein geschäftstüchtiger Untertan um die Verherrlichung österreichischer Geschichte erworben hatte – er wurde in den Ritterstand erhoben. Pargfrieder starb zwei Jahrzehnte nach diesem funebralen Triumph und wurde in treuer Erfüllung seines Testaments um Mitternacht auf einem von Ochsen gezogenen Bauernwagen zur Gruft gebracht. Dort sitzt er nun in einem schiefstehenden Sarg aus Zink, auf einem Sessel aus Zink und einer Zinkrüstung ums Gebein. Der rotgeblümte seidene Schlafrock und das schirmlose Käppchen, mit dem er begraben wurde, dürften inzwischen vermodert sein. So ruhen die drei also tatsächlich auf dem Heldenberg, umkreist von starr blickenden Kameraden, und umschattet von hohen Bäumen.

STADTWÄRTS

Die ältesten Städte des Weinviertels, also Laa, Retz und Eggenburg, haben eine Besonderheit gemeinsam: Sie brauchen sehr viel Platz für ihre Plätze. Das gehört sich auch so, denn ein nobler, von selbstbewußten Bürgerhäusern umringter Platz ist nicht nur ein repräsentatives Wohnzimmer unter freiem Himmel, sondern auch eine Bühne für die Inszenierung städtischer Ereignisse: Versammlungen, Märkte, Feste. Außerdem drohte früher mittendrin auch noch der Pranger unverhüllt mit dem öffentlichen Vollzug von Strafen.

So ein Hauptplatz im edelsten Sinne des Wortes braucht auch ein Zentrum, als kostbaren, eindrucksvollen Akzent. Auf dem Stadtplatz von Laa läßt das Neue Ratshaus, Ende des 19. Jahrhunderts erbaut, verspielt und prunksüchtig kein Stilmittel der Spätrenaissance ungenutzt, während sich sein uralter Vorgängerbau, dessen Kern aus dem 13. Jahrhundert stammt, ernst und würdig zwischen die Bürgerhäuser reiht. In Eggenburg fügen sich in der Platzmitte ehrwürdige Gebäude, deren Bausubstanz bis auf das 16. Jahrhundert zurückgeht, zu einer elitären Gruppe, dem sogenannten Grätzel. Dieser merkwürdige Baukörper entstand allerdings nicht zwecks architektonischer Überhöhung des Zentrums, sondern schlichtweg weil es in der ummauerten Stadt an Bauplätzen fehlte.

Dem Hauptplatz der Stadt Retz bleibt es vorbehalten, schon über einen Mittelpunkt verfügt zu haben, als der

Platz noch gar nicht vorhanden war. Bei der Gründung der Stadt vor 1300 baute man sie um eine aus Bruchsteinen gemauerte romanische Kapelle herum, die damals der Pfarre Unternalb gehörte. Vermutlich schrieb dieses ehrwürdige Bauwerk auch eines der ersten Kapitel in der stolzen Geschichte der Retzer Keller: Noch heute führen 56 Stufen in einen unterirdischen, gemauerten Raum und weitere 15 Stufen in einen Sandkeller, der an die 600 Jahre alt sein dürfte. Soviel zum Anfang einer höchst komplizierten Baugeschichte. Niemand kann heute genau sagen, wann die romanische Kapelle im Osten ein Presbyterium und einen niedrigen, massiven Turm bekam. Jedenfalls ist bekannt, daß die Frauenkapelle und vier Altäre 1520 geweiht wurden. In der Zeit der Reformation blieb das kleine Gotteshaus unter schmählicher Mißachtung durch das Bürgertum in katholischer Hand. Um 1560 war das Gebäude in einem beklagenswerten Zustand, Messen konnten nicht mehr gelesen werden, und der Eigentümer, der Propst von St.Pölten, hatte kein Geld für Renovierungsarbeiten. Doch die Retzer Bürger fanden den Gedanken sehr anregend, die Kapelle einem schönen neuen Rathaus einzuverleiben. So kam es, daß ein katholischer Ordensvorstand unter schweren Seufzern einen Vertrag mit protestantischen Retzer Bürgern schloß. Retz kaufte die Marienkapelle, verpflichtete sich aber, sie wiederherzustellen und katholische Gottesdienste zu gewährleisten. Kaum hatten die Bauherren grünes Licht, halbierten sie gleich einmal das Gotteshaus der Höhe nach, indem sie eine Zwischendecke einziehen ließen. So entstand ein oberes Stockwerk, in dem es Raum für einen Ratssaal und einen Versammlungssaal gab. Damit diese bürgerliche Überordnung und kirchliche Unterordnung nicht auch zu statischen Problemen führte, wurde an der Außenseite als Stütze ein großer Stiegenaufgang ange-

Eine katholische Kapelle, die von protestantischen Bürgern das Retzer Rathaus aufgesetzt bekam: Was als architektonischer Machtkampf begann, präsentiert sich heute als versöhnliches Miteinander.

baut. Wenige Jahre später erhöhte man den alten Turm der Kapelle zum Rathausturm. Die protestantischen Bürger hatten sich also ein Denkmal gesetzt, das katholische Gotteshaus hingegen war zur Bedeutungslosigkeit verkommen: niedrig und lieblos ausgestattet. Auf den enttäuschten Pfarrer machte es „eher den Eindruck eines Kramergewölbes als eines Gotteshauses". Während also die gotische Kapelle vor sich hin dämmerte, wuchs das Renaissancegebäude weiter in den bürgerlichen Himmel: Der Turm bekam eine Galerie mit einer Wohnung für den Türmer aufgesetzt und darüber die prächtige Renaissance-Doppelkuppel. 71 Zentner Kupfer waren dafür vonnöten, außerdem wurden 32 Zentner Eisen verarbeitet und 30.000 Nägel eingeschlagen.
1620 wendete sich für die selbstbewußten Retzer Protestanten das Blatt: Nach der Schlacht am Weißen Berg weigerten sie sich, kaiserlichen, also katholischen Trup-

pen die Tore der Stadt zu öffnen. Erst als acht Häuser auf dem Hauptplatz lichterloh brannten, gaben sie nach. Doch das schöne neue Rathaus hatte ziemlich gelitten: Zwar blieb der Turm weitgehend unbeschädigt, der Dachstuhl jedoch war verkohlt. Kaum waren die Besetzer abgezogen, bekam das Rathaus ein neues Grabendach. Kriegerische Zeiten folgten, und erst Mitte des 18. Jahrhunderts hatten die Retzer wieder Geld und Muße, sich um die Verschönerung ihres Rathauses zu kümmern. Im Stadtarchiv liegt eine unscheinbare Quittung, die den Anfang einer Geschichte von großer künstlerischer Tragweite erzählt: „82 fl dem Herrn Schmidt und seinen Kameraden." Besagter Herr Schmidt, Martin Johann mit Vornamen, war der später so berühmte „Kremser-Schmidt". In Retz arbeitete er als Lehrling des Meisters Gottlieb Starmayr aus Dürnstein. Offensichtlich war das „Büble" ein ganz besonderer Lehrling: Der überwiegende Teil des Freskos im Rathaussaal wurde von ihm gemalt. Außerdem schuf er noch Medaillons aller Habsburger, die deutsche Kaiser waren, frischte die Bilder Kaiser Ferdinands II. und seiner Gemahlin auf und fügte später noch Medaillons hinzu, die Kaiserin Maria Theresia und Franz I. Stephan von Lothringen zeigen. Auch die Rathauskapelle, in der es seit 1744 wieder gestattet war, feierliche Gottesdienste abzuhalten, lebte glanzvoll auf: Das Presbyterium wurde neu eingedeckt und erhielt ein Gewölbe, das die störenden Stützpfeiler überflüssig machte. Das kleine Gotteshaus, nunmehr „Corpus Christi Rathauskapelle", bekam eine neue Kanzel, Fenster und Boden wurden ausgebessert, ein Znaimer Barockmaler schmückte die Wände mit Gemälden, und Retzer Künstler gestalteten einen neuen Hochaltar. Seit damals funktioniert die seltsame Lebensgemeinschaft zwischen Rathaus und Gotteshaus, und als Dritter im Bunde hat sich

in allen Ehren im ehemaligen Bürgersaal das Stadtmuseum eingenistet. So steht das Rathaus als Konzentrat der Retzer Geschichte mitten auf dem Hauptplatz, als Zeuge von Zerrissenheit und Gegensätzen und als Denkmal versöhnlicher Harmonie.
Retz war schon eine reiche, mächtige Stadt, als Hollabrunn noch ein bescheidener Markt war, der an der Reichsstraße auf bessere Zeiten hoffte. Heute gehört Retz sehr zum Mißvergnügen seiner Bürger zum Bezirk Hollabrunn. Der Aufstieg dieser Gemeinde setzte in der zweiten Hälfte des 16. Jahrhunderts ein, als Georg von Gilleis daranging, seine neuerworbene Herrschaft energisch aufzumöbeln: Er nutzte seine guten Beziehungen zu Kaiser Maximilian II. und verschaffte Hollabrunn das ehrenvolle Privileg eines Wappens und das einträgliche Vorrecht eines Wochenmarktes. Auch um das Gewerbe machte er sich verdient: Die Schuhmacher bekamen endlich jene Handwerksordnung, die ihre Wullersdorfer Kollegen schon lange hatten. Jetzt durften sie eine eigene Zunftlade errichten und auf den Wochenmärkten verkaufen. Bäcker, Schneider, Müller, Lederer, Hufschmiede und Wagner bekamen ihre Privilegien. Es gab Fleischhauer, Lebzelter und Weber in Hollabrunn, einen Bierbrauer, einen Pulvermacher, einen Badstubenbesitzer, einen Trompeter – und natürlich Gasthäuser, weil der Markt ja seit 1537 auch Poststation war. Doch nach Jahrzehnten einer erfreulichen Entwicklung brachte der Dreißigjährige Krieg einen schmerzlichen Rückschlag. Zudem kamen Seuchen über die Bevölkerung. Kaum waren die schlimmsten Folgen des Krieges überwunden, äscherte Feuer einen Großteil des Ortes ein. Die Gilleis resignierten, und die Familie Dietrichstein übernahm die Herrschaft. Damit kam frische Wirtschaftskraft in den Markt: Der neue Grundherr vergab große Bauaufträge und wertete die Ge-

meinde politisch auf: In einem „Inneren Rat“ und einem „Äußeren Rat“ arbeiteten von der Herrschaft gewählte Funktionäre mit Vertretern der Bürgerschaft zusammen – nicht immer konfliktfrei, aber doch. 1720 war ein wichtiges Jahr für die kommunale Karriere von Hollabrunn. Während die neu trassierte Reichsstraße Raschala und Wullersdorf rechts liegenließ, rückte Hollabrunn dicht ans Verkehrsgeschehen. Weinbau und Weinhandel florierten, auch Weizen, Roggen und Hafer gediehen. Nur fünf Jahre nach der Gründung der Ersten Österreichischen Spar Casse in Wien entstand die Sparkasse Hollabrunn als erste Landessparkasse Österreichs. Als dann 1848 die feudale Ordnung endlich der Vergangenheit angehörte, waren die Hollabrunner Bauern wohlhabend genug, um Ersatzzahlungen leisten zu können. Die Sparkasse unterstützte den Bau von Amtsgebäuden und Schulen und gab Hollabrunn damit jene Identität eines Verwaltungs- und Schulzentrums, die bis heute Gültigkeit hat. Das Stadtrecht erhielt Hollabrunn im Jahre 1908.

Die Stadt Eggenburg ist etwa fünfeinhalb Jahrhunderte älter. Sie liegt dicht an der Grenze zwischen Weinviertel und Waldviertel und außerdem am Meer. Allerdings haben sich die gegen den Manhartsberg brandenden salzigen Fluten vor etwa zwanzig Millionen Jahren verlaufen. Geblieben sind ganz erstaunliche Fossilien: ein Krokodilschädel, zum Beispiel, der den schönen Namen Gavialosuchus eggenburgensis trägt, und eine Seekuh namens Metaxytherium krahuletzi. Der Namengeber, der Eggenburger Johann Krahuletz, war zwar Büchsenmacher und Eichmeister von Beruf, als seine Berufung sah er allerdings von Kindesbeinen an die Urgeschichte. Als er 1865 im Schindergraben auf Reste eine Krododils stieß, war er siebenunddreißig Jahre alt und längst zum versierten Paläontologen geworden. Im Gegensatz zu anderen österrei-

Der Hauptplatz von Eggenburg, als es noch keine Parkplatzsorgen gab. Die Pfarrkirche zum hl. Stephan mit ihren romanischen Türmen überragt die Stadt.

chischen Forschern und Entdeckern war es ihm auch noch gegönnt, die Krönung seiner Arbeit zu erleben: die Errichtung eines repräsentativen, international geachteten Museums. Von der Urgeschichte einmal abgesehen, hat Eggenburg noch immer jede Menge Vergangenheit. Als Burgstadt gegründet, wurde die Kommune schon 1277 mit einem Stadtrecht nach Wiener Vorbild ausgezeichnet. In Eggenburg versammelten sich die Landstände, als sie 1411 den jungen Albrecht V. für großjährig erklärten. Damals bekam die Stadt an der Schmida das Privileg des Salzhandels. Eggenburg überstand die Wirren der Hussitenkriege, die Besetzung durch Matthias Corvinus und die zerstörerische Wut des Dreißigjährigen Krieges. Die Steinmetze der Stadt bearbeiteten in der Barockzeit mit einträglichem Fleiß den weißen Zogelsdorfer

Kalksandstein: Die Herkulesmonumente an der Wiener Hofburg bestehen aus diesem Material, unzählige Heiligenfiguren, die berühmte Steinkanzel in der Eggenburger Pfarrkirche zum hl. Stephan, aber auch ganz profane Fensterbänke oder Futtertröge. 1869, als Eggenburg an die Franz-Josephs-Bahn angeschlossen wurde, schien der Weg in eine erfolgreiche Zukunft vorgezeichnet zu sein; noch einmal wurde die Stadt erweitert. Doch mit dem Ende der Monarchie und noch mehr nach dem Zweiten Weltkrieg geriet das Städtchen in eine sehr stille Ecke des Landes. So blieb das alte Eggenburg aber auch unversehrt erhalten, ein kostbares Stück Mittelalter, umfangen von der mächtigen Stadtmauer und unberührt vom städtischen Wildwuchs an den Rändern.
Eggenburg pflegt die Erinnerung an Krokodile und Seekühe. Das nahe Maissau hält Mäuse in Ehren, obwohl niemand den Grund dafür kennt. Fest steht nur, daß sie sich im Stadtsiegel und im Wappen tummeln. „. . . zum lauff geschickt, Erscheinen zwo meuß Ihrer Naturlichen farb und gestalt“ bestimmt der Wappenbrief aus dem Jahr 1548. Damals wurde der Name „Meissaw“ kurzerhand als „Mäusegegend“ interpretiert, obwohl doch allseits verachtetes Ungeziefer für Siedlungsnamen denkbar ungeeignet ist. So beruft sich ja auch Rattenberg in Tirol nicht auf Ratten, sondern auf das edle Geschlecht der Rapotonen. Demnach hat die neuere Theorie, daß Maissau einen slawischen Personennamen zum Ursprung hat, viel für sich. Aber die Mäuse sind nun einmal da, und die Maissauer können gut mit ihnen leben, besser jedenfalls als mit der vorlauten Bundesstraße, die den Ort durchschneidet. Dabei war es eben dieser wichtige Verkehrsweg, der Maissau in der Vergangenheit als Marktplatz bedeutend machte. Außerdem war Maissau schon im 17. Jahrhundert Poststation. 1768, als die alte Prager Post-

strecke auf die Horner Straße verlegt wurde, lebte diese Funktion wieder auf. So alt wie die Post sind übrigens auch die Beschwerden über die Post. Einen besonders drastischen Weg wählte 1807 der Arzt Dr. Georg Humpel, als er einen Brief an seine Mutter in Eggenburg schickte. Auf dem Kuvert stand neben der Adresse, für jedermann zu lesen: „Der niederträchtige Postexpeditor, welcher mir binnen kurzer Zeit zwei Briefe unterschlug, wird gewarnt, dasselbe nicht auch mit einem dritten zu wagen, indem ich, versehen mit der Aufgabeurkunde, ihn als Criminalverbrecher belangen würde. Insonderheit ersuche ich Herrn Postmeister in Maissau, die Briefexpedition in Eggenburg, gegen welche ich den meisten Verdacht hege, vor der Niederträchtigkeit des Briefunterschlagens nachdrücklichst zu warnen.“ Das zuständige Kreisamt wurde von dieser harschen Drohung in Kenntnis gesetzt und reagierte so, wie Ämter eben manchmal reagieren: Der Postkunde wurde verwarnt.

Marktrechte, Handwerksprivilegien und die Lage an wichtigen Handelsstraßen sagen viel über das Wohlergehen einer Gemeinde aus. Doch zu einem respektablen Gemeinwesen gehört auch die medizinische Versorgung, deren Geschichte sich allerdings Hunderte Jahre hindurch eher als Gruselgeschichte darstellt. Laa an der Thaya ist ein schönes Beispiel dafür. Eine uralte, befestigte Grenzstadt, die im Mittelalter alle unerfreulichen Folgen ihrer großen strategischen Bedeutung zu ertragen hatte: Kriege, Plünderungen, Einquartierungen, Zerstörung. Nach dem Dreißigjährigen Krieg war der Stolz der einst so wehrhaften Stadt gebrochen. Erst in der zweiten Hälfte des 19. Jahrhunderts brachten die Thayaregulierung, die Verbesserung der Straßen und die Einbindung in das Bahnnetz einen neuerlichen Aufschwung.

Im 13. Jahrhundert, als Laa zur Stadt wurde, gab es sogar

schon ein Spital. Heute steht an seiner Stelle, angebaut an die Stadtmauer und die Kirche zum hl. Jakob, das Gebäude des ehemaligen Bürgerspitals in der gleichnamigen Gasse. Ein mittelalterliches Spital war jedoch kein Haus, in dem man auf Genesung hoffen durfte, im Gegenteil. Hier wurden unheilbar Kranke untergebracht und warteten verarmte Bürger auf den Tod. Noch 1835 wohnten vierzig mittellose alte Menschen im Bürgerspital von Laa, sechs Betten mußten für die Kranken der Stadt genügen. Um 1400 ließen sich die ersten Bader nieder, Handwerker, die nach Lehre und Wanderschaft unverdrossen schröpften, zur Ader ließen oder Zähne zogen. Sie wußten auch über die wunderlichsten Behandlungsmethoden Bescheid, bekämpften Kopfschmerzen mit Sauerkrautpackungen auf dem Knie, spuckten Gelbsüchtigen ins Gesicht, rieben Frostbeulen mit Kuhdünger ein oder versuchten, mit Spinnweben blutende Wunden zu stillen. Wer dem Bader nicht über den Weg traute, konnte sich spätestesten 1454 mit einem tröstlichen Volksbetäubungsmittel behelfen: In diesem Jahr verlieh Ladislaus Posthumus der Stadt das Recht zum freien Bierausschank. Die Bader blieben bis in das 18.Jahrhundert tätig und waren damals für Ärzte und Apotheker eine ähnliche Konkurrenz wie es heute die Heilpraktiker sind. Ab 1770 mußten sie eine Prüfung an der Universität ablegen, und drei Jahre später schaffte Maria Theresia den Beruf gänzlich ab: Aus verdächtigen Badern wurden honorige Chirurgen oder Wundärzte. So heiratete die Witwe des letzten Baders von Laa 1799 den „examinierten Chyrurgen" Johann Zeller, der offensichtlich gut verdiente: Dort, wo heute das Neue Rathaus steht, hatte er ein schönes Stadthaus. Laa war um diese Zeit noch immer eine Stadt, in der es einigermaßen schwierig war, gesund zu bleiben. Gassen, Straßen und Plätze waren ungepflastert und mit

Zwei Bürgerhäuser mußten 1894 dem Neuen Rathaus von Laa weichen. Ringsum noble Platzverschwendung oder gähnende Leere, je nach Blickwinkel.

Abfällen überhäuft, Abwässer flossen in offenen Gräben in die Thaya-Arme, und rings um die Stadt dehnte sich sumpfiges Gelände mit brackigen Tümpeln. Noch immer traf jener bissige Kommentar zu, den Enea Silvio Piccolomini, der spätere Papst Pius II., als Inhaber der Pfarre Laa abgegeben hatte: „Laa, die uralte Stadt, ist die Nebenbuhlerin Venedigs; / so wie diese im Meer, liegt jene mitten im Kot!“ Immerhin hatte Laa seit 1726 eine Apotheke, in der es allerlei Heilsames zu kaufen gab: Erbrech-Tränklein, Purgier-Tränklein, Schweiß-Tränklein, Nürnberger Pflaster, Schwefelgeist, Zichoriwasser, Rauchtabak, sauren Honig, Bockshörndlsaft, Krebsaugen und anderes mehr. Billig waren die Medikamente jedenfalls nicht. Die Apotheken-Jahresabrechnung für die Familie des Baron Suttner machte zum Beispiel 1797 hundertdreiundzwanzig Gulden aus. Ein kleines Haus konnte man damals um ungefähr dreihundert Gulden kaufen.
Mit dem Ende des 18. Jahrhunderts war Laa dann wieder

für Jahrzehnte auf die Hausapotheken der Ärzte angewiesen. Erst 1847 wurde Mag. Franz Oettl die Errichtung einer Apotheke gestattet. Seitdem besteht diese gesundheitsfördernde Einrichtung am Hauptplatz 35. Die Geschichte über eine chronisch kränkelnde Stadt endet vital: 1956 wurde Mineralwasser entdeckt, dann auch noch Thermalwasser. Es gibt große Pläne: Fit & Fun in Laa. Das hätte sich Herr Piccolomini nicht träumen lassen.

Von den trockengelegten Sümpfen um Laa, wo nunmehr die Zwiebeln zur Vollendung reifen, führt die Reise geradewegs zu einer Kröte. Sie ist aus Stein gefertigt und sitzt auf dem Gesims der Kirche zum hl. Martin, die auf ihrem Kirchenhügel am östlichen Stadtrand von Mistelbach steht. Wie sich das für so ein Tier gehört, gibt es eine hübsche Sage dazu: Dereinst stand auf dem Hügel eine Burg, deren Herr eigentlich die kleine Siedlung im Tal bewachen sollte. Statt dessen führte er ein ausschweifendes Leben, das er mit Raubrittertum finanzierte. So ergab es sich, daß er in seiner Habgier einen redlichen Fuhrmann erschlug, der aber noch Zeit fand, seinen Mörder auf das Innigste zu verfluchen. Der Ritter räuberte unbekümmert weiter, mußte aber bald bestürzt erkennen, daß seine üblen Geschäfte verflucht wenig einbrachten. Weil er jedoch auf sein gewohntes Übermaß von Wein, Weib und Gesang nicht verzichten wollte, nahm er sich einen Partner, der zu ihm paßte: den Teufel. Zehn Jahre lang sollte ihm der Gehörnte ein lustiges Leben verschaffen, dann war ihm die schwarze Seele des Ritters sicher. Der Teufel hielt sich mit beelzebübischer Akuratesse an die Abmachung, war zehn Jahre lang nützlich und wurde dann dämonisch: Er stopfte den in eine riesengroße Kröte verwandelten Sünder in den Burgberg. Der ritterliche Lurch kroch, weil ihm nichts Besseres einfiel, griesgrä-

mig durch das dunkle Erdreich und schuf so ein Netz von Gängen und Höhlen, die bald seine Burg auf dem Hügel zum Einsturz brachten. Als er dann auch noch sehen mußte, daß die Leute im Dorf ein Kirche bauen wollten, folgte er einer teuflischen Eingebung und zerstörte Nacht für Nacht zur Geisterstunde die frisch errichteten Mauern. Die Kröte wurde dabei beobachtet, und der Pfarrer, kompetent wie stets, nahm sein gutes Gewehr vom Haken, lud es mit einer geweihten gläsernen Kugel und erlöste die arme Seele. Die erschossene Kröte wurde in den Kirchenbau eingemauert und ihr kleines Ebenbild, sehr zum Mißvergnügen des Teufels, auf einen Mauervorsprung gesetzt.
Auf dem Kirchenberg von Mistelbach stand dort, wo heute der Liechtensteinpark grünt, tatsächlich eine mittelalterliche Burg, deren traurige Reste 1597 abgetragen wurden. Graben und Wall sind noch heute zu erkennen. Daß die in der Feste hausenden Ritter im wilden Grenzland nicht nur von guten Taten lebten, darf unterstellt werden. Die Pfarrkirche wurde 1541 geweiht, und aus dieser Zeit stammt auch die Kröte. Es paßt also alles ganz gut zusammen, und im Prinzip ist es möglich, daß sich im Kirchenhügel, wie so häufig, Erdgänge finden ließen. Man braucht also nur noch an die Wirksamkeit von Flüchen, an die Geschäftstüchtigkeit des Teufels und an die Treffsicherheit des Pfarrers zu glauben.
Mistelbach ist jedenfalls, ähnlich wie Hollabrunn, ein tüchtiger Emporkömmling unter den Weinviertler Städten. An die acht Jahrhunderte gab es den Ort in zweifacher Ausfertigung: vier Fünftel bildeten eine Marktgemeinde, ein Fünftel war Pfarrgemeinde. Erst 1850 wurden beide Teile nach langen Streitigkeiten vereinigt, und vierundzwanzig Jahre später erntete Mistelbach die Früchte der Eintracht und wurde eine Stadt, zu deren Bezirk heu-

te auch Laa an der Thaya gehört. Abschließende pharmazeutische Randbemerkung: Laa bekam, wie wir wissen, 1726 die erste Apotheke. Im bescheidenen Mistelbach war es schon 1530 soweit.
Zu einer Apotheke hat es die Weinstadt Poysdorf immerhin schon 1793 gebracht, und ein Bürgerspital nebst Kapelle gab es seit der Mitte des 17. Jahrhunderts. Zweihundert Jahre später wurde das Gebäude um ein zweites Geschoß erhöht. Heute findet darin das Stadtmuseum Platz. Das erste Gotteshaus stand als Filialkirche von Falkenstein schon um 1050 hoch über den Dächern eines bescheidenen Angerdorfs. Als die neue Kirche in der ersten Häfte des 17. Jahrhunderts edlem Frühbarock huldigte, war Poysdorf bereits ein ansehnlicher Markt. Das Gotteshaus wurde gleich einmal, 1640, im Jahre seiner Weihe, von einem verheerenden Großbrand, der in Poysdorf wütete, bedroht, blieb aber trozt seines Strohdaches verschont. Fünf Jahre später fielen zerstörungslüstern und beutegierig die Schweden ein. Angesichts der Kirche, die von ihrer Anhöhe aus weit über das Land schaute, kamen sie aber ausnahmsweise auf konstruktive Gedanken, bauten auf dem Kirchenhügel eine feste Mauer mit Schießscharten und zogen einen Graben herum, der von einer Brücke überspannt wurde. Eine Garnison verschanzte sich unfromm, doch ohne Zerstörungen anzurichten, im Gotteshaus: Der hintere Bereich wird noch heute „Reitschule“ genannt. Als die Schweden glücklich abgezogen waren, ließen die Poysdorfer die Befestigung erst einmal stehen und bauten sie sogar noch aus: Der Markt bekam fünf Tore, mit Schranken und Schanzen abgesichert, und auch noch eine Pfahlwand mit Graben. Die Zukunft von Poysdorf sollte aber nicht darin bestehen, sich trotzig einzuigeln, im Gegenteil: Schon 1700 machte die Post hier halt, und dreißig Jahre später wurde die

Brünner Straße ausgebaut und schaffte Menschen und Geld herbei. So zwischendurch gab es auch ungebetene Gäste, plündernde Franzosen und Ulanen, doch Poysdorf baute Wein, trieb Handel und wuchs, bis 1923 die Stadterhebung erfolgte.

Etwa hundert Jahre zuvor, an einem freundlichen Frühlingstag, am 26. Mai 1827, schnürte Adalbert Joseph Krickel, seines Zeichens Rechnungsrat der k.k. Cameralbuchhaltung, die Wanderschuhe, schnallte sich den Ranzen auf den Rücken, griff nach dem Wanderstock und rief seinen treuen Hund herbei: Es galt eine biedermeierlich beschwingte Wanderung anzutreten, die den rüstigen Rechnungsrat von Wien über Pirawarth und Nikolsburg nach Eisgrub und Feldsberg führen sollte. Seine Reiseeindrücke legte er dann in einem erbaulichen Büchlein nieder und widmete es „Allen Naturfreunden und der studierenden Jugend in ihren Ferien". Er schritt wacker aus und erreichte schon gegen Mittag Wolkersdorf, wo er übergangslos einer patriotischen Aufwallung unterlag: „Der Markt Wolkersdorf, zwei Posten von Wien entfernt, war in den verhängnisvollen Gegebenheiten, an denen die Regierungszeit unseres allgeliebten Kaisers Franz so reich war, im Jahre 1809 der längere Aufenthalt dieses Monarchen. Ich hatte damals als ein Jüngling von zwanzig Jahren die hohe Ehre und die Freude, ihm, dem Heißgeliebten, als Offizier der Landwehr und als Courier von Ihrer Majestät der Kaiserin und des Hofkammerpräsidenten Grafen von O'Donnel, welche sich damals zu Ofen und Pesth aufhielten, einige wichtige Schriften zu überreichen. Erhaben war seine Seele, gefaßt auf Alles, vertrauend auf die Religion und auf die gute Sache, gestützt auf die felsenfeste Treue seiner Unterthanen. Bald sah ihn das geängstigte Wien wieder in seiner Mitte, mit unaussprechlichem Jubel wurde der gottbeseeligte Monarch

empfangen. Nach Gott ist Er, nebst seinen Sprossen und Anverwandten, das Erste, wovor ich mein Knie beuge."
Tatsächlich hat Franz, damals schon nicht mehr Kaiser des Deutschen Reiches, sondern nur noch Franz I. von Österreich, von Mai bis Juni in Wolkersdorf Quartier genommen, während Erzherzog Karl bei Aspern siegte und bei Wagram unterlag. Wolkersdorf als kaiserliche Residenz klingt ja gar nicht so übel, doch Napoleon bewies wieder einmal ausgesprochen schlechte Manieren. Schon 1805 hatte er Kaiser Franz vor die Schönbrunner Tür gesetzt und ihn resignierend in Preßburg Quartier nehmen lassen. Diesmal scheuchte er ihn aus dem Wolkersdorfer Pfarrhof. Napoleon nahm im Schloß Quartier, schlief ausgezeichnet, seine Soldaten plünderten, und noch vor der von Herrn Rechnungsrat Krickel so bewegt geschilderten Rückkehr nach Wien gab es einen deprimierenden Aufenthalt in Znaim: Dort unterzeichnete er am 12. Juli 1809 einen vorläufigen Waffenstillstand, der in den wenig triumphalen Frieden von Schönbrunn mündete. Offensichtlich gelang es dem biedermeierlichen Wandersmann, derlei betrübliche Erinnerungen erfolgreich zu verdrängen, denn bei der Schilderung von Wolkersdorf bleibt er sonnigster Laune: „Wolkersdorf liegt in einer glücklichen Gegend, da es von den zwei großen Ortschaften Ulrichskirchen und Obersdorf umgeben ist, welche eine kleine Stunde davon entfernt sind. Fruchtbare Äcker und weinreiche Hügel sind die Attribute dieser Ortschaften, währenddem ostwärts sich eine mehr sandige Gegend hinzieht. Der Markt selbst hat ein altes Schloß mit zwei Thürmen, eine nette geräumige Pfarrkirche, einen schönen Pfarrhof, welcher im Jahre 1809 die hohe Ehre genoß, der Wohnort Seiner Majestät zu seyn, 170 Häuser und bey 900 Einwohner."
Zur Kaiserresidenz brachte es Wolkersdorf in der Folge

Schloß Wolkersdorf: Standesgemäßes Quartier für einen maßlosen Feldherrn. Kaiser Franz fühlte sich im Pfarrhaus wohler.

nicht mehr, wohl aber, 1968, zur Stadt. Heute findet sich hier das größte Weinlager Mitteleuropas, und eine zukunftsweisende Kelleranlage ist im Entstehen.
Krickels Fußreise führt uns indes noch ein Stück weiter: „Immer höher stieg ich hinan. Endlich erreichte ich den Gipfel der Hohenleiten, diese seit der Schwedenzeit unter Torstenson bis zu Maria Theresia so gefürchtete Raubgegend, welche auch noch unter dem berüchtigten Grasel, also kaum vor einem Jahrzehnt, so gefährlich zu bereisen war. Die Fürsorge Seiner Majestät haben hier eine Art Kaserne für die Kavallerie anlegen lassen, wo die aufgestellten Piquers über die Sicherheit der Reisenden zu wachen haben. Wirklich eine Wohltat in dieser einsamen Gegend, da der furchtbare Name derselben noch nicht erloschen ist."
Von der alten Kaserne sind auch die letzten Mauerreste

verschwunden, Radarfallen haben die Nachfolge der Räuber angetreten, aber das nahe Kasernwirtshaus, das damals unserem Wandersmann Schutz vor einem Unwetter bot, steht noch immer am Straßenrand. Als Kasanwirtshaus gibt es sich heute nicht mehr ganz so militärisch, und das Essen ist auch viel besser als in der Armee.
Diese sträflich unvollständige Städtereise endet ungefähr dort, wo sie begonnen hat, und in einer Stadt, die sich mit zwei Superlativen schmückt: sie ist die kleinste Stadt des Weinviertels (also die zweitkleinste Österreichs) und hier wurde das älteste Buch Niederösterreichs gedruckt. Der urbane Zwergwuchs von Schrattenthal ist nicht weiter verwunderlich: Als sich die Eitzinger hier im 15. Jahrhundert eine wehrhafte und repräsentable Burg bauten, planten sie die entsprechende Burgsiedlung als notwendige, kompakte und leicht zu verteidigende Ergänzung. In Schrattenthal, umgeben von nahrhaftem Bauernland und einträglichen Fischteichen, residierten sie ungestört und sicher, für ihre nicht immer lupenreinen Geschäfte und riskanten Machtspiele gab es andere Schauplätze. Ulrich von Eitzing starb 1460 an der Pest. Sein Sohn Stephan gehörte wie schon sein Vater zu jenen Adligen, die sich gegen Kaiser Friedrich III. auflehnten, brachte es aber später fertig, so glaubhaft zu bereuen, daß die kaiserliche Geste der Verzeihung sehr großzügig ausfiel: Schrattenthal wurde 1472 zur Stadt erhoben und bekam die Privilegien für einen Jahrmarkt und einen Wochenmarkt. Eine Stadt, die auf sich hielt, brauchte auch ein Kloster, also wurde eine Augustiner-Chorherren-Propstei gegründet, die an die sechzig Jahre, bis zum Beginn der Reformationszeit, bestand. In diesem Kloster richtete die „Bruderschaft der sieben Schmerzen Mariae“ eine Druckerei ein und stellte 1501 ein Erbauungsbuch her – siehe oben. Die Eitzinger rebellierten zwischendurch wieder einmal,

büßten und erlangten abermals Verzeihung. Ihr Spiel war erst wirklich ausgespielt, als sie Protestanten wurden. Ferdinand II., sehr katholisch und bar jeder Nächstenliebe, gab das konfiszierte Schrattenthal seiner Frau Eleonore, und diese reichte es huldvoll an die Gräfin Strozzi weiter. Noch einmal gab es so etwas wie Aufbruchsstimmung in der kleinen Burgstadt, als um 1660 Marcus Putz Freiherr von Adlersthurm die Herrschaft übernahm. Er ließ das Schloß ausbauen, und auch die Siedlung wuchs um ein paar Häuser. Doch abseits wichtiger Handelsstraßen blieb Schrattenthal ein städtisches Anhängsel der mächtigen Burg. 1783 setzte dann ein verheerender Stadtbrand schmerzliche Zeichen für den Abstieg in die Bedeutungslosigkeit. Die alten Wehranlagen wurden aufgelassen und teilweise geschleift, wie zum Beispiel das nördliche Retzer Tor. Aber das Eggenburger Tor, Reste von Festungsmauern und die runden Wehrtürme gibt es noch immer. Die ausgedehnte Schloßanlage mit dem herrschaftlichen Gutshof zieht die adrett geordneten Häuser wie eine Schar Untertanen hinter sich her. Den frommen Schlußpunkt setzt die dem hl. Augustinus geweihte Kirche, wiedererrichtet nach dem großen Feuer. Ihre Vorgängerin war bis 1783 mit einem noch älteren Gotteshaus zu einer Doppelkirche verbunden. Auf dem Kirchenplatz sind Mauerreste zu sehen, darunter fand man ein mit Skeletten gefülltes Gruftgewölbe. 265 Einwohner wurden letztens in Schrattenthal gezählt, und man muß schon froh sein, wenn es nicht noch stiller wird in dieser kleinen, aber wesentlichen Stadt.

ZWEI PFARRER UND EIN BÜRGERMEISTER

Das Weinviertel prägt seine Menschen, die Menschen prägen ihr Weinviertel. Menschenbilder sind immer auch Landschaftsbilder. Manche davon sind alt und vergilbt, bei anderen leuchten die Farben, doch jedes Bild erzählt auf seine Weise vom Wesen des Weinviertels, macht es leichter, diesen ganz besonderen Lebensraum zu verstehen.

Erst einmal geht es um einen Pfarrer, um Augustin Gall. 1802 war er auf dem besten Wege, die hoffnungsvollen Anfänge seiner geistlichen Berufslaufbahn mit einem beachtlichen Höhenflug fortzusetzen: Aus Laxenburg wurde er als k.k. Hofkaplan nach Wien berufen. Zwei Jahre später war seine höfische Karriere beendet. Nicht nur damit war es vorbei: Ein ruhiges Leben zwischen glanzvollen Meßfeiern vor elegantem Publikum tauschte er gegen distanzloses Mitleiden unter Verletzten und Sterbenden, gegen Arbeit bis zur völligen Erschöpfung. Als Pfarrer von Ulrichskirchen war Augustin Gall ins Weinviertel geraten, hatte das riesige Militärspital im Schloß zu betreuen, und er dachte keinen Augenblick daran, sich vor dieser Aufgabe zu drücken.

Schon 1805, nach dem Gefecht bei Hollabrunn, war das Schloß mit verwundeten Soldaten aus Frankreich und Österreich belegt gewesen, doch vier Jahre später wurde es vollends zu einem jener tunlichst verborgenen Kriegsschauplätze, die nur noch Verlierer kennen. Nach den

Schlachten bei Aspern und Wagram waren alle Räume des weitläufigen Gebäudes überfüllt, Verwundete lagen auf der Wallanlage, im Pfarrhaus und in anderen Gebäuden. Augustin Gall war Tag und Nacht auf den Beinen, sprach Leidenden Mut zu, ließ Sterbende nicht allein und tat auch seine Pflicht der Gemeinde gegenüber. In dieser traurigen Welt hatte er sich um den menschlichen Abfall zweier Schlachten zu kümmern. Jene beiden Kaiser, die den tausendfachen Tod befohlen hatten, Napoleon und Franz I., waren indes damit beschäftigt, ein neues Kapitel europäischer Geschichte zu beginnen. Immerhin besuchte jeder der beiden auch einmal Ulrichskirchen, sprach mitfühlende Worte, drückte Hände und reiste eilends wieder ab. Der k.k.Hofkaplan und landesfürstliche Pfarrer Augustin Gall blieb hingegen, tat, was er konnte, bis er sich nach einem bösartigen Nervenfieber zu den anderen Toten legte. Franz I. und Napoleon haben ihren Platz in den Geschichtsbüchern gefunden. Für Augustin Gall mußte ein kleiner Altar mit einer bescheidenen Inschrift genügen.

Ein anderer Weinviertler Pfarrer hat es immerhin zu einem hübschen Grabdenkmal gebracht, gekrönt von einem merkwürdigen steinernen Gebilde. Auf dem Grab wachsen in aller Unschuld Erdäpfel, und auf dem Stein ist in halbwegs gereimter Form die Erklärung dafür nachzulesen: „Ihm, dem ersten Pflanzer jener Knollen, / Die in großer Not sich so bewährt; / Will die Nachwelt ihren Dank hier zollen, / Wenn sie seine Ruhe ehrt. / Heb' ab, Wanderer, dankbar Deinen Hut! / Hier liegt Johann Eberhard Jungblut.“ Wie auch Augustin Gall war Jungblut kein gebürtiger Weinviertler. Er kam 1721 ins Land, schaute sich um und versuchte wirksam zu helfen. Jungblut war Holländer, und in seiner Heimat waren Erdäpfel als preiswertes und gesundes Nahrungsmittel schon einige Zeit bekannt. Für die Bauern in der Umgebung von Prinzendorf, seiner neuen Gemeinde, waren die Knollen erst einmal in höchstem Grade verdächtig, und die biederen Landsleute standen mit ihrem Mißtrauen nicht allein. Zwar hatte der Botaniker Charles de l'Ecluse 1588 eine Erdäpfelstaude nach Wien gebracht und dazu notiert: „Kleine Trüffel (Taratoufli), erhalten von Philippe de Siovry“, doch dauerte es über fünf Jahrzehnte, bis erste Versuche einer praktischen Verwertung gewagt wurden. Aus den Knollen wurde Spiritus erzeugt, aber auch schon Erdäpfelsalat, wie Freiherr von Hohberg notierte: „Man kocht die indianischen Papas und ißt sie warm, oder auch, überbrüht und geschält, kalt, mit Öl, Essig, Pfeffer und Salz. Sie sind hier so fruchtbar und vermehren sich so gern, daß man fürgibt, in Canada selbst seien itzt nicht soviel zu finden wie bei uns.“ Das war wohl dichterische Übertreibung, denn man hielt sich in Österreich weiter an damals vertraute Wurzelgemüse wie Rübenrapunzel, Kümmel, Zuckerwurzel, Zyklamen und Klette. Noch 1822 warnte Rumohr in seinem berühmten Kochbuch vor giftigem Kartoffelsaft. Doch damals waren die Prinzendorfer längst schon auf den Geschmack gekommen. Jungbluts erfolgreiche Initiative angesichts katastrophaler Mißernten war um so bemerkenswerter, als viele seiner geistlichen Kollegen das unheimliche Nachtschattengewächs nach Kräften verteufelten. Davon will der heutige Pfarrer von Prinzendorf allerdings wirklich nichts mehr wissen: Er hält das Erbe des Knollenpioniers wacker mit einem Erdäpfelmuseum und einem Erdäpfelkirtag hoch, bei dem er sogar seine Dampflokomobile anheizt: rußende Ungetüme, die als Vorgänger der Traktoren auf den Feldern wohlbestallter und fortschrittsgläubiger Grundherren standen. Diese Kirtage locken eine Menge Gäste an, und das ist schon gut so.

Veranstaltungen, die ihre Wurzeln im Land haben, sind angesichts von importierten Clubbings auf der grünen Wiese nur erfreulich. So versucht neuerdings Laa das Zwiebelfest zum Gedeihen zu bringen, und das Retzer Land setzt schon seit einigen Jahren sehr erfolgreich auf Kürbisse. Heutzutage ist es schon leichter geworden, im Weinviertel etwas zu bewegen, ohne gleich für einen gefährlichen Anarchisten gehalten zu werden. Sehr lange Zeit wurde in diesem Lebensraum das Geschick vieler Untertanen von wenigen Herrschaften bestimmt; da war Eigeninitiative nichts Löbliches, sondern etwas, das störte. Außerdem ließen sich Entscheidungen und Anordnungen um so besser kritisieren und beklagen, je weniger man selbst damit zu tun hatte. Die in sich gerundete Dorfgemeinschaft brauchte Harmonie auch um den Preis der Monotonie; Querköpfe waren nicht gefragt, sondern lösten Unbehagen aus. Mein Gott ja, die Lehrer: ihnen mußte man ihre schulmeisterliche Absonderlichkeit schon zugestehen, solange sie nicht vorlaut wurden und sich im Wirtshaus auslachen ließen, wenn sie gar zu gescheit redeten. Einiges von dieser Lebenshaltung ist in den Dörfern lebendig geblieben. So gesehen traf Alberndorf 1962 die ultimative Katastrophe: In diesem Jahr wurde nämlich aus einem ausgesprochen eigensinnigen Lehrer auch noch ein bemerkenswert querköpfiger Bürgermeister. Faßte man dann auch noch die Vergangenheit dieses Friedrich Zottl ins Auge, war für die Zukunft das Schlimmste zu befürchten: 1938, als es in Österreich schon mehr als ratsam war, nicht aufzufallen, exponierte er sich in der Katholischen Jugend. Als österreichischer Patriot in der Deutschen Wehrmacht wurde er prompt als „unzuverlässig“ eingestuft und von der Offizierslaufbahn ausgeschlossen. Dafür durfte er aber an die Front – immer in der vordersten Reihe. Der Krieg endete für ihn

1945 mit Gefangenschaft. Statt geduldig abzuwarten, lief er davon und wurde noch im selben Jahr zu einem von der russischen Besatzungsmacht heiß geliebten Funktionär der ÖVP. Sieben turbulente Jahre später pfiff er unüberhörbar auf die große Politik, weil ihm so manches nicht mehr paßte, und konzentrierte sich auf Alberndorf – als Gemeinderat, als Gemeindesekretär, als Organisator. Außerdem brachte er es in dieser Zeit als Lehrer zu einigem Ansehen und war als Ehemann und Vater nicht minder engagiert. Dabei hatte dieser unmögliche Mensch stets Zeit für jeden und für alles. So einen handelten sich die Alberndorfer als Bürgermeister ein. In den sechziger Jahren lag das Land an der toten Grenze im Sterben und den Dörfern liefen die Einwohner davon. Wer damals Bürgermeister war, galt schon als tüchtig, wenn er das Amt eines Konkursverwalters ordentlich versah. Und da kam dieser Friedrich Zottl, weigerte sich störrisch, zu resignieren und leistete sich die maßlose Vision von einem Dorf, das sich Europa öffnet, sich für Menschenrechte engagiert, seine Isolation überwindet und daraus Kraft für sich selbst gewinnt. Diese schöne Theorie wäre allerdings hoch über dem Boden der Tatsachen zerflattert, wäre der Herr Bürgermeister nicht Visionär und Ackergaul in einem gewesen, der sich mit nie versiegender Kraft ins Zeug legte und zwischendurch auch einmal nach hinten ausschlug oder nach vorne biß – je nachdem, woher die Attacken kamen. Erstaunt über sich selbst, fand sich Alberndorf in einer zwar unbequemen, aber aufregend neuen Identität wieder. Doch kaum hatten sich die Dinge ein wenig zum Guten gewendet, war eben dieses Selbstverständnis schon wieder in Gefahr: Gemeindezusammenlegung. Eine (damals) müde Stadt sollte das muntere Dorf schlucken. So mancher im Weinviertel und erst recht in Wien lachte damals sehr über

Der Bürgermeister des Europadorfes Alberndorf ehrt den Repräsentanten Chinas: Ein Staatsakt nach Art des Hauses Zottl.

das kleine Alberndorf, das sich nichts aufzwingen lassen wollte. Als nach wilden Kämpfen der Verfassungsgerichtshof sein befreiendes Urteil gefällt hatte, war Alberndorf so einig wie nie zuvor, und das setzte Energie frei: für die größte Weingarten-Versuchsanlage Österreichs, für das Pulkautaler Volksfest, für den Bau einer neuen Siedlung am Dorfrand, um endlich die Abwanderung zu bremsen und vielleicht irgendwann ins Gegenteil zu verwandeln. Bürgermeister und Dorf waren stets für ungewöhnliche Ideen gut. So wurde eine Delegation unerschrocken in der chinesischen Botschaft vorstellig, um Alberndorf als Weinort zu profilieren. Der Botschafter zeigte sich interessiert, nahm die Einladung ins Dorf an und war fast zu Tränen gerührt, als bei seinem Besuch die Alberndorfer Blasmusik todesmutig die chinesische Hymne intonierte. Das Dorf an der toten Grenze hatte

sich China als Kunden geholt. Dann gibt es auch noch jene Geschichten, die natürlich nicht wahr sind, weil nicht sein kann, was nicht sein darf, die aber so verflixt glaubwürdig klingen: Da hätte zum Beispiel der Bürgermeister in unheiliger Allianz mit dem Pfarrer Phantomkinder erfunden, als die Volksschule in Gefahr geriet, aufgelassen zu werden. Und dann ist da noch der Hintausweg, der angeblich zur Dorfstraße erklärt wurde, mit der Folge, daß Alberndorf eine Umfahrung bekam und die schön gepflasterte Straße im Dorf ruhig wurde und erhalten blieb. Wie auch immer: Listig war er, der Bürgermeister, das läßt sich nicht leugnen, zäh, einfallsreich und rebellisch. Jenen, die er mochte, war er bis zur Aufopferung verbunden, und seinen Feinden rammte er schnaubend das zornig gesenkte Haupt in die Magengrube. Außerdem war er immer noch Lehrer und erfolgreicher Schulbuchautor – pädagogisch wertvoll, aber auch recht autoritär.
Im Dorf war er ein wenig umstritten, doch grundsätzlich geliebt und anerkannt. Ringsum aber versuchte man ihn in Wort und Tat zu steinigen und ehrte ihn nur, wenn es nicht mehr anders ging, 1977, zum Beispiel, als er das silberne Ehrenzeichen für Verdienste um die Republik Österreich bekam. Als er dann schon sehr lange im Amt war und keinerlei Anstalten machte, ruhig und mürbe zu werden, wie man das von einem älteren Bürgermeister so erwartet, wurden die kritischen Stimmen auch im Dorf lauter, und eines Tages war er abgewählt. Niemand wußte, daß er damals schon sehr krank war. So traurig sie auch waren, irgendwie nahmen es ihm die Alberndorfer ein wenig übel, daß er so einfach starb und nicht mehr zur Verfügung stand. Aber sie hatten nicht mit ihrem alten Bürgermeister gerechnet und jenem langen Schatten, den er auch posthum noch wirft. Alberndorf, das Europadorf, ist immer noch aus der Art geschlagen, ist jederzeit

gut für Überraschungen, bereit, Freunde zu umfangen und keinem notwendigen Streit aus dem Weg zu gehen. Regie, noch immer: Friedrich Zottl.

EINE MÜLLERIN UND EIN PRIVATGELEHRTER

Ein paar Jahre ist es her, da hat Frau Vogt noch gelebt, im Pflegeheim von Retz. Ihr Gesicht war aus Gras und Holz und altem Mauerwerk. Das Leben in ihm war nur noch geduldet, tastete mühsam nach seinen Spuren, ein seltsam fremder Gast im eigenen Haus.

Viele nicht einmal alte Gesichter überzeichnen chronisch verschobene Wirklichkeit zur unfrohen Karikatur. Dann erzählen Masken von leerem Dünkel, vergeblicher Beflissenheit oder banaler Größe.

Das Gesicht der Theresia Vogt war eines, das nie ein Gesicht aufsetzen mußte, das den Dingen, die innen und außen geschahen, einfach Antwort gab. Aber die alte Frau Vogt wollte von dieser Antwort nichts mehr wissen, in keinen Spiegel schauen. Sie nahm nur noch hin, was man ihr aufzwang, vergaß, verdrängte, wo sie nur konnte. Es blieb ja genug: ihre große Mühle in der Nähe von Bad Pirawarth, und Willi vor allem, ihr Sohn, fesch, langhaarig, schon als er zu Kommunion ging, und ein toter Held. Frau Vogt wollte immer zurück in die Mühle. Hier sterbe ich ab wie ein altes Haus, sagte sie. Sie hat ja auch im Grunde genommen früher nur gelebt, weil ihr nichts anderes übrigblieb.

Sieben Jahre Schule für ein unscheinbares, rachitisches Mädchen, das recht gerne gestorben wäre, doch der liebe Gott war dagegen. Und so wurde sie eben auf ihre Art erwachsen – widerspenstig und fromm. Die armen Heiden in aller Welt mögen bekehrt werden, dafür spendete sie von Kindesbeinen an, und sie tat es bis zu ihrem Lebensende, mit grimmiger Grußadresse an sich selbst: „Heut' ißt nix. Die Mission braucht's." Wer was braucht oder nicht, war ihr schon immer ziemlich klar gewesen; so durfte anno 1926 der Herr Vogt die Theresia zur Frau Vogt machen. Dann wurde er noch Vater eines Sohnes, Willi, doch damit war seine eheliche Energie erschöpft. Er hatte zwar das Müllerhandwerk erlernt, die Arbeit erledigte aber seine Frau, dieweil er damit beschäftigt war, nicht nach Hause zu kommen.

Aber es waren schöne Jahre, denn Willi war ein liebes Kind und der Garten rings um die Mühle war eine Welt für sich, bevölkert von Ziegen und Hühnern. Ein ruhiges Leben was das, außerhalb des Dorfes, man konnte sich schon wohl fühlen, in geschäftiger Einsamkeit. Frau Vogt brauchte ihre Zeit: Zeit zum Lesen, Zeit, das Gelesene nachts hellwach noch einmal durchzudenken, und Zeit zum Schreiben. Ihren Tagebüchern wird weder ein himmlisches Rechnungsamt noch das Jüngste Gericht irgend etwas hinzuzufügen haben. Sie hat ihr Leben Tag für Tag abgerechnet, penibel und pointiert. Gewöhnlich beginnen die Eintragungen mit der Anzahl der gefundenen Eier und enden mit einem zärtlichen Gedanken an Willi. Herr Vogt kommt höchstens zwischendurch vor, wie es auch im Leben seine Art war.

Dann kam der Krieg, Vater und Sohn gingen, der Vater kam wieder, aber auch nur, um immer häufiger wegzubleiben. Die Frau in der großen Mühle las, schrieb und wartete. Sie lernte Russisch, weil die Russen doch ihren Sohn hatten. Sie sorgte für die Tiere, hielt die Mühle in Gang, und wenn der Mond sehr hell war, stand sie auch gerne im Garten, um Unkraut zu jäten.

Willi war tot, eines Tages, Frau Vogt lebte trotzdem weiter, obwohl es immer schwieriger wurde. Sie fror, nicht nur, weil es in der Mühle keine Heizung gab, auch kein elektrisches Licht – sie schaffte es trotz aller dickköpfigen Tapferkeit nicht mehr, mit ihrer mühseligen Welt zurechtzukommen. Natürlich, sagten die Leute im Dorf, das haben wir immer schon gesagt. Ach was, sagte Frau Vogt zu Christa, der einzigen, die sie manchmal an sich heranließ, jetzt kommt der Frühling, da höre ich wieder Radio: Alle Fenster auf und die Vogerl singen den ganzen Tag. Nach und nach wurde die Schrift in ihren Tagebüchern

„Es war heute stillkalt, gefroren und stürmisch." Die Tagebücher der Müllerin Theresia Vogt berichten präzise von einem verwunschenen Leben.

zittrig, aber sie gönnte sich keine Ungenauigkeit, auch nicht, wenn sie von der Verzweiflung schrieb, die übermächtig zu werden drohte. Dann mußte der Bürgermeister die Einweisung ins Pflegeheim veranlassen, um ihr Leben zu retten.
Vielleicht findet sich sogar noch jemand, der die Mühle rettet, macht sich doch gut, so ein Leben auf dem Lande. Wer hier einzieht, wird aber mit Frau Vogt zusammenleben müssen.
Schon damals, im Heim, saß nur ihre Hülle da. Die Träume, auch wenn sie grau und brüchig geworden waren, wohnten in der Mühle. Den alten Vogt schickte sie noch posthum zum Teufel, er hätte ja doch nur gestört, wenn Willi wiederkäme. Dann wäre nämlich alles anders: Er würde die Spinnweben zerreißen und seiner Mutter einen Spiegel schenken, für ihr neues Gesicht. Aber er ist nicht gekommen.
Schupfts euch! sagte Frau Vogt fast heiter zu allen, die ihr helfen wollten. Ich brauche nichts. Hauptsache, sie hatte zu lesen. Sie las alles, was sie bekommen konnte. Wenn ich nicht mehr lese, stellte sie sachlich fest, bin ich gestorben.
Seit ein paar Jahren liest sie nicht mehr.
Als Frau Vogt noch in ihrer Mühle Tagebücher schrieb, lebte in Zwingendorf, in einem großen, alten Zollhaus Gotthard Barth, auch so einer, der gerne zu Papier brachte, was ihm durch den Kopf ging. Sogar im Winter, wenn eisiger Wind Schneefahnen über das ebene Land an der Grenze trieb, war er tätig, zog ein paar Jacken übereinander an, stülpte einen Hut von bezaubernder Formlosigkeit aufs greise Haupt und setzte mit eiskalten Fingern Letter für Letter eine neue Kampfschrift mit dem bescheidenen Titel „Vergessen wir Einstein!“
Er war schon siebzig, als er ins Weinviertel kam, mit dem

Traktor, seine Frau, die Druckmaschine und die Möbel auf dem Anhänger. Im Sinne einer bürgerlichen Existenz hatte er wenig vorzuweisen – irgendwelche Berufe im Rang von Episoden. Aber Gotthard Barth hatte studiert, und zwar leidenschaftlich und respektlos. Er inskribierte Medizin, legte ein paar Prüfungen mit Auszeichnung ab, und als ihm das zu langweilig wurde, wandte er sich der Physik zu. Hier glaubte er denken zu können, wie er es sein Leben lang tat, nämlich geradeaus, aber quer. Zwischendurch studierte er nicht ohne Eifer die künftige Frau Barth, heiratete und wurde Vater. Nach dem Krieg zog es ihn wieder an die Universität. Er probierte ein paar Semester Philosophie, brach das Studium ab, weil die Familie Geld brauchte, und fing mit fünfzig noch einmal an zu studieren, diesmal wieder Physik. Hatte es früher an Geld oder Zeit für den Doktortitel gemangelt, fehlte es nun an Verbindlichkeit. Er fühlte sich einfach zu erwachsen dafür, alles zu glauben, was Professoren lehrten, zu sagen, was sie gerne hörten. Allerdings stieß sein unheilvoller Drang, ehrwürdigen Lehrstoff zu hinterfragen, nicht überall auf Ablehnung. Als er Professor Lösel, einen berühmten Dampfmaschinenbauer an der Technischen Hochschule, von Widersprüchen berichtete, die er in der Wärmetheorie entdeckt hatte, stutzte der gelehrte Mann, rechnete, staunte und lud Barth ein, sein Schüler zu werden. Der wollte damals nicht. Inzwischen weiß er, wie rar jene Augenblicke sind, in denen sich Götter etablierter Gelehrsamkeit bereitfinden, die eigenen Standpunkte zu überprüfen.
So kam er also als stiller, zorniger Privatgelehrter in das Zollhaus zwischen Dorf und Kellergasse, eines von vielen, die heute als merkwürdige Fremdkörper im Grenzland stehen: ärarische Zweckarchitektur, ihres Inhalts beraubt und durch die Willkür des Zufalls neu belebt. Gott-

Nieder mit Einstein! Wenn der Privatgelehrte Gotthard Barth eine Streitschrift verfaßte, dann machte sie ihrem Namen alle Ehre.

hard Barth malte unübersehbar groß Bradleys Aberrations-Kosinus auf die Außenwand seines Hauses, füllte das Erdgeschoß mit kreativem Chaos, und seine Frau verwandelte den ersten Stock in eine wohlgeordnete, heimelige Wohnwelt. Der zweite Stock blieb leer. Immer stärker konzentrierte sich Barths Arbeit auf die rationale Physik. Einstein hatte ihn anfangs nicht sehr interessiert. Die Relativitätstheorie erschien ihm schwer verständlich, was er als Schwäche, nicht als geniale Überhöhung ortete. Seinem mathematischen Geist fehlte es an zwingender Logik. In den folgenden Jahren setzte er sich sehr gründlich und zunehmend erbost mit der Materie auseinander. Bei Einstein ortete er dürftiges Fachwissen, doch immerhin auch Bescheidenheit und Einsicht. Gerne zitierte er aus einem Brief, den der Siebzigjährige an seinen Jugendfreund Solvine schrieb: „Da ist kein einziger Begriff, von dem ich überzeugt wäre, daß er standhält." Wie recht er doch hat, der Einstein, nur die etablierte Wissenschaft hat wieder einmal keine Ahnung. Alle Beweise, die Einstein vorlegte, pflegte Barth zu postulieren, widerlegen in Wirklichkeit Einstein. Über zwanzig Jahre gab er die Zeitschrift „Wissen im Werden" heraus. Wichtigster Autor, Satz, Druck und Vertrieb: Gotthard Barth. Der erhoffte Erfolg, nämlich eine Revolution der Wissenschaft, blieb aus. Aber die verschworene Gemeinde der Fechter wider Einstein schätzt Barth noch heute als unermüdlichen Feuergeist, und wer die Namen der Professoren liest, wird zumindest nicht mehr annehmen, es handle sich um einen Haufen Idioten. Auch macht sich ja nach und nach die Erkenntnis breit, daß die Propheten der herrschenden Lehrmeinungen ein wenig selbstherrlich agieren.

Es war doch erst gestern, als er sich temperamentvoll argumentierend aus seiner Arbeitswelt löste, ein Stockwerk höher ging und sich mit seiner Frau und seinen Besuchern von Musik forttragen ließ. Müßig anzumerken, daß die Lautsprecherboxen eine Konstruktion Gotthard Barths waren, wie auch die Solarheizung, die schon funktionierte, als andere noch gar nicht darüber nachgedacht hatten. Dann kramte der alte, junge Herr schon wieder in Broschüren, rechnete nach und rechnete vor, war kampfeslustig und nur ein ganz klein wenig melancholisch.

Das ist eine Weile her. Gotthard Barth ist sehr alt geworden. Als er dann doch starb, gab es ein paar Randnotizen ratloser Journalisten zu lesen. Freunde verwalten seinen gedruckten Nachlaß. Seine Frau behütet die Erinnerung an ein gemeinsames Leben zwischen Dorf und Grenze.

EIN SCHNITZER UND EIN DICHTER

Wer ein paar hölzerne Wolkersdorfer kennenlernen will, begibt sich am besten in Wien nach Heiligenstadt, in die St.-Michaels-Kirche. Die vierzehn Holzreliefs der Kreuzwegstationen zeigen sehr realistische Gesichter mit lebhaftem Ausdruck: Porträts von Zeitgenossen eines heiteren Künstlers und genialen Handwerkers. Franz Zelezny war ein virtuoser, außerordentlich produktiver Bildhauer und Schnitzer, der mit fast schon unverschämter Leichtigkeit die widersprüchlichsten Stilrichtungen unter das Dach seiner Kreativität holte. Von der Ausbildung her war er dem Historismus verpflichtet, dem Jugendstil konnte er womöglich noch mehr abgewinnen, dann fühlte er sich wieder im Naturalismus zu Hause oder fand zu klaren, abstrahierenden Formen. Er war ganz einfach ein handwerkliches und künstlerisches Naturereignis, dem keiner die Anerkennung verwehren konnte und wollte. Sogar der mitleidlos kritische Adolf Loos schrieb über ihn: „er ist der größte ornamentale bildhauer unserer zeit, der größte aller lebenden holzschneider." Zelezny war sehr fleißig, seine Auftraggeber waren durchwegs reich und berühmt, also zählte er selbst bald auch zur Wiener Prominenz, und das ging ihm ein wenig auf die Nerven. Er wurde also zum Weinviertler, zum Wolkersdorfer. Dort saß er dann beim Franz Reich, dem Bahnhofswirt, am Stammtisch, mit ihm der Steuereinnehmer Frühstückl, der Tierarzt Wanek und noch irgendwelche Leute, die sich gerne dazusetzten, wenn der „Professor"

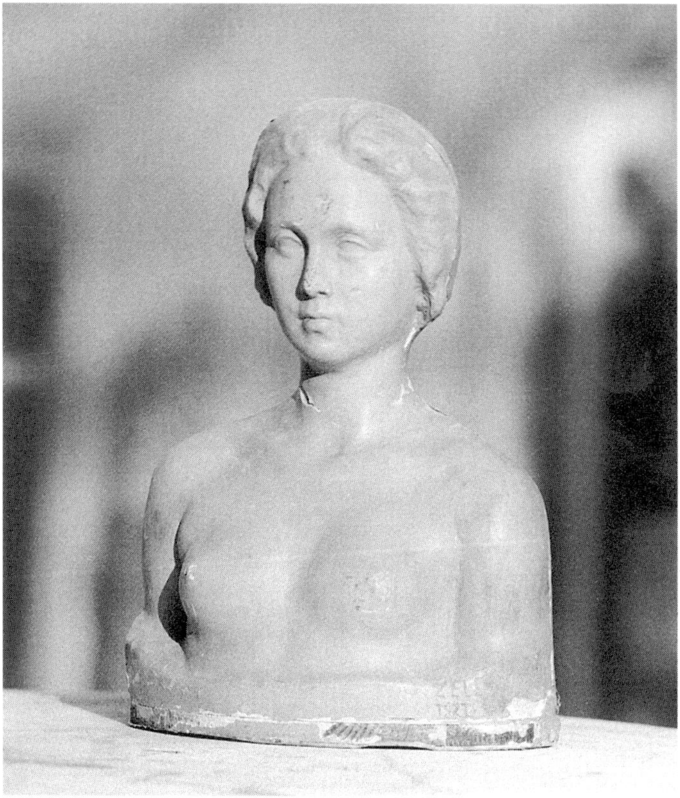

Heitere Grabdenkmäler, wunschlos versoffene Lumpen, sinnenfrohe Engel, pathetischer Überschwang oder zeitlose Mädchenschönheit: Franz Zelezny war da nicht wählerisch.

da war, weil es sich da so schön trinken, lachen und gescheit reden ließ. Austeilen konnte Zelezny übrigens genauso gut wie einstecken: Als ihn einer der Gäste, auf seine etwas hoch klingende Stimme anspielend, fragte, ob er denn nicht „gröber" reden könne, setzte er das Weinglas ab, wischte sich behaglich den Bart und sagte friedlich: „Natürlich kann ich's auch gröber: Du Arsch." Im Gehen steckte Zelezny dann meist noch zum Entsetzen seiner geliebten Ehefrau den fetten Knochen vom Kotelett in die Tasche seines voluminösen Gehrocks, damit auch der Dackel „Schliaferl“ seine Freude hatte, und strebte dem Atelier zu, um dort zu arbeiten. Oft kam auch Besuch aus Wien: Josef Hoffmann, Joseph Maria Olbrich, Gustav Klimt ... Sie alle fühlten sich wohl im vielgestaltigen Chaos der Künstlerwerkstätte. Nichts war vor der gutgelaunten Gestaltungswut des Meisters sicher: Er stattete Jugendstilvillen aus, schuf sakrale Kunstwerke, Kaffeehauseinrichtungen und bürgerliche Grabdenkmäler, Skulpturen begnadeter Säufer und weinseliger Engel, nackte Mädchengestalten von reiner Unschuld und hintersinnige Heilige. Immer dann, wenn man meint, Zelezny bei oberflächlichem Witz und harmloser Idylle ertappt zu haben, blitzen böser Spott oder scharf beobachtende Sozialkritik auf; kaum glaubt man monumentales Pathos zu erblicken, wird auch schon respektlose Ironie sichtbar. Zur ungebärdigen Vielfalt des Werkes paßt das Leben des Künstlers: sprunghaft, chaotisch, genußbetont und fleißig. Wer nach Zeleznys Werken sucht, wird es nicht sehr einfach haben: Holz ist ein vergängliches Material, und viele der für ihn so typischen Kleinskulpturen sind in Privatsammlungen verschwunden. Als einziges Beispiel seiner ganz großen Arbeiten ist die Einrichtung des Königlichen Schlosses Peles im rumänischen Sinaia erhalten geblieben. In Wien sind unter anderem zwei Grabstätten sehenswert: jene – erstaunlich heitere – der Familie Marcus auf dem Friedhof von Döbling und, auf dem Zentralfriedhof, das Grabmal der jüdischen Kaufmannsfamilie Gerngroß – ein freundlicher steinerner Gartenpavillon. Natürlich hat Zelezny auch in Wolkersdorf Spuren hinterlassen: Im Schloßpark steht das 1908 errichtete Franz-Joseph-Denkmal, das Relief „Zur Heiligen Dreifaltigkeit“ an

der Apotheke ist sein Werk, wie auch das „Hasenbild“ am Wohnhaus der Braumeisterdynastie Haas, der hl. Florian am Zeughaus der Feuerwehr und ein Fries mit den Bildern bedeutender Künstler an jenem Haus in der Haasgasse, wo noch heute sein Enkel wohnt.
Als Franz Zelezny 1932 starb, war ein anderer Weinviertler Künstler, der Lyriker Theodor Kramer, 35 Jahre alt und schrieb diese Zeilen: „Wo ich heute stehe, weiß ich, / auf das bißchen Glück noch scheiß ich.“ Er hatte damals den literarischen Durchbruch längst geschafft und konnte einigermaßen von seinen Gedichten leben. Gleichzeitig sah er Unheil auf sich zukommen: das Zerbrechen der Demokratie in Österreich, aufkeimende Gewalt und dumpfen Nationalismus. Es war nicht seine Art, sich selbst oder anderen etwas vorzumachen.
Unter jenen Dichtern, die ihre Ursprünge im Weinland haben, in deren Sprache die Melodie des Hügellandes mitklingt, war Theodor Kramer einer, der zugleich liebte und analysierte, der zum innersten Wesen vordrang, indem er den Abstand des Beobachters wahrte. Wenn er das herbstliche Lößland beschreibt, fährt dennoch schöne Traurigkeit wie schwerer Wein ins Gemüt.

Unterm Laub wohnt der Stamm, unterm Roggen der Grund,
unterm Rasen Gestein und Gewalt;
jedes Jahr, wenn im Herbstwind die Stauden sich drehen
und die Kleestoppeln schwarz auf der Lößleiten stehen,
wird urplötzlich das Land wieder alt.

Fast ist es so, als zöge er einer Geliebten die Bettdecke vom nackten Leib, und da läge sie dann, vor seinen forschenden Augen, und bliebe unberührt. Da ist viel Sinnlichkeit in Kramers Gedichten, weil er sie braucht, wenn das Bild stimmen soll, da läßt sich Leben ertasten, riechen und schmecken. Erntezeit im Buckelland . . .

Rauschig endet das Summen der Fliegen im Leim,
und das Vieh brüllt, da kehren die Bauern erst heim;
ihre Backen glühn hager, sie nageln zur Not
ihre Sensen und spießen das Rauchfleisch aufs Brot
und der Mischling im Krug ist schon faulig.

Das heftige, unstete, verhaltene, leidenschaftliche Leben des Theodor Kramer begann am Neujahrstag 1897 in Niederhollabrunn, dort, wo sich der Michelberg zu einem markanten Buckel aufwölbt und das wellige Ackerland zur Donau hin verebbt. Mitten im Dorf steht auf einer grasigen Erhebung die große Kirche und dahinter duckt sich jenes kleine Haus, in dem Kramer als Sohn des jüdischen Dorfdoktors geboren wurde. Weit schaute er von hier aus ins Hügelland und über das Dorf hin. Er wuchs inmitten des Dorfes auf, und doch stand das Haus seiner Eltern abseits, er kannte die Leute ringsum, war durch den Beruf seines Vaters mit ihrem Leben vertraut, ohne aber daran wirklich teilzuhaben. Er spielte mit anderen Kindern, doch als Jude und Doktorbub gehörte er nicht zu ihnen. Schon damals schärfte sich sein Blick für Menschen, die abseits standen, weil sie zu fremd, zu arm, zu krank oder zu sündig für die Gesellschaft waren, oder auch zu klug, zu kritisch, zu empfindsam. Kaum mit der Schule fertig, mußte er zum Militär. Aus dem Ersten Weltkrieg kam er schwer verletzt heim. Er wurde nie wieder richtig gesund. Er versuchte sich als Student, mußte abbrechen, weil es an Geld fehlte, nahm einen ungeliebten Verwaltungsposten an und brachte sich dann als Buchhändler mehr schlecht als recht durch. Doch auch das Weinviertel ließ ihn nicht los: In den zwanziger Jahren

vertiefte er seine Kindheitseindrücke auf ausgedehnten Wanderungen und erfuhr das Leben an den Rändern der Dorfgemeinschaft mit schmerzlicher Klarheit: armselige Schenken, die Keuschen der Häusler, das erbärmliche Leben böhmischer Landarbeiter, die Drecksarbeit bei den Ziegelöfen. Schon seit seinem vierzehnten Lebensjahr hatte Kramer Gedichte geschrieben. Nun gelang es ihm endlich, einige Arbeiten in Zeitungen unterzubringen, und er fand sogar einen Verleger. In Österreich war Kramer abgewiesen worden, doch in Deutschland druckte der Frankfurter Verlag Rütten & Löhning sein erstes Buch, die „Gaunerzinke". Die Reaktionen waren überraschend ermutigend: ausführliche und wohlmeinende Kommentare prominenter Kritiker und, wer hätte das gedacht – der Lyrik-Preis der Stadt Wien. Nach dünnhäutigem Impressionismus, expressionistischer Distanzlosigkeit und gezierter Natürlichkeit waren Kramers Gedichte erfrischend lebendig, beklemmend intensiv und von bezwingender Kraft. Ob Wien, Berlin oder Prag: überall wurde Kramer gedruckt und gelesen. „Der stärkste österreichische Lyriker seit Georg Trakl" urteilte Carl Zuckmayer, und Stefan Zweig schrieb: „Es ist keiner unter uns, der für Theodor Kramer nicht die äußerste Bewunderung hätte."
Doch schon 1933 nahm die Zahl der Publikationen, politisch bedingt, rasch ab. Es gelang noch, den Gedichtband „Mit der Ziehharmonika" zu veröffentlichen, dann kam das Jahr 1938 und mit ihm Hitler. Kramer wußte, was ihm drohte, wartete erst einmal wie gelähmt ab, weil ihm war, als müsse er „mit dem eigenen Messer seine Wurzeln aus der Erde drehn", wenn er die Heimat verließe. Noch einmal schrieb er eine Anzahl von Gedichten nieder,verzweifelte in einem Selbstmordversuch und entschloß sich dann doch zu fliehen. Erst 1939, zwei Monate vor dem

Theodor Kramer faßte die Essenz Weinviertler Lebens in Worte, und diese fand er um so dichter vor, je reduzierter und klarer ihm das Land entgegentrat.

Zweiten Weltkrieg, konnte er mit energischer Hilfe Thomas Manns nach England ausreisen. Er verlebte ein trübseliges Exil. 1943 verschafften ihm endlich englische Freunde eine Stelle als Bibliothekar. Kramer begann wieder zu schreiben. Als der Krieg zu Ende war, wußte er, kränklich und kraftlos zögernd, mit der neuen Situation nichts Rechtes anzufangen, obwohl seine Werke in Österreich allmählich wieder publiziert wurden. Doch für einen erfolgreichen Neubeginn war das alles zu wenig. Immerhin erinnerte sich die wiedererstandene Republik ihres vertriebenen Sohnes: ein Preis der Theodor-Körner-Stiftung wurde ihm zugesprochen und eine Ehrenpension des österreichischen Bundespräsidenten. Kramer kehrte also im September 1957 in seine Heimat zurück. Die Landschaft seiner Kindheit sah er wohl wieder, doch durch ein Autofenster, als seltsam unbeteiligter Betrachter: Kramer war schon zu krank, um Wanderungen zu unternehmen. Am 28. März 1958 starb er an einem Gehirnschlag. Der Literaturpreis der Stadt Wien wurde wenig später einem Toten verliehen. Aber wie ist das mit seinen Gedichten? Leblos, vergriffen, ungelesen in Bibliotheken verbannt? Das kann wohl nicht sein, solange es Erwin Chvojka gibt, Kramers treuen Sachwalter und versierten Herausgeber, das kann aber vor allem nicht sein, solange es Leser gibt, für die Kramers Gedichte Zaubertüren in eine vergangene, fremde und merkwürdig nahe Welt sind, jene etwa eines elenden Pfründners, der Maulwürfe ausgräbt, für etwas Wein . . .

Alle Gänge hebt der Pfründner
gründlich aus, die Zunge dick,
faßt die samtnen bei den Fellen,
schlägt die traurigen Gesellen
mit dem Schaft in das Genick.

Mittags mißt der Armenvater
ihm den Trunk zu trübem Rausch.
Faulig schmeckt der Wein, die Krallen
rosenroter Zehenballen
wachsen zart in seinen Rausch.

Kramers Zeilen sind wie kräftige, unwillige Federstriche, die karge, wesentliche Bilder entwerfen, rücksichtslos reduziert auf ihre innere Wirklichkeit. Er wirbt nicht um Mitleid, nicht um anbiederndes Verstehen, und durch die sozialromantische Brille schaut er erst recht nicht. Vier Zeilen, ein Leben: Das Gemeindekind . . .

Ich kenne keinen Vaterhof
ich steh auf keinem Grund.
Meine Mutter hat mich ausgeschütt'
im Strauch wie einen Hund.

Kramer weiß, wovon er schreibt. Ein angepaßtes Leben hat er nie geführt. Mit Strolchen und Säufern hat er sich nicht verbrüdert, aber er war gerne unter ihnen. Er brauchte viele Frauen, solche und solche, und keine konnte ihn halten. In seiner Sinnlichkeit waren Lust und Trauer Schwestern: Die Weinmagd . . .

Als im Herbst vor Nacht aus jedem Loch
herb der Wein und dumpf das Maischgut roch,
winselten im ganzen Dorf die Hunde,
und mein Herz schlug, als zur späten Stunde
draußen stand ein Mann im fahlen Schein;
und ich ließ ihn in die Kammer ein.

Düster wußte ich nicht, wer er war,
und der Weindunst hing ihm schwer im Haar.

Ruhe gab sein Händedruck, verschwommen
war sein Blick, mit ihm hereingekommen
war das Weinland; und er grub mir stumm
wie ein Grabscheit meinen Acker um.

Es ist nicht ganz ungefährlich, Theodor Kramer zu lesen, weil er Grenzen verschwimmen läßt, Maßstäbe verschiebt, und Verdrängtes, Verleugnetes, sittsam Weggesperrtes ins Bewußtsein holt; weil er den Kopf dazu verführt, die Sinne aufzuwecken. Süchtig macht er außerdem, aber das ist halb so schlimm, bei den etwa zwölftausend Gedichten, die er geschrieben hat.

NACHLESE

Zwischem dem Verderberhaus und dem Znaimer Tor steht das Retzer Bürgerspital. Hier hatte im 19. Jahrhundert ein Mitarbeiter der Gemeinde seine Dienstwohnung. Als 1856 sein erster Sohn, Ferdinand, geboren wurde, pflanzte er in der Freude seiner Herzens sechs Weinstökke an der Südseite der säkularisierten Kapelle. In den folgenden Jahrzehnten kamen bedrohliche Gefahren auf den Weinbau zu: der falsche und der echte Mehltau, vor allem aber die Reblaus. Die sechs Rebstöcke mitten in der ummauerten Stadt überlebten dennoch. Sie wuchsen in aller Stille und waren fruchtbar, während die Geschichte lärmend ihren Lauf nahm: Einzug der Preußen, Cholera, die große Überschwemmung, zwei Weltkriege. Noch heute treiben vier der sechs uralten Weinstöcke bis zur Dachtraufe und tragen Trauben: Grüner Veltliner, Gutedel und Blauer Portugieser. Dem knorrigen, rauhfaserigen Holz der Stöcke ist das Prinzip ihres Lebens anzusehen: unscheinbare, wohldosierte, zähe Kraft. Es gibt Bauern im Weinviertel, die ähnlich sind: uralt, klein, zaundürr, aber immer noch an der Arbeit. Sie leben gelassene Beständigkeit in einer sich hektisch verändernden Welt. Solche Leute tun nichts Spektakuläres, aber sie sind wichtig für das Weinland.

Ein paar Gehminuten vom Bürgerspital und den Weinstöcken entfernt steht das Retzer Schloß wie ein Bollwerk im Strom der Zeit. Hier hat Beständigkeit andere Konturen. Wer ein Schloß bewohnt, wohnt nicht einfach in einem großen Haus, sondern lebt mit historischem Kulturgut zusammen. Wer außerdem den Namen Suttner-Gatterburg trägt, steht nun einmal nicht nur für das eigene Leben gut, sondern auch für das der Vorfahren. So wird das Blättern im Familienalbum zum Blättern im Geschichtsbuch. Da gab es zum Beispiel den Arzt und Philosophen Matthias Suttner, der 1729 die Herrschaft Kirchstetten mit Wildendürnbach kaufte, in der Gegend von Laa, im stillen Grenzland. Sein Vater, Leopold, hatte im Entsatzheer, das Wien von der Belagerung durch die Türken befreite, einen Teil der polnischen Truppen geführt. Unter Mithilfe von Johann Bernhard Fischer von Erlach ließ Matthias Suttner das Schloß umbauen, und er beauftragte den berühmten Barockmaler Franz Anton Maulbertsch mit der Schaffung eines Deckengemäldes zum Thema „Triumph der Wahrheit“: üppige ländliche Lebensfreude strebt dem Licht der Erkenntnis zu. Der Künstler konnte damals nicht ahnen, daß sich über hundertfünfzig Jahre später eine weltberühmte Österreicherin auf ihre ganz persönliche Weise mit dem Gemälde und seinem Thema auseinandersetzen würde. Bertha von Suttner hatte zwar in jenen Zweig der Familie eingeheiratet, der das Gut Harmannsdorf bei Horn bewohnte, doch sie war oft und gerne in Kirchstetten und arbeitete im stillen Schloßpark an ihren Büchern. Eine merkwürdige Frau: flatterhaft, ziemlich leichtsinnig und ein wenig überspannt in ihrer frühen Jugend, dabei aber musikalisch und ungemein sprachbegabt. Als Gesellschafterin und Gouvernante im Hause Suttner war die geborene Gräfin Kinsky bald unstatthaft heftig in den Sohn der Familie, Arthur, verliebt und mußte ausziehen. Damals suchte ein gewisser Alfred Nobel eine sprachkundige Sekretärin und Hausdame. Bertha begab sich also zum Erfinder des Dynamits nach Paris, der damals einem noch heute aktuel-

Bertha von Suttner wohnte im Grenzland und erlebte das Weinviertel bei ihren Besuchen auf Schloß Kirchstetten.

len Irrtum unterlag: er glaubte durch besonders bedrohliche Vernichtungswaffen Kriege abwenden zu können. Nach nur einer Woche bei Nobel ereilte sie mit einer Depesche die Sehnsucht nach Arthur und das bedeutete die Rückreise nach Wien und die heimliche Hochzeit. Bald sah sich das junge Ehepaar der völlig unstandesgemäßen Notwendigkeit gegenüber, sich mit harter bürgerlicher Arbeit zu ernähren. Doch unkonventionelles Leben hatte die beiden noch nie gestört, und zusehends geriet auch ihre Auseinandersetzung mit der gesellschaftspolitischen Realität differenzierter und kritischer. Immer entschiedener weigerte sich Bertha, Kriege als Naturereignisse zu akzeptieren. Ihre Idee, daß Vernunft und Toleranz, von sehr vielen Menschen bewußt und konsequent gelebt, Kriege als sinnloses Morden entlarven müßten, mündete schließlich in den größten Bestseller der Weltgeschichte: „Die Waffen nieder". Mit einem Schlag war Bertha von Suttner zu einer Leitfigur der Friedensbewegung geworden: Friedensgesellschaften, Weltfriedenskongresse, eine Zeitschrift, internationale Vortragsreisen. 1896 starb Alfred Nobel, der Bertha in Freundschaft verbunden geblieben war. Sein Testament begründete die Institution der Nobelpreise, und einer davon galt besonderen Verdiensten um den Frieden. 1905 hieß die Preisträgerin Bertha von Suttner. Sie starb am 21. Juni 1914, sieben Tage bevor die Schüsse von Sarajewo fielen.

Mit jedem Toten zweier Weltkriege starb auch die Idee Bertha von Suttners, behielten die Hetzer, die Gewalttätigen und die Spötter recht.

Aber auch die Friedensnobelpreisträgerin wurde bestätigt, die ja nur zu gut wußte, wie weit ihre Visionen noch von der Wirklicheit entfernt waren. Sie, die es einfach wagte, Unerreichbares leidenschaftlich anzustreben,

Menschenwerk, behutsam in die Landschaft gefügt, zeichnet auch nach Jahrhunderten unbeirrt klare, friedliche Strukturen ins Weinland.

schrieb: „Friedensideen im Frieden sinnlos – im Krieg wahnwitzig."
1945 traf der Krieg auch Schloß Kirchstetten und richtete schlimme Schäden an. 1974 verwüsteten Einbrecher das Gebäude, und aus freundlicher Abgeschiedenheit wurde bedrohliche Stille. Schließlich mußte auch das kostbare Deckengemälde in Sicherheit gebracht werden: der „Triumph der Wahrheit" kam ins Exil. Doch Kriege und Gewalt haben das Weinviertel in seiner Geschichte zwar immer wieder gebeugt, geschunden und verwundet, waren aber in der Weite der Landschaft und in der Tiefe der Zeit nie mehr als schreckliche Episoden. So wie sich eine Wiese nach harten Stiefeltritten wieder aufrichtet, wacht hier, oft spät und unvermutet, aber doch, das alte Leben

wieder auf. Eine Landesausstellung, die neben anderen großen österreichischen Frauen auch Bertha von Suttner gewidmet ist, hat Kirchstetten gesunden lassen. An der Decke des Festsaales leuchtet wieder das vertraute Meisterwerk.

Zu ebener Erde hat der Triumph der Wahrheit indes noch lange nicht stattgefunden. Noch immer müssen wir Angst vor jenem Krieg haben, den Bertha von Suttner prophezeite: vor einem, den keine Seite gewinnen kann, der alle vernichtet.

Aber hier, im Weinland, dicht an der Grenze, die friedlich geworden ist und sich öffnet, ist dennoch ein guter Platz und ein fruchtbarer Boden für vernünftige Träume.

Danke

Ein herzliches Dankeschön für engagierte Mitarbeit, profunde Information und tatkräftige Unterstützung:

Ferdinand Altmann und dem Kulturbund Weinviertel
Fritz Breiner
Erwin Eminger
Bürgermeister Karl Fenth
Josef Geissler
Dipl. Ing. Helmut Hofbauer
Klaus Merkl und der Niederösterreichischen Fremdenverkehrswerbung
Präsident Josef Pleil
Josef Preyer, Stadtmuseum Poysdorf
Heinrich Prohaska
Univ. Ass. Dr. Gerhard Stadler, TU, Institut für Kunstgeschichte, Denkmalpflege und Industriearchäologie
Matthias Suttner-Gatterburg

Dem Verlag Paul Zsolnay, Wien, danke ich für die freundliche Genehmigung zum Abdruck einiger Gedichtzeilen von Theodor Kramer.

Nicht zuletzt gilt es meiner Lektorin, Frau Ilse Walter, zu danken, die ein schlampiges Manuskript in ein wohlgeratenes Buch verwandelte.

Literaturhinweise

Rudolf Büttner, Burgen und Schlösser in Niederösterreich, Birken Verlag, 1987

Karl Lukan, Das Weinviertelbuch, J&V, 1992

Karl Lukan, Herrgottssitz und Teufelsbett, J&V, 1979

Franz Schulz/Otto Steindorfer, 850 Jahre Pfarre Michelstetten, Festschrift, Pfarramt, 1983

Ilse Kleberger, Die Vision vom Frieden, Bertha von Suttner, Erika Klopp Verlag, 1985

Harald Hofbauer, Retz anno dazumal, Niederösterreichisches Preßhaus, 1980

Heinrich Prohaska, Retz, Sieben Jahrhunderte Tradition, Stadtgemeinde Retz, 1997

Walther Franz Ziehensack, Land zwischen Thaya und Zaya, J&V, 1975

Weinviertler Hausbuch, NÖ Bildungs- und Heimatwerk, 1989

Anton R. Bodenstein/Carl Philipp, Die Mühlen im Weinviertel, Edition Christian Brandstätter, 1985

Walter Seidl, Die Nordgrenze des Weinviertels von Pernersdorf bis Seefeld, Eigenverlag, Unter-Markersdorf 39, 1997

Peter Kenyeres, Manfred Jasser, Ferdinand Altmann, Weinviertel im Wandel, Band 9 der Schriftenreihe „Das Weinviertel", Eigenverlag Kulturbund Weinviertel, 1986

Schlösser und Burgen im Weinviertel, Band 3 der Schriftenreihe „Das Weinviertel", Eigenverlag Kulturbund Weinviertel, 1971

Kultur der Kellergasse, Band 4/5 der Schriftenreihe „Das Weinviertel“, Eigenverlag Kulturbund Weinviertel, 1980
Thomas Hofmann, Das Weinviertel, Falter Verlag, 1995
Bernd Anwander, Cordula Loidl-Reisch, Kellergassen in Österreich, Falter Verlag, 1989
Dehio, Handbuch Niederösterreich nördlich der Donau, Bundesdenkmalamt, 1985
Anton Bartonek, Bohuslav Benes, Wolfgang Müller-Funk, Friedrich Polleroß, Kulturführer Waldviertel, Weinviertel, Südmähren, Deuticke, 1993
Reclams Archäologieführer, Österreich und Südtirol, Philipp Reclam, 1985
Theodor Kramer, Gesammelte Gedichte, Paul Zsolnay Verlag, 1997
Eva Bakos, Waldviertel, Wachau, Weinviertel, J&V, 1994
Die Heimatbücher der Gemeinden und Bezirke des Weinviertels
Kulturnachrichten aus dem Weinviertel, Kulturbund Weinviertel

Bildquellennachweis

Ferdinand Altmann S. 15, 17, 22, 31, 35, 43, 51, 59, 68, 149, 151, 155, 159, 163, 195, 201, 209, 245, 248, 253, 261; Archiv Fritz Breiner S. 29, 37, 135, 139, 141, 199, 219; Sammlung Erwin Eminger S. 171; Karl Fenth S. 63, 215; Archiv Eduard Himmelbauer S. 113; Sammlung Harald Hofbauer S. 125; Peter Kenyeres S. 107 (Stadtmuseum Poysdorf), 205, 223; Archiv Alfred Komarek, S. 9, 73, 91, 109, 170, 177; Österreichische Nationalbibliothek S. 133; OMV S. 53; Carl Pietzner S. 259; Jaroslav Podesva S. 242; Stadtmuseum Poysdorf S. 13, 81, 87, 99, 121, 169, 185, 191; Helmut Steindl S. 200; Sammlung Matthias Suttner-Gatterburg S. 143; Grete Zottl S. 237; ohne Angabe S. 207, 229
In einigen Fällen ist es uns leider nicht gelungen, die heutigen Bildrechtinhaber zu ermitteln. Wir bitten diese, sich mit dem Verlag Kremayr & Scheriau, Wien, in Verbindung zu setzen.

Stichwortverzeichnis